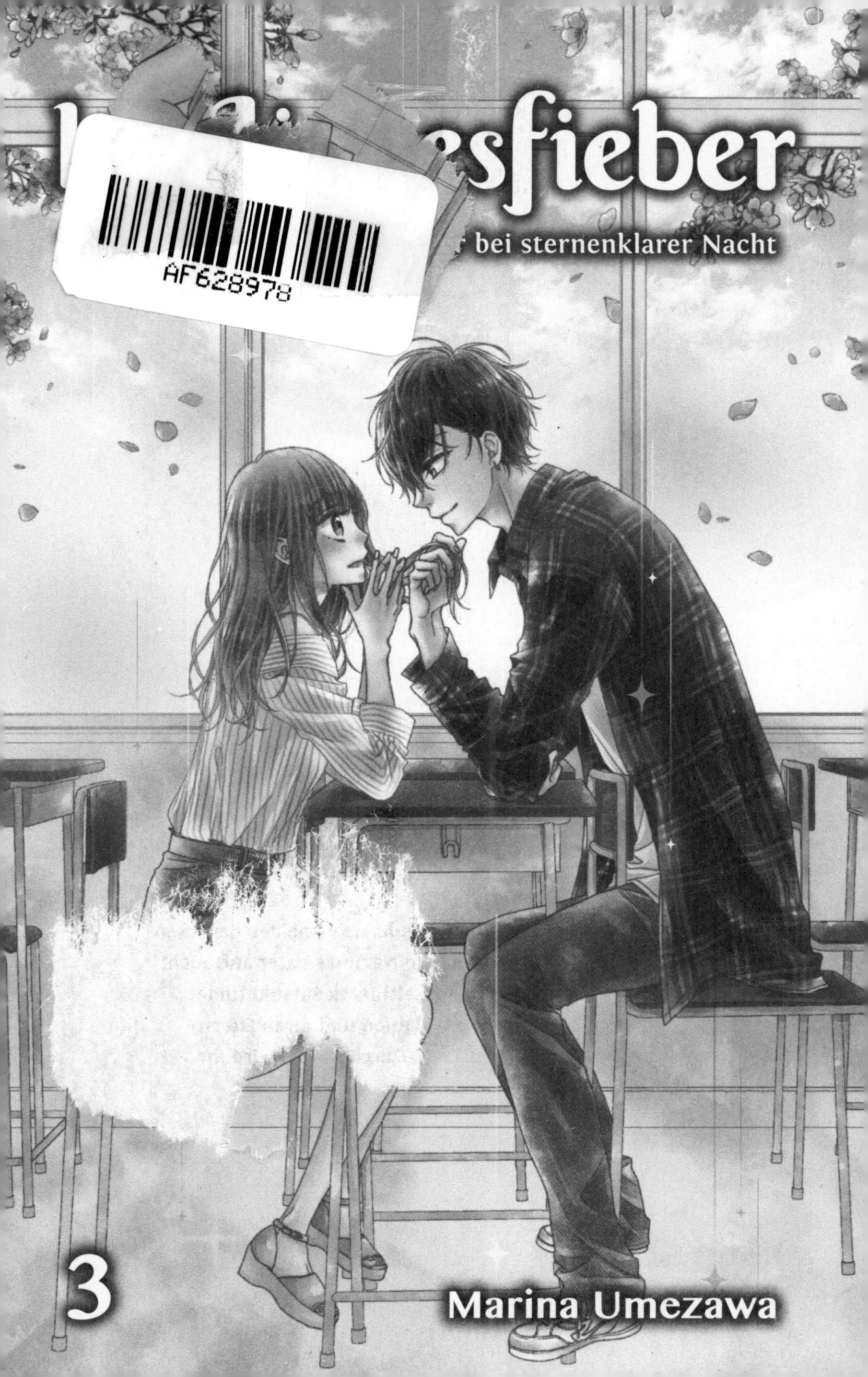
sfieber
bei sternenklarer Nacht
3
Marina Umezawa

# Im Liebesfieber

## INHALT



## Story

**Nazuna lebt allein mit ihrer Mutter und ihr Traum ist es, auf eine gute Uni zu gehen und einen tollen Ehemann zu finden. Für diesen Traum gibt sie ihr Bestes, doch als sich ihre Mutter die Schulgebühren nicht mehr leisten kann, kann sie nicht mehr am regulären Unterricht teilnehmen und muss auf die Abendschule wechseln. Dort verliebt sie sich in Satsuki, der auf sie aufpasst und ihr Leben verändert. Die beiden genießen gerade ihr Liebesglück, als plötzlich Nazunas Vater auftaucht und will, dass sie die Schule wechselt! Dank Satsuki findet sie den Mut, nicht länger davonzulaufen und ihren Eltern zu sagen, was sie wirklich möchte. Durch all das wird ihr Satsuki sogar noch wichtiger.**

# Charaktere

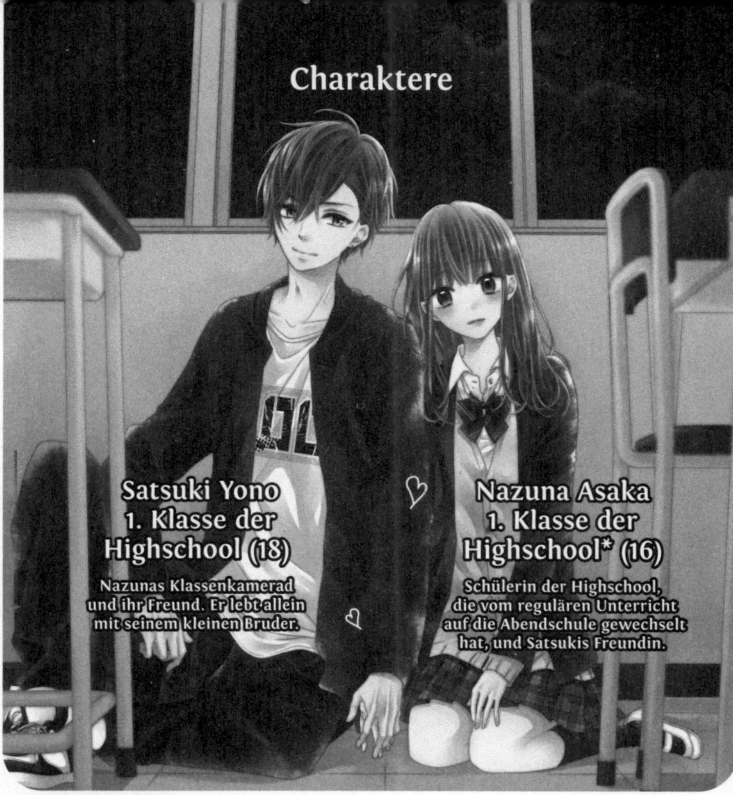

**Satsuki Yono**
**1. Klasse der Highschool (18)**

Nazunas Klassenkamerad und ihr Freund. Er lebt allein mit seinem kleinen Bruder.

**Nazuna Asaka**
**1. Klasse der Highschool* (16)**

Schülerin der Highschool, die vom regulären Unterricht auf die Abendschule gewechselt hat, und Satsukis Freundin.

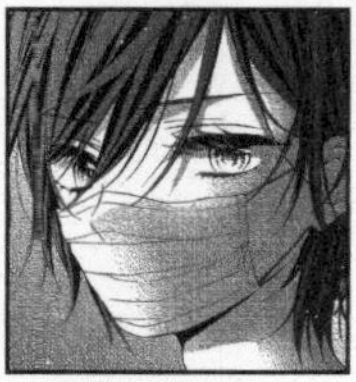

**Satori Amano**

1. Klasse der Highschool (17)

Eine Klassenkamerdin der beiden, die lieber für sich bleibt.

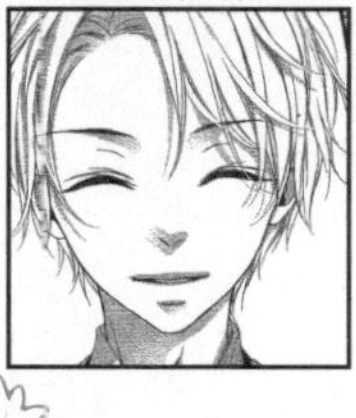

**Shinobu Takasaki**

Referendar an der Schule

Er ist sehr umgänglich und auch bei den Schülern beliebt.

*entspricht der 10. Klasse

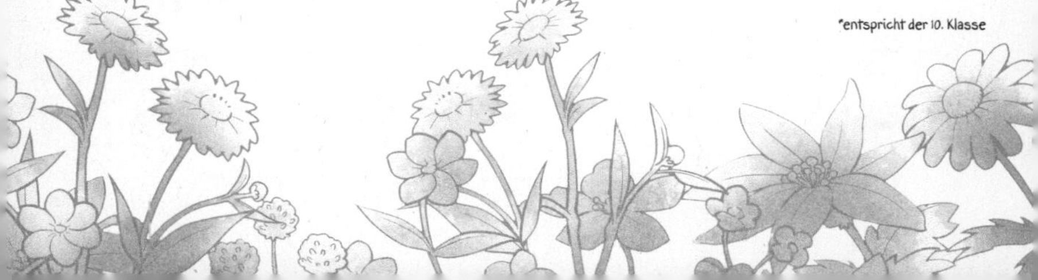

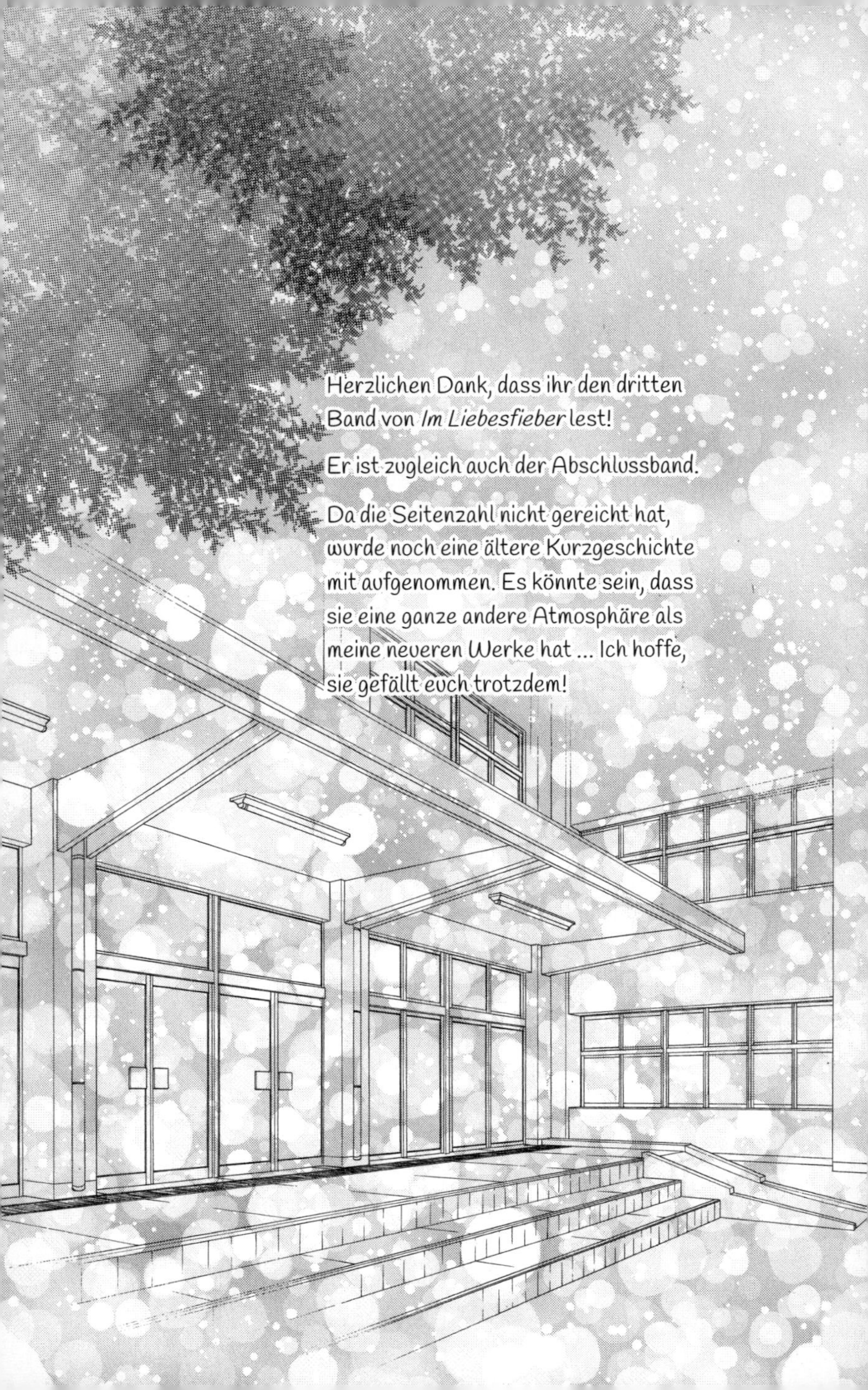

Herzlichen Dank, dass ihr den dritten Band von *Im Liebesfieber* lest!

Er ist zugleich auch der Abschlussband.

Da die Seitenzahl nicht gereicht hat, wurde noch eine ältere Kurzgeschichte mit aufgenommen. Es könnte sein, dass sie eine ganze andere Atmosphäre als meine neueren Werke hat ... Ich hoffe, sie gefällt euch trotzdem!

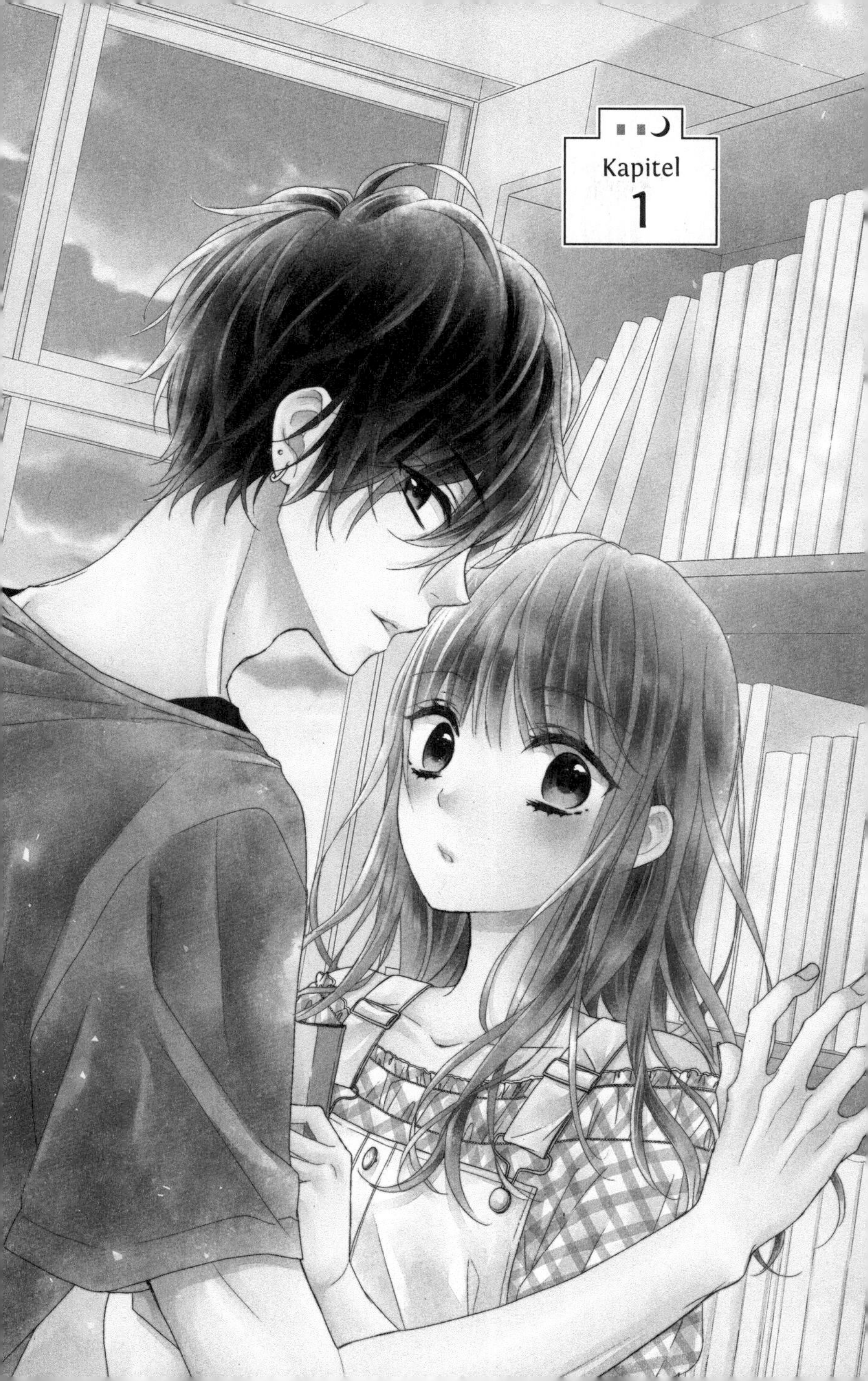
Kapitel
1

# Im Liebesfieber

Unsere Liebe im Klassenzimmer bei sternenklarer Nacht

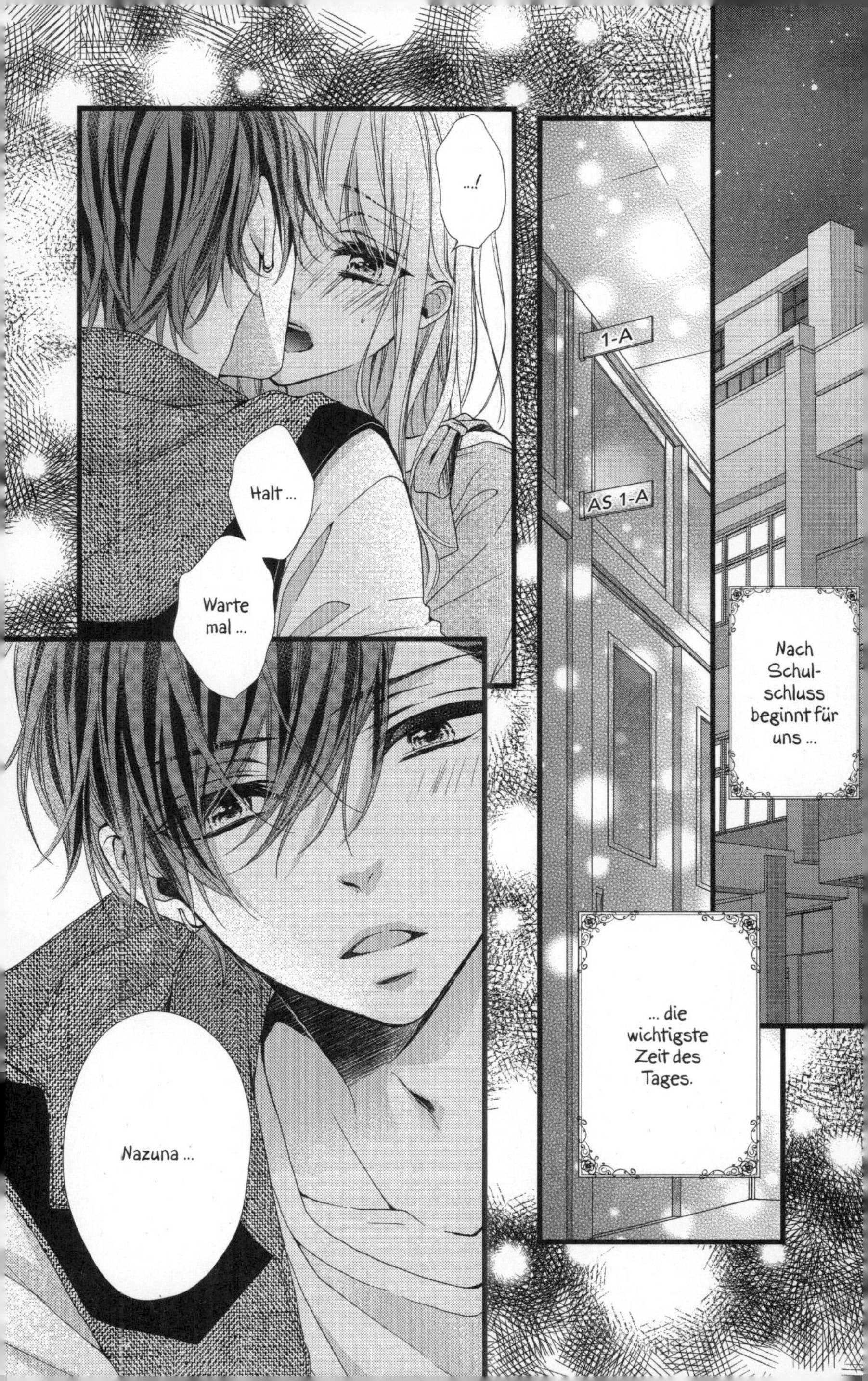

Nach Schul-schluss beginnt für uns ...
... die wichtigste Zeit des Tages.
1-A
AS 1-A
...!
Halt ...
Warte mal ...
Nazuna ...

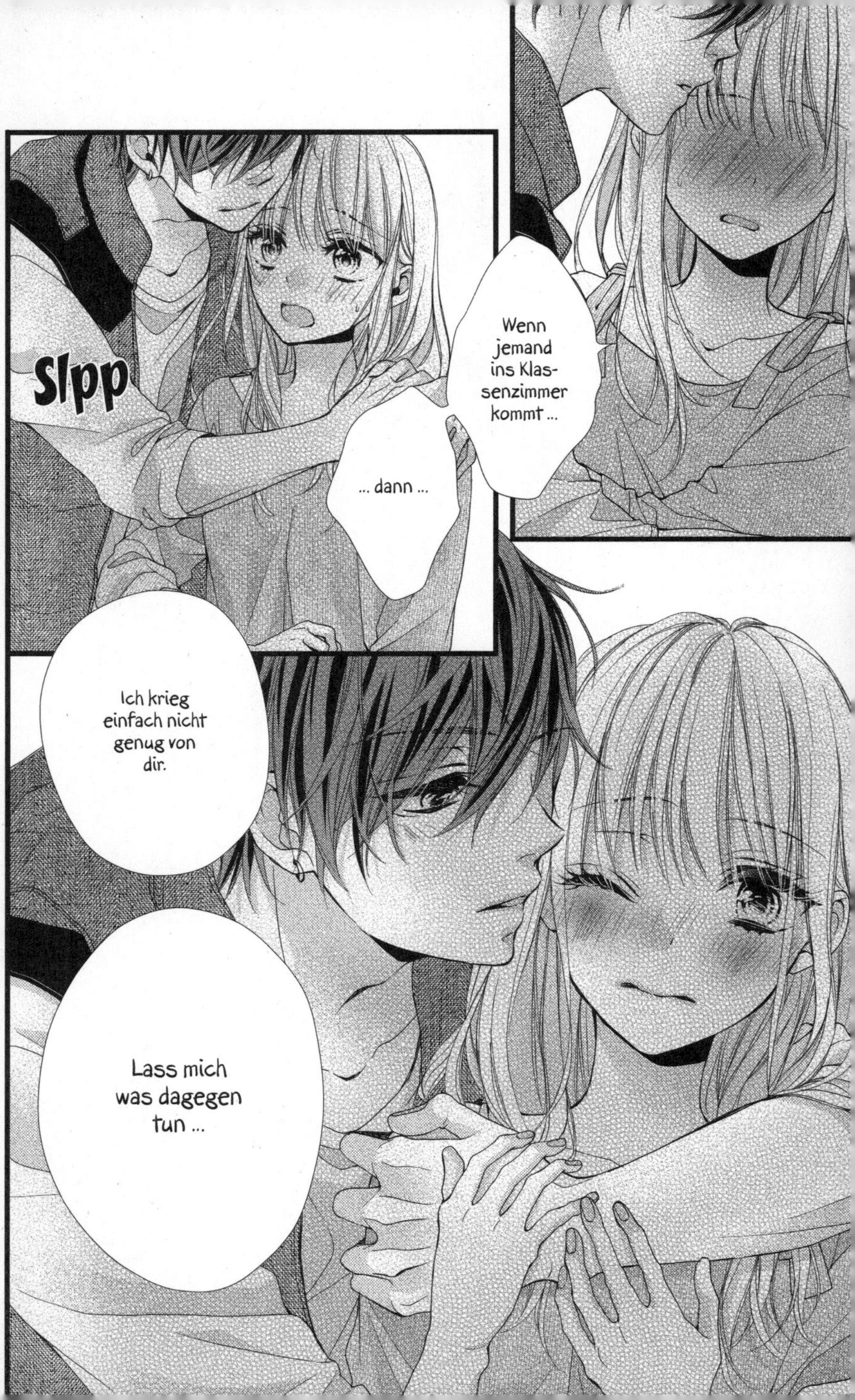
Wenn jemand ins Klassenzimmer kommt ...
Slpp
... dann ...
Ich krieg einfach nicht genug von dir.
Lass mich was dagegen tun ...

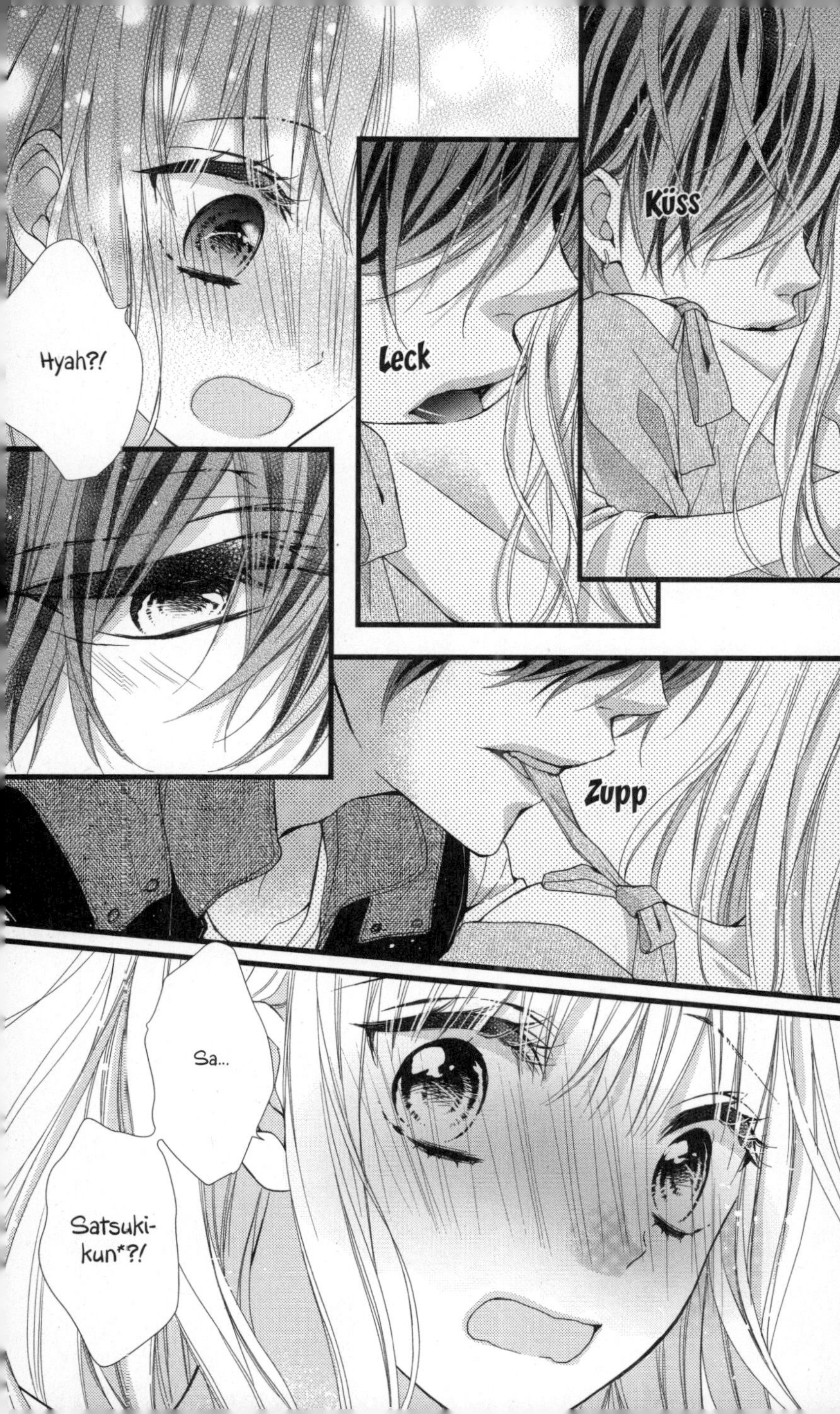


*Anrede für Jungen und jüngere Männer

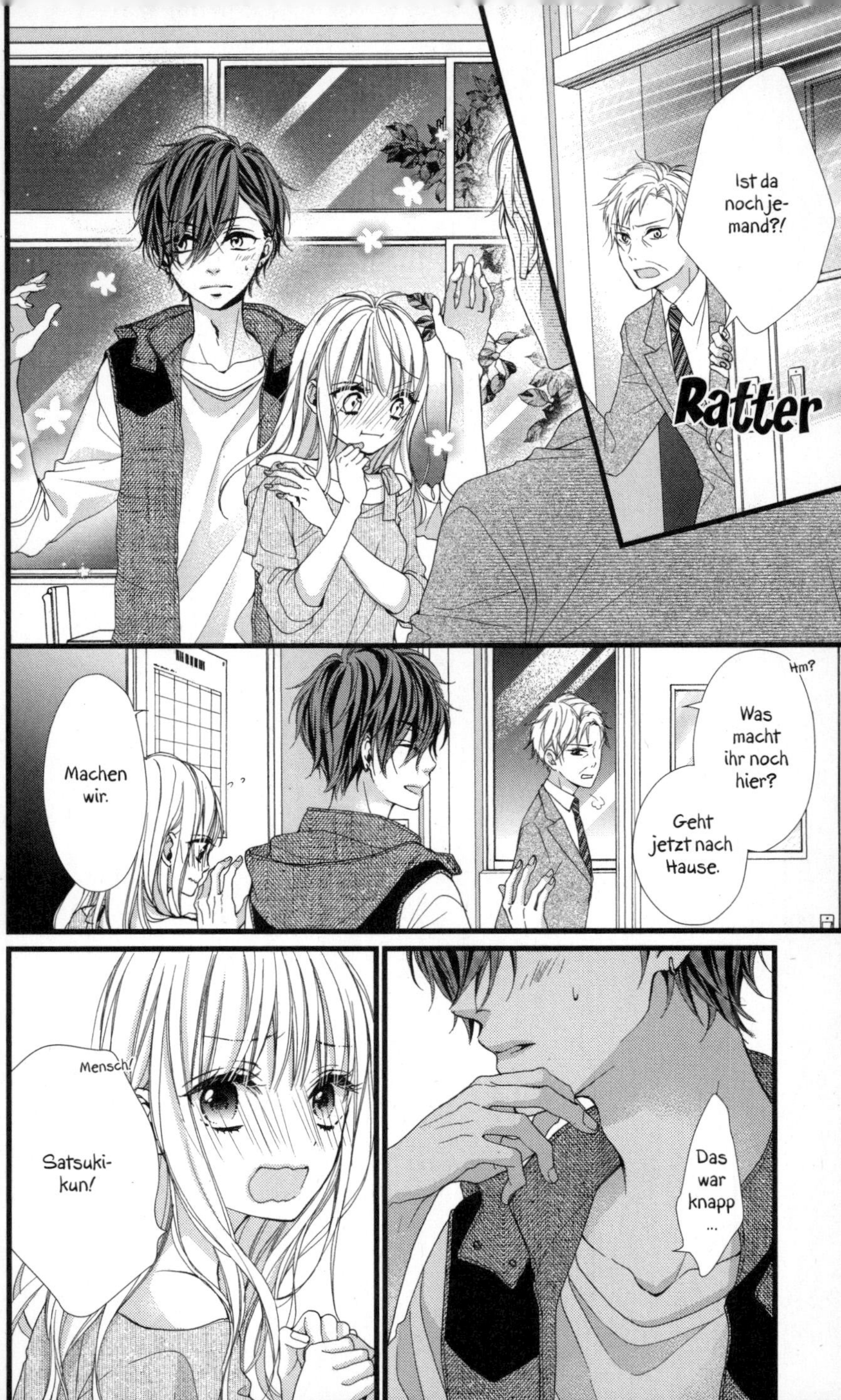

Ist da noch je-mand?!
Ratter
Hm?
Was macht ihr noch hier?
Geht jetzt nach Hause.
Machen wir.
Das war knapp ...
Mensch!
Satsuki-kun!

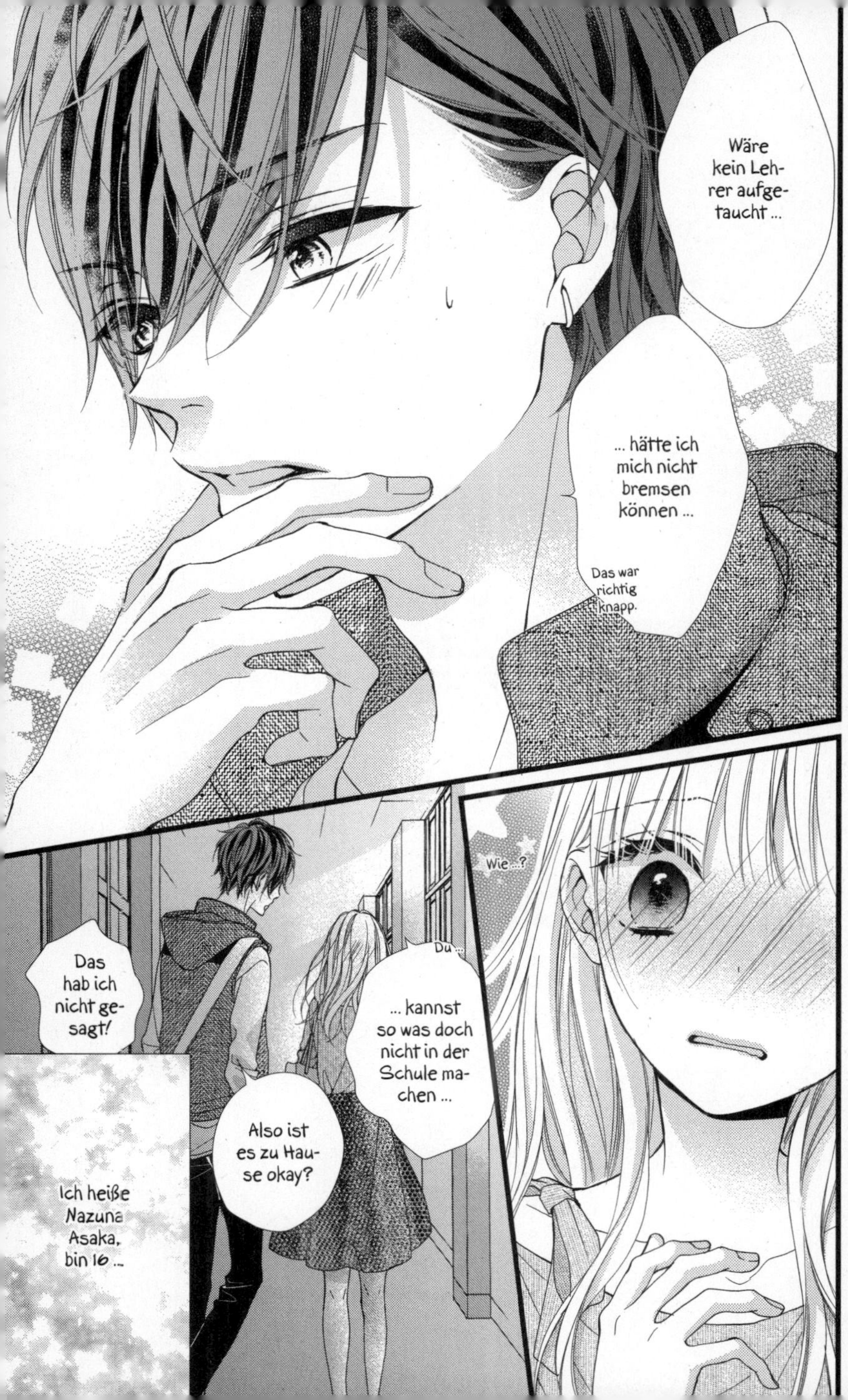
Wäre kein Lehrer aufgetaucht ...
... hätte ich mich nicht bremsen können ...
Das war richtig knapp.
Wie ...?
Du ...
... kannst so was doch nicht in der Schule machen ...
Also ist es zu Hause okay?
Das hab ich nicht gesagt!
Ich heiße Nazuna Asaka, bin 16 ...

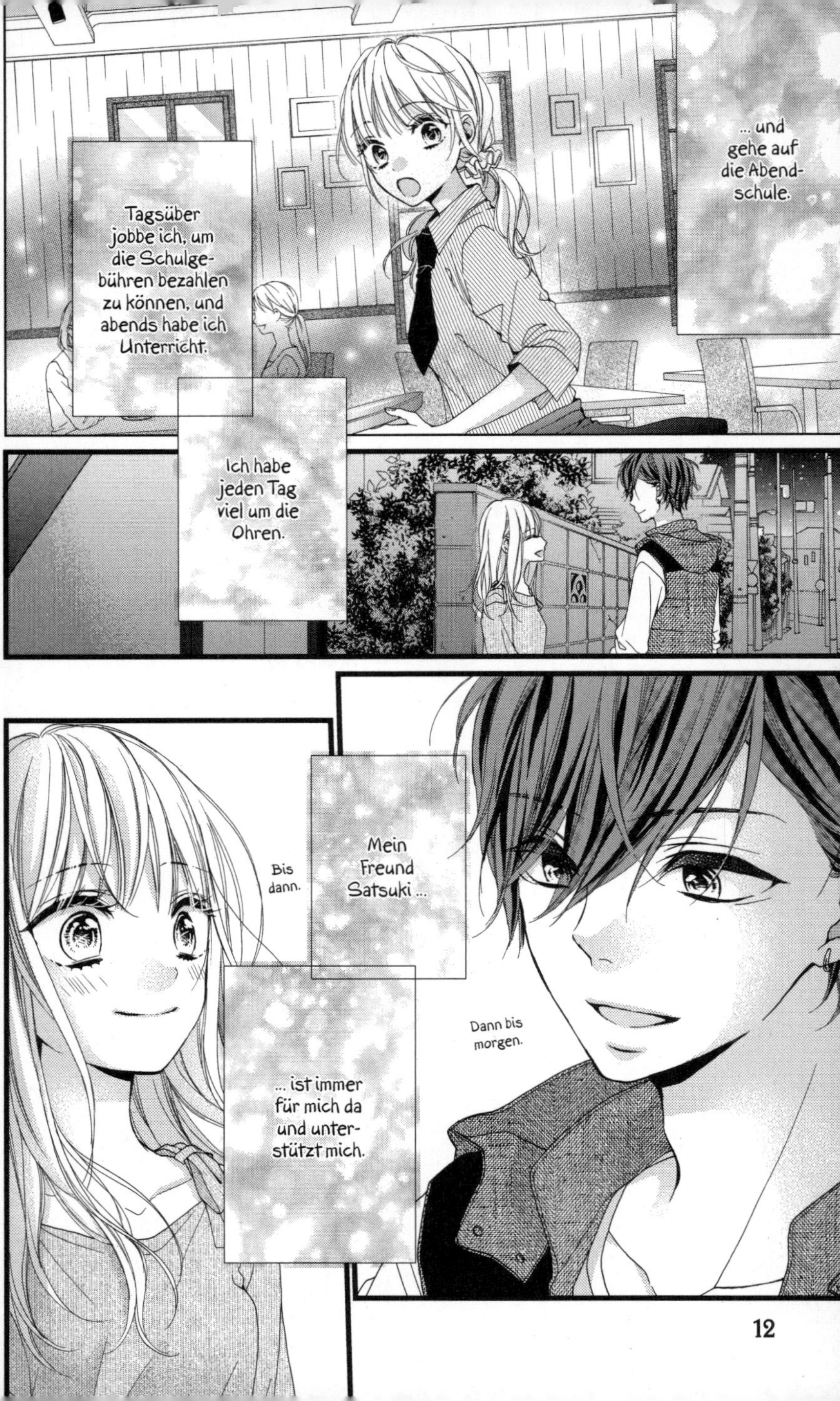

... und gehe auf die Abend-schule.
Tagsüber jobbe ich, um die Schulge-bühren bezahlen zu können, und abends habe ich Unterricht.
Ich habe jeden Tag viel um die Ohren.
Dann bis morgen.
Mein Freund Satsuki ...
Bis dann.
... ist immer für mich da und unter-stützt mich.

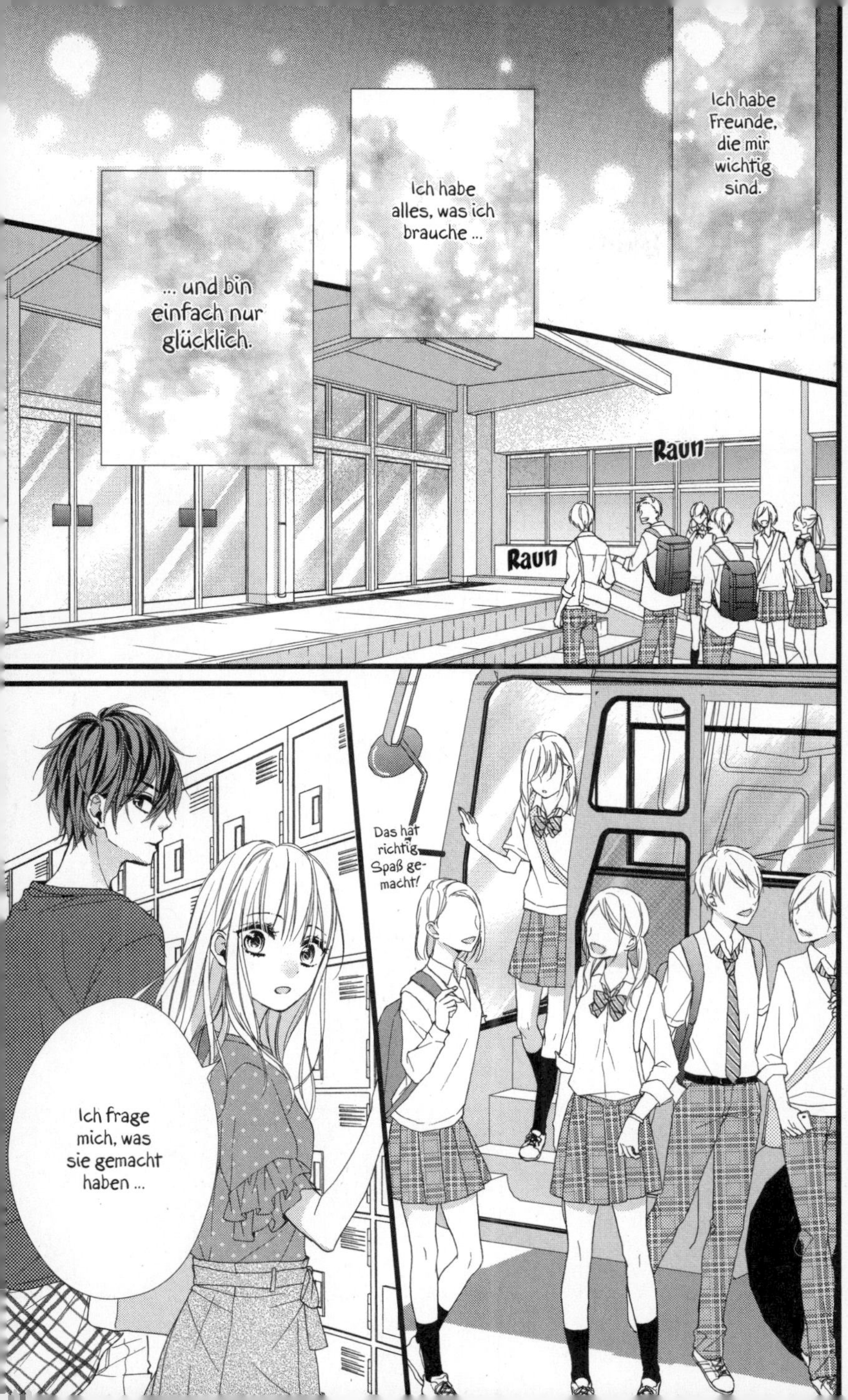
Ich habe Freunde, die mir wichtig sind.
Ich habe alles, was ich brauche ...
... und bin einfach nur glücklich.
Raun
Raun
Das hat richtig Spaß gemacht!
Ich frage mich, was sie gemacht haben ...

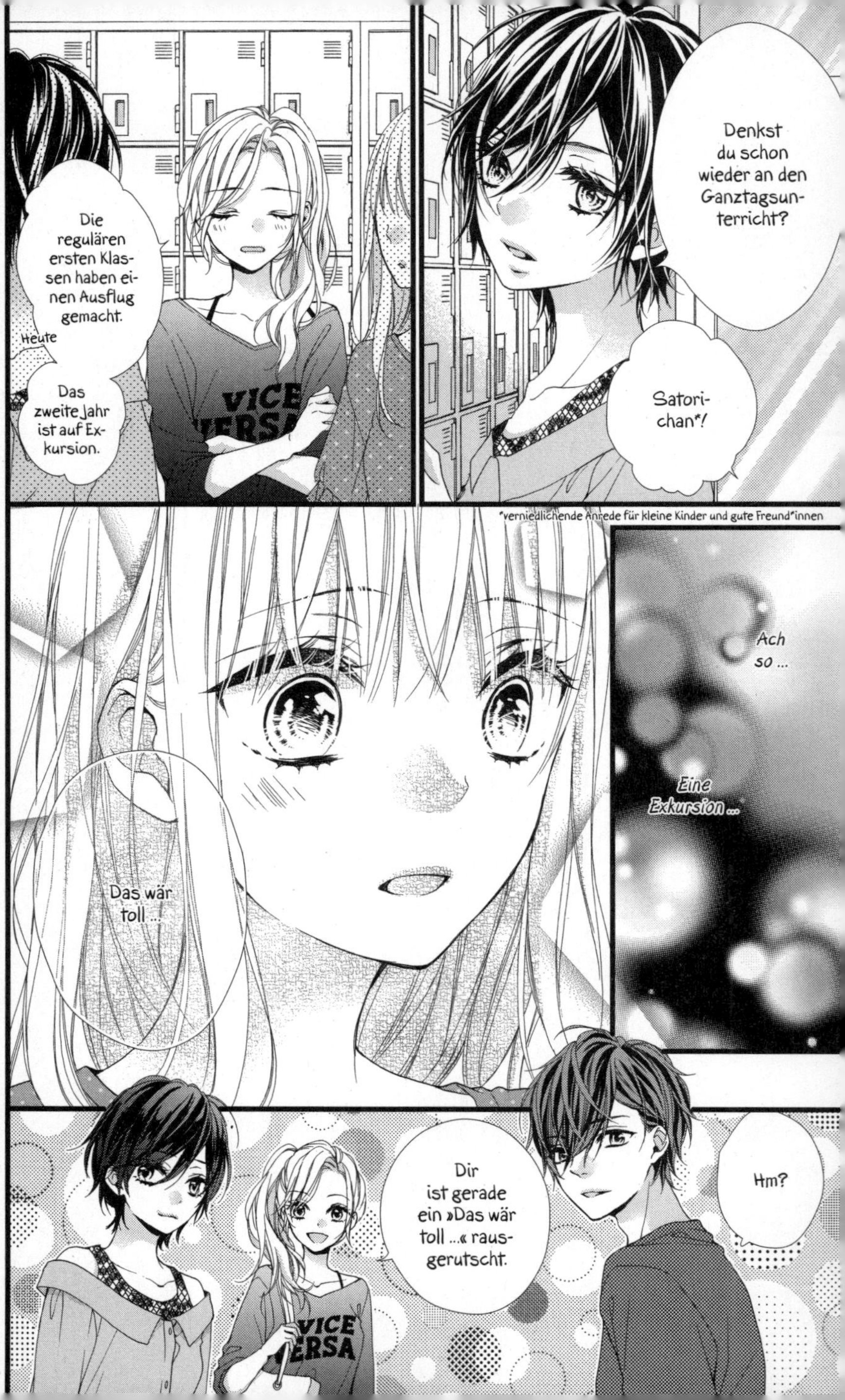


*verniedlichende Anrede für kleine Kinder und gute Freund*innen

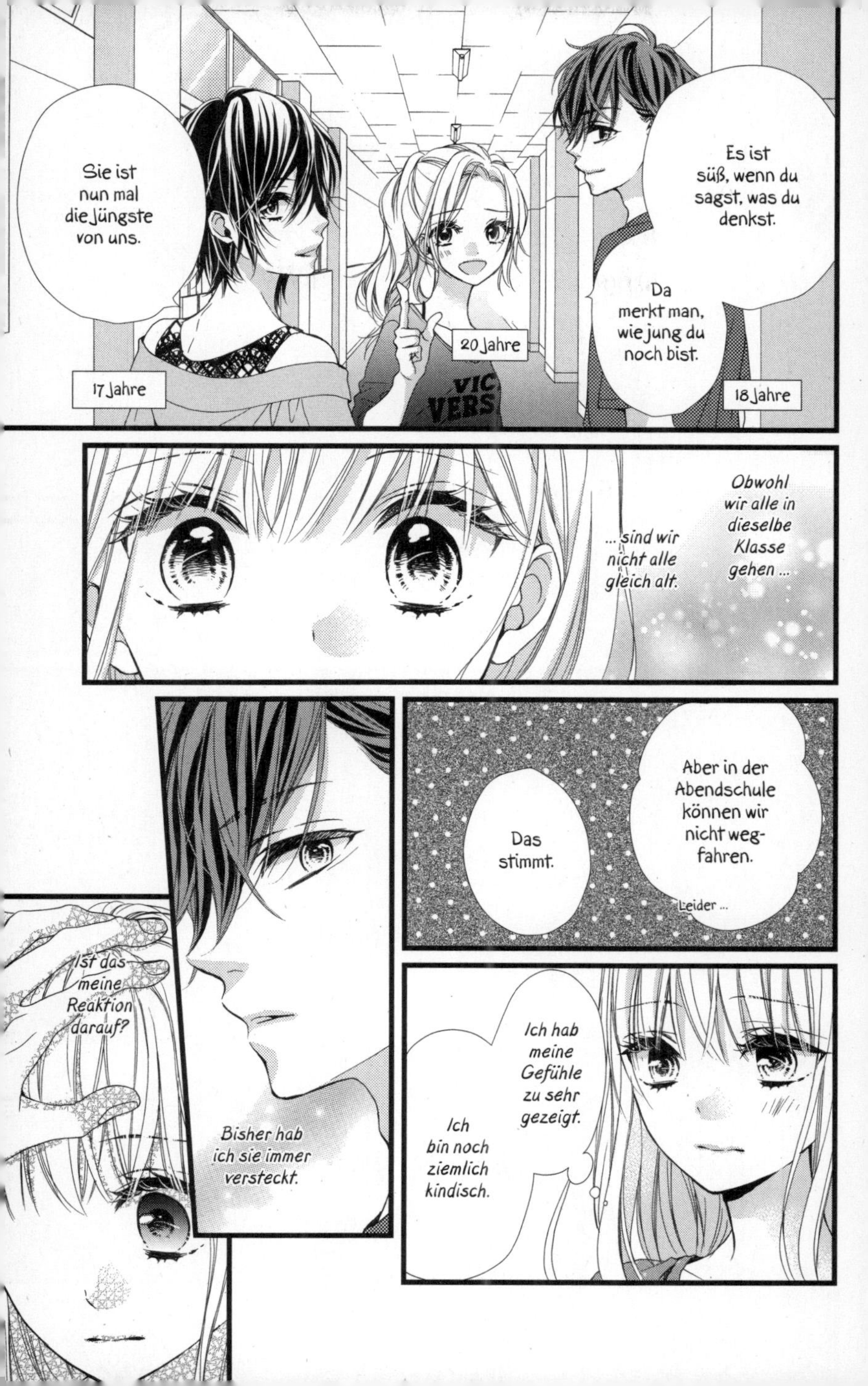
Es ist süß, wenn du sagst, was du denkst.
Da merkt man, wie jung du noch bist.
18 Jahre
20 Jahre
Sie ist nun mal die Jüngste von uns.
17 Jahre
Obwohl wir alle in dieselbe Klasse gehen ...
... sind wir nicht alle gleich alt.
Aber in der Abendschule können wir nicht weg-fahren.
Leider ...
Das stimmt.
Bisher hab ich sie immer versteckt.
Ich hab meine Gefühle zu sehr gezeigt.
Ich bin noch ziemlich kindisch.
Ist das meine Reaktion darauf?

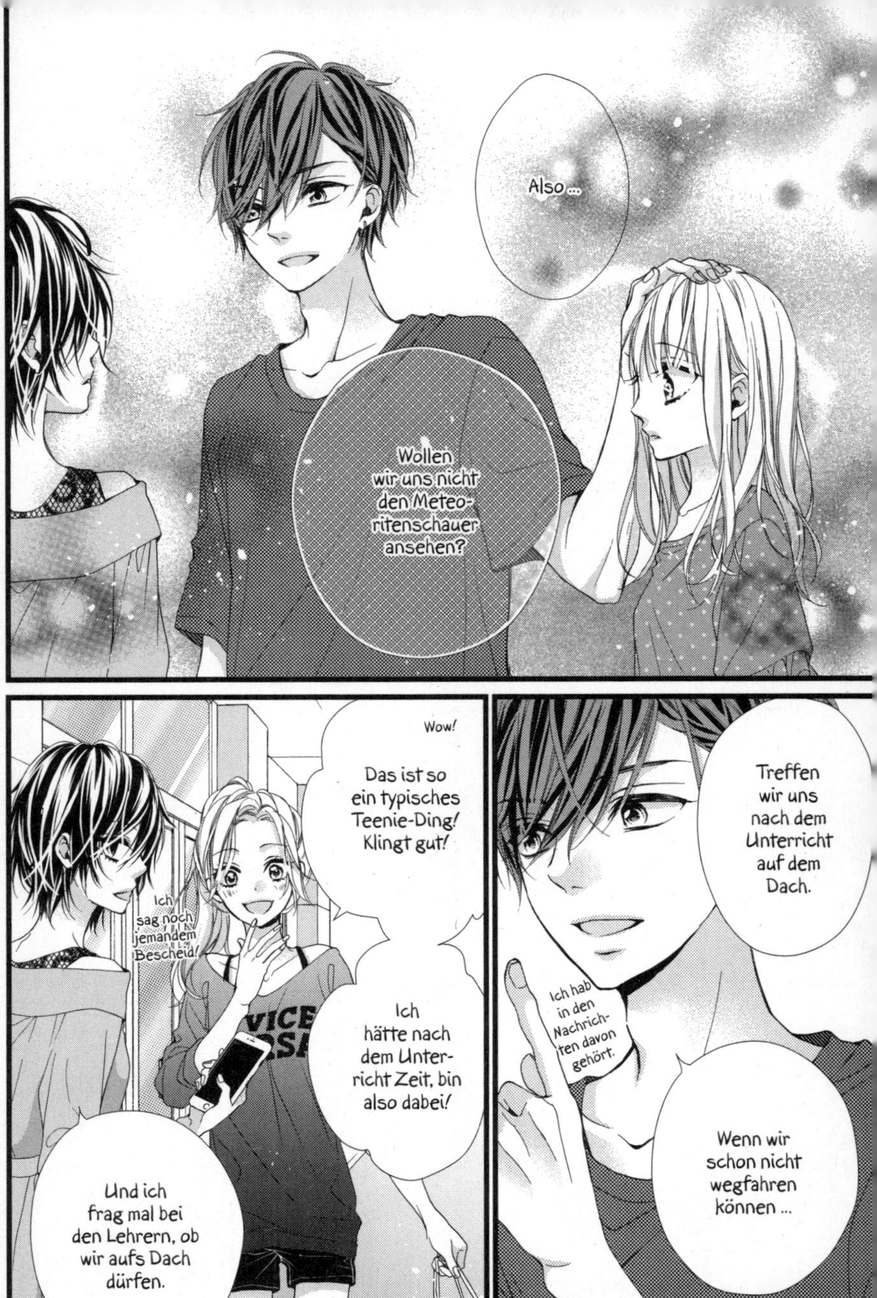
Also ...
Wollen wir uns nicht den Meteoritenschauer ansehen?
Treffen wir uns nach dem Unterricht auf dem Dach.
Ich hab in den Nachrichten davon gehört.
Wenn wir schon nicht wegfahren können ...
Wow!
Das ist so ein typisches Teenie-Ding! Klingt gut!
Ich hätte nach dem Unterricht Zeit, bin also dabei!
Ich sag noch jemandem Bescheid!
Und ich frag mal bei den Lehrern, ob wir aufs Dach dürfen.
VICE
OSA

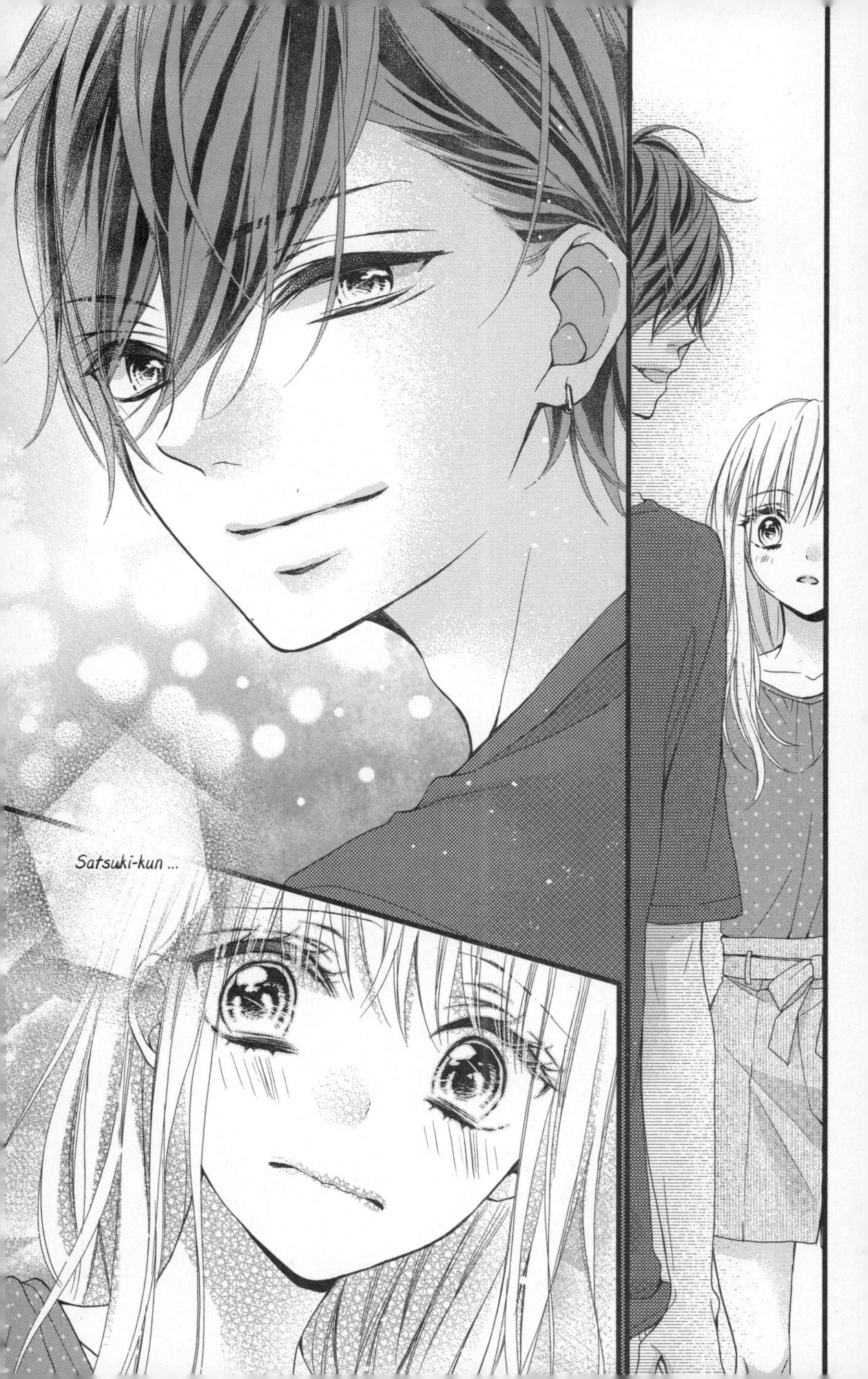
Satsuki-kun ...

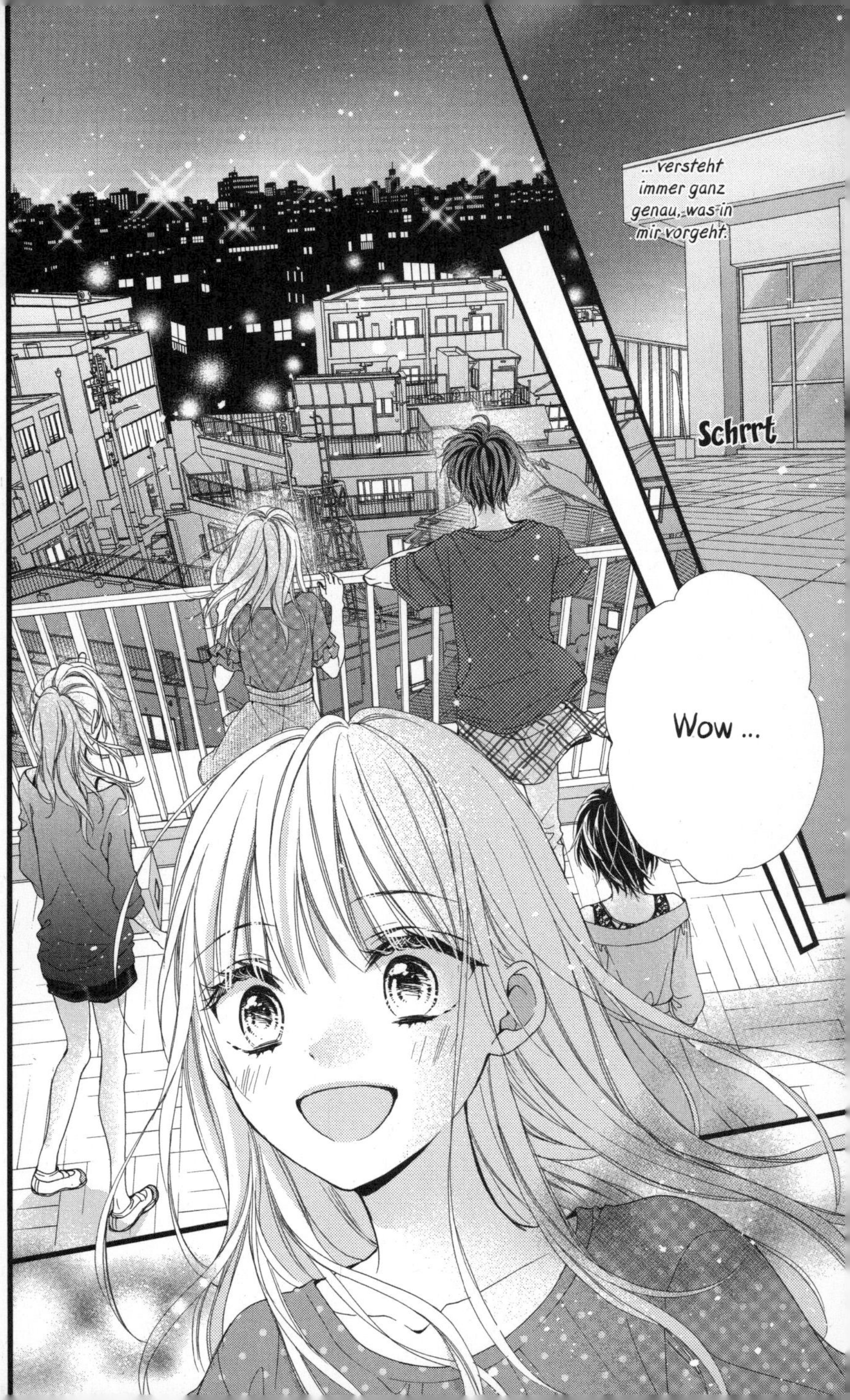
... versteht immer ganz genau, was in mir vorgeht.
Schrrt
Wow ...

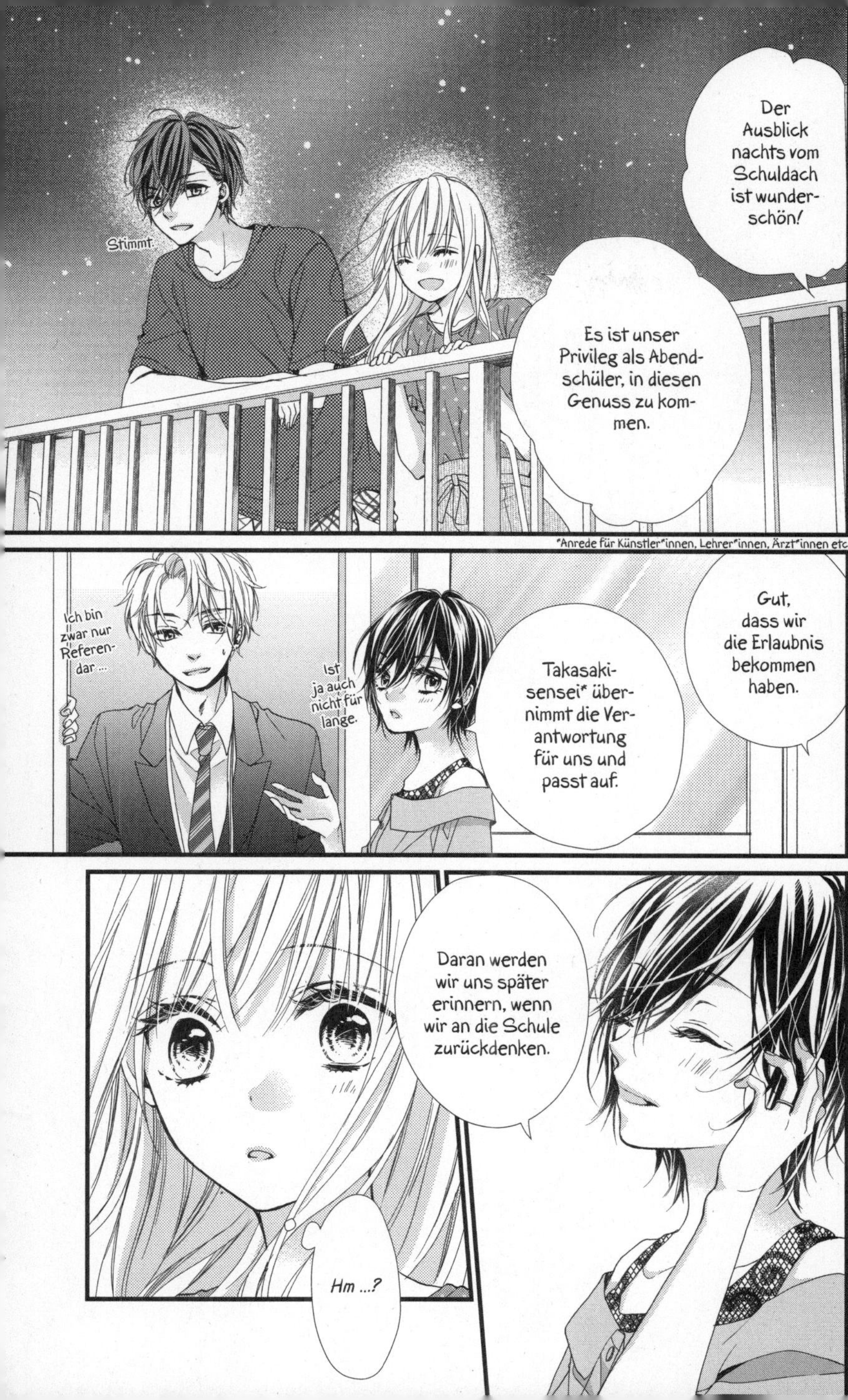


*Anrede für Künstler*innen, Lehrer*innen, Ärzt*innen etc.

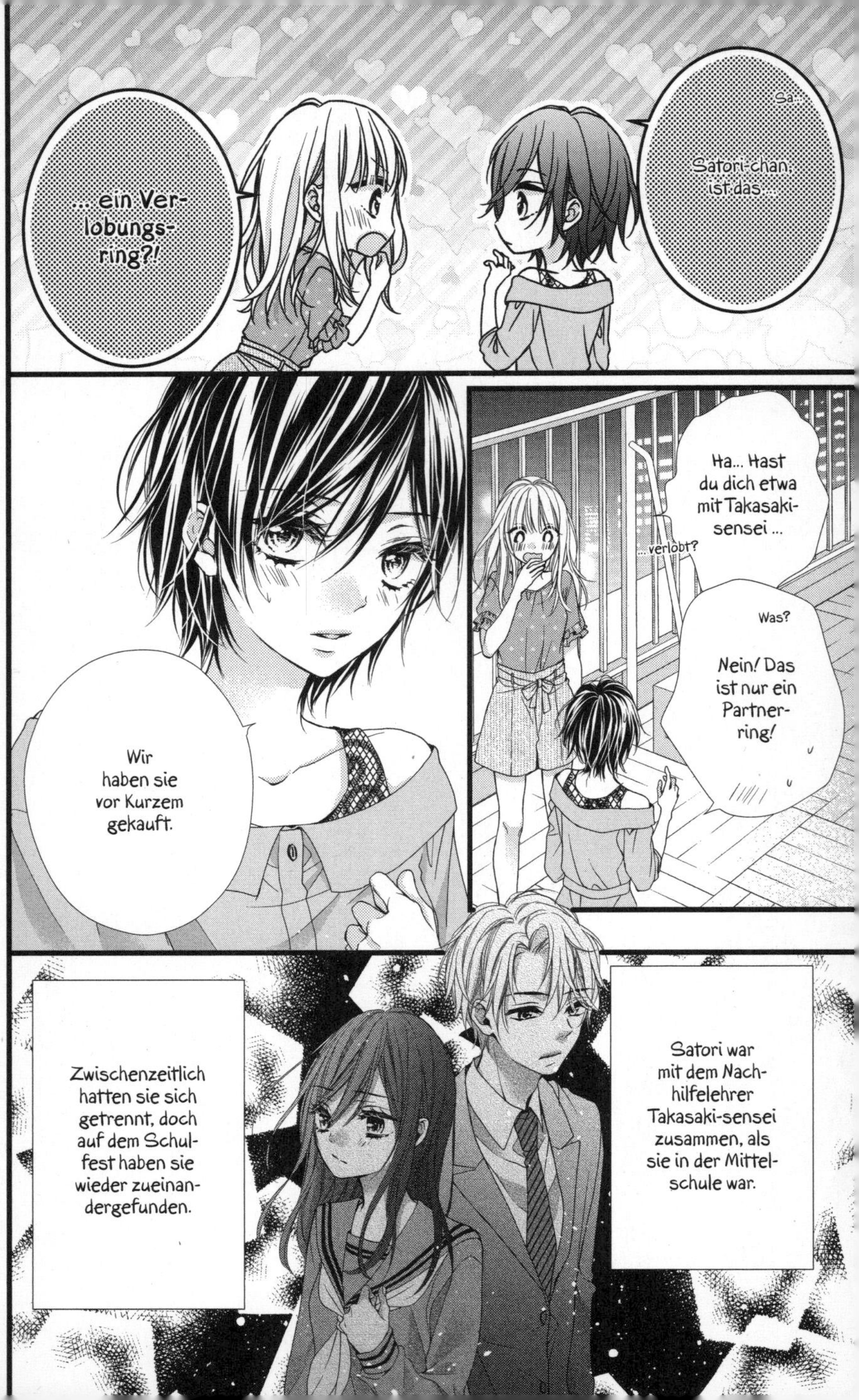
Sa...
Satori-chan ist das...
... ein Verlobungsring?!
Ha... Hast du dich etwa mit Takasaki-sensei ...
...verlobt?
Was?
Nein! Das ist nur ein Partnerring!
Wir haben sie vor Kurzem gekauft.
Satori war mit dem Nachhilfelehrer Takasaki-sensei zusammen, als sie in der Mittelschule war.
Zwischenzeitlich hatten sie sich getrennt, doch auf dem Schulfest haben sie wieder zueinandergefunden.

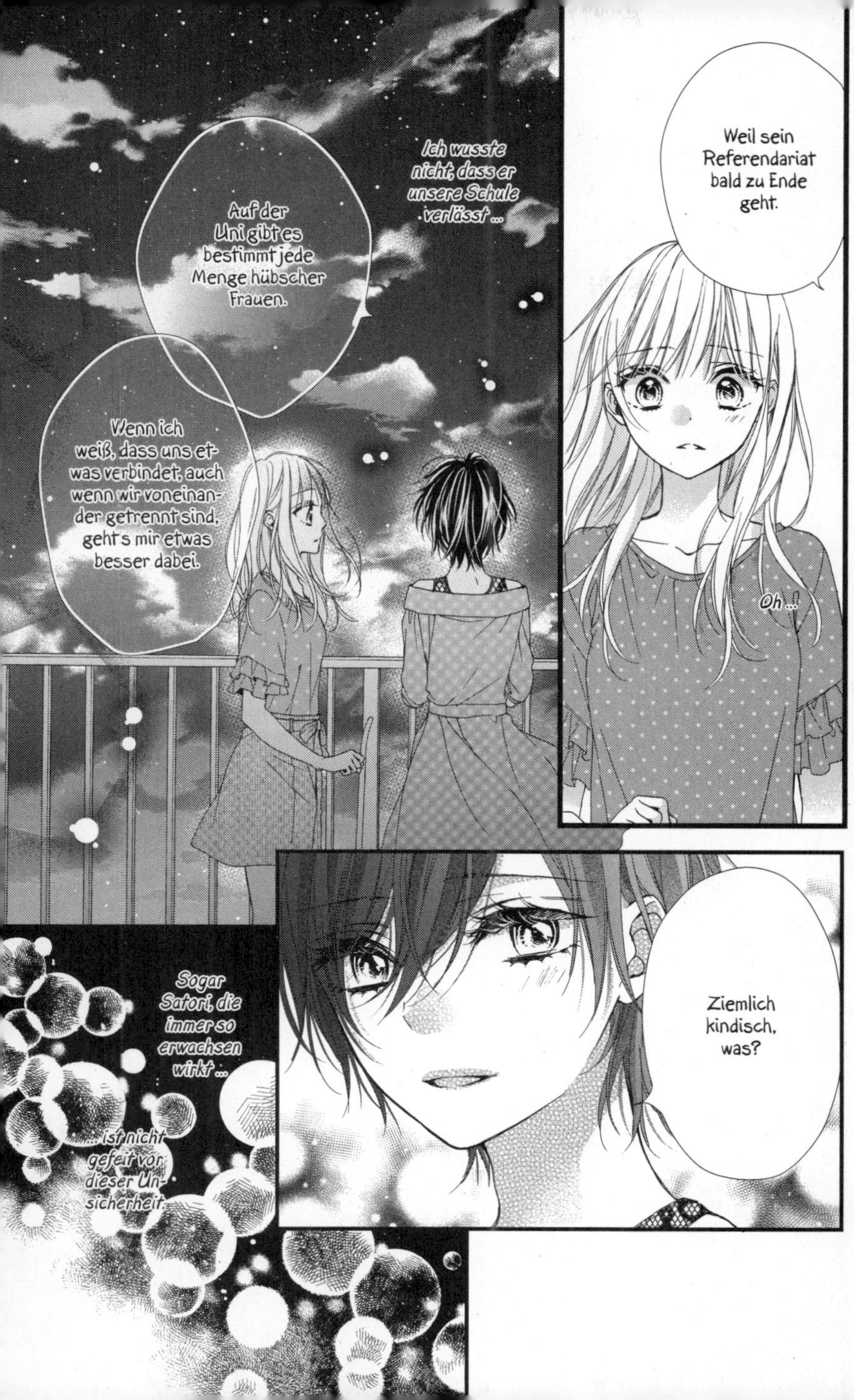
Weil sein Referendariat bald zu Ende geht.
Oh ...!
Ich wusste nicht, dass er unsere Schule verlässt ...
Auf der Uni gibt es bestimmt jede Menge hübscher Frauen.
Wenn ich weiß, dass uns etwas verbindet, auch wenn wir voneinander getrennt sind, geht's mir etwas besser dabei.
Ziemlich kindisch, was?
Sogar Satori, die immer so erwachsen wirkt ...
... ist nicht gefeit vor dieser Unsicherheit.

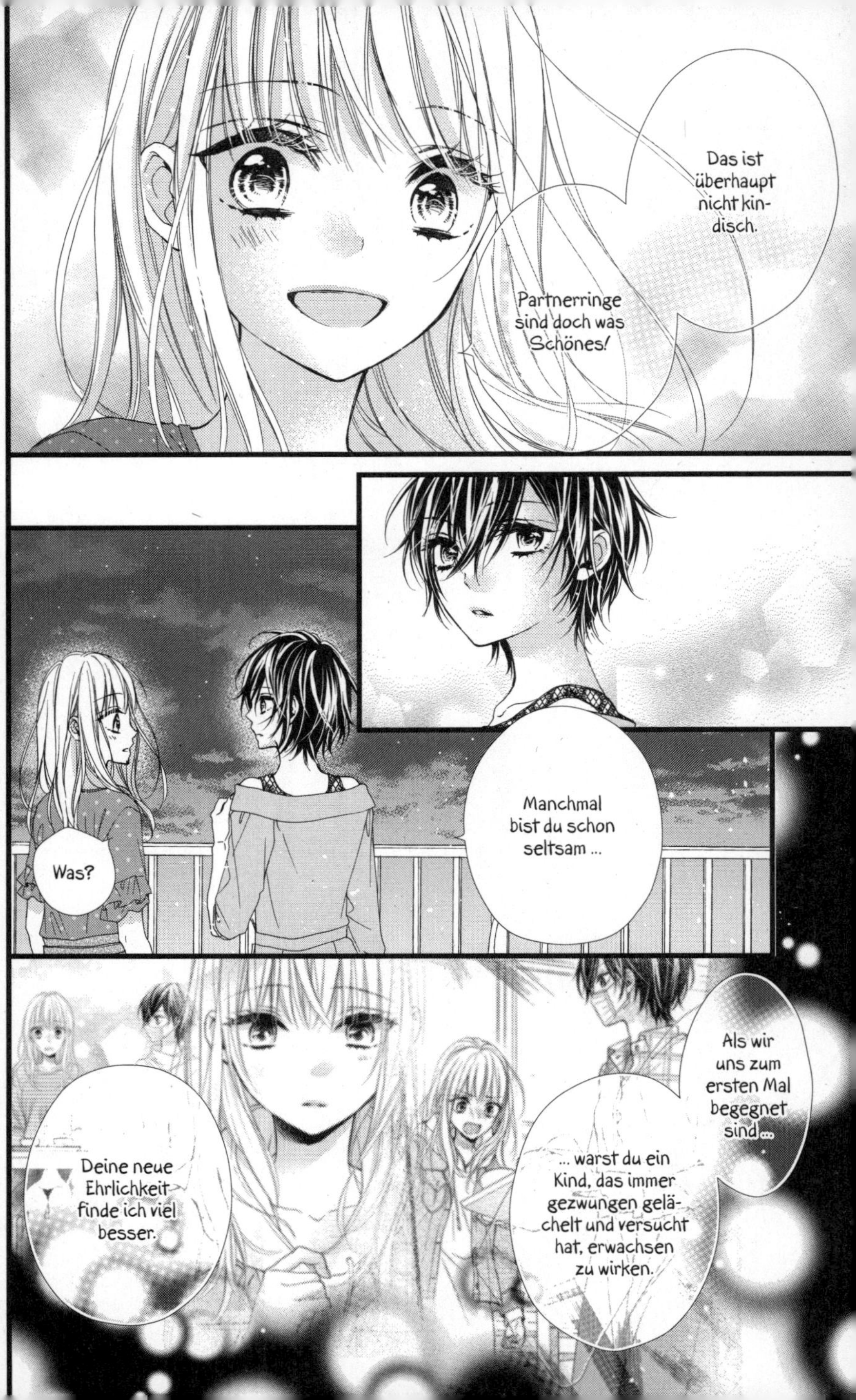
Das ist überhaupt nicht kin-disch.
Partnerringe sind doch was Schönes!
Manchmal bist du schon seltsam ...
Was?
Als wir uns zum ersten Mal begegnet sind ...
... warst du ein Kind, das immer gezwungen gelä-chelt und versucht hat, erwachsen zu wirken.
Deine neue Ehrlichkeit finde ich viel besser.

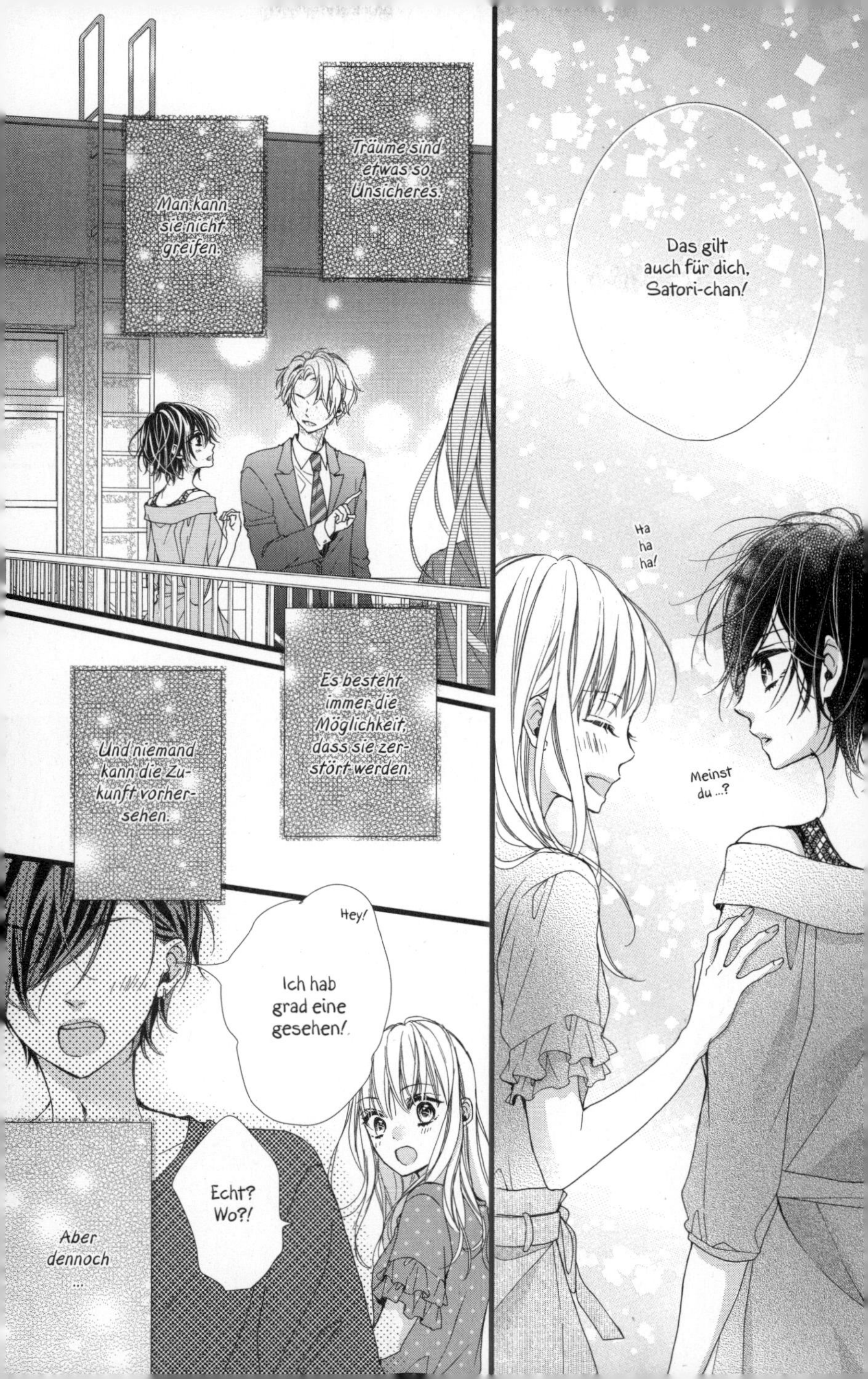

Träume sind etwas so Unsicheres.
Man kann sie nicht greifen.
Es besteht immer die Möglichkeit, dass sie zerstört werden.
Und niemand kann die Zukunft vorhersehen.
Hey!
Ich hab grad eine gesehen!
Echt? Wo?!
Aber dennoch ...
Das gilt auch für dich, Satori-chan!
Ha ha ha!
Meinst du ...?

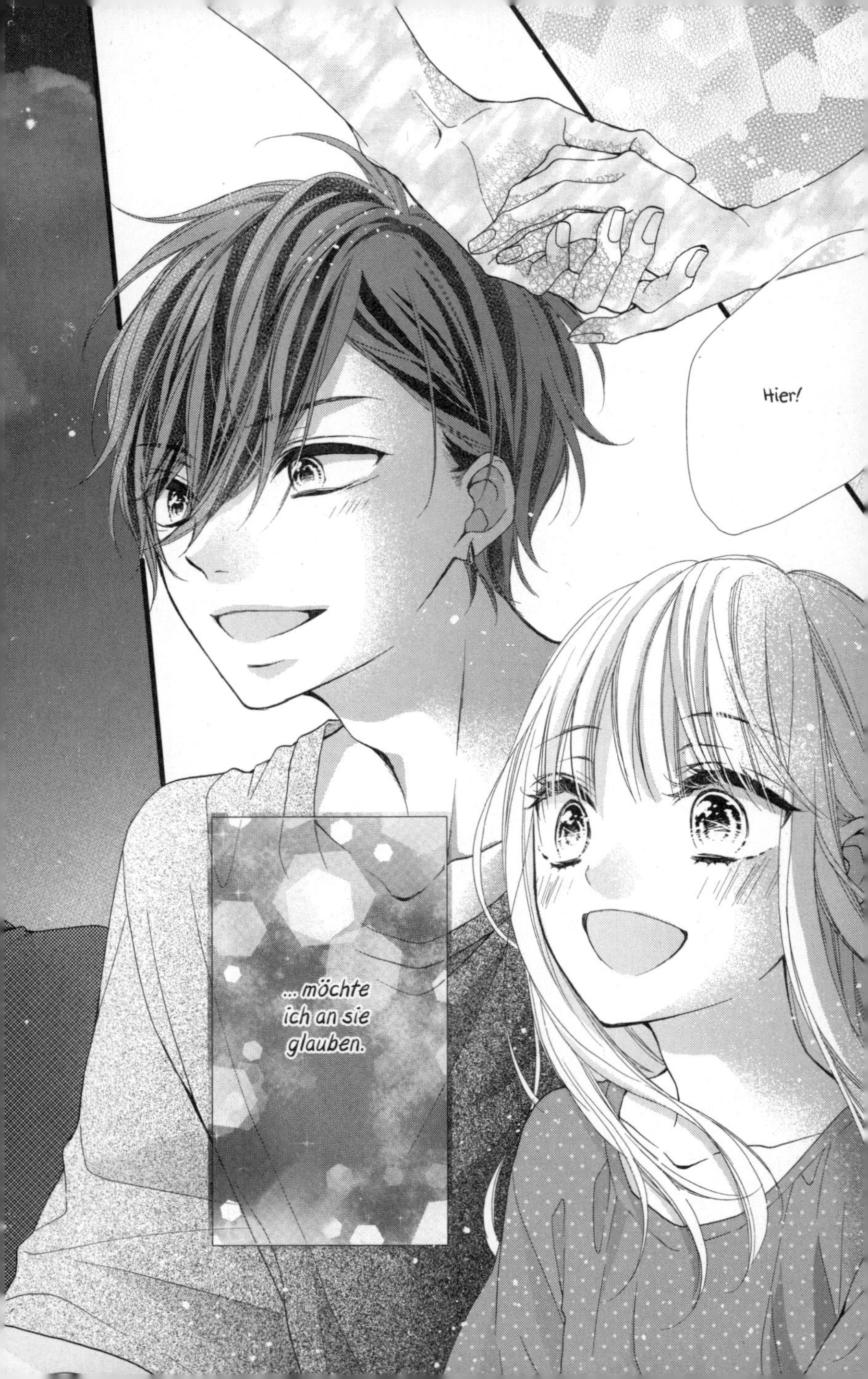
Hier!
... möchte ich an sie glauben.

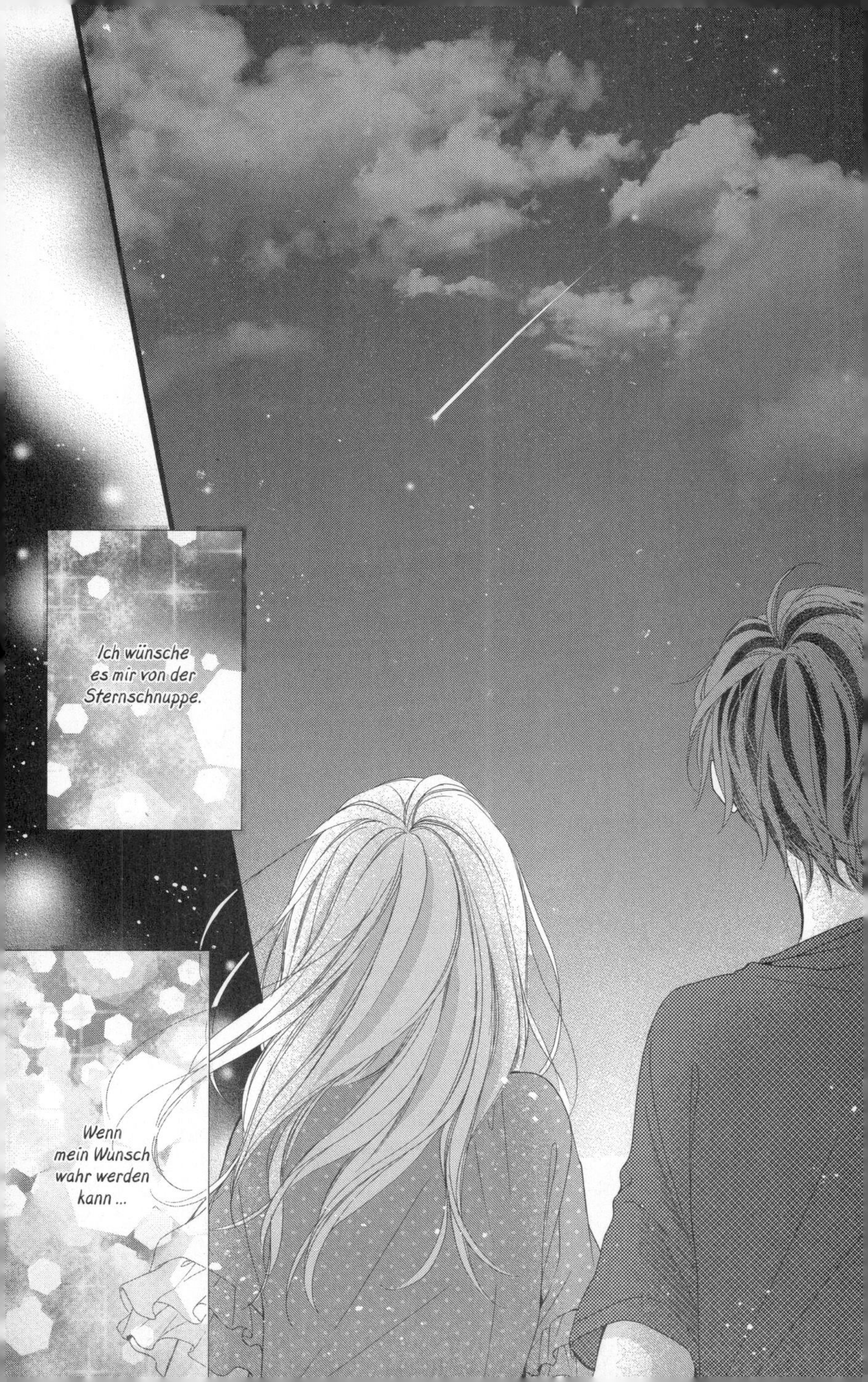
Ich wünsche es mir von der Sternschnuppe.
Wenn mein Wunsch wahr werden kann ...

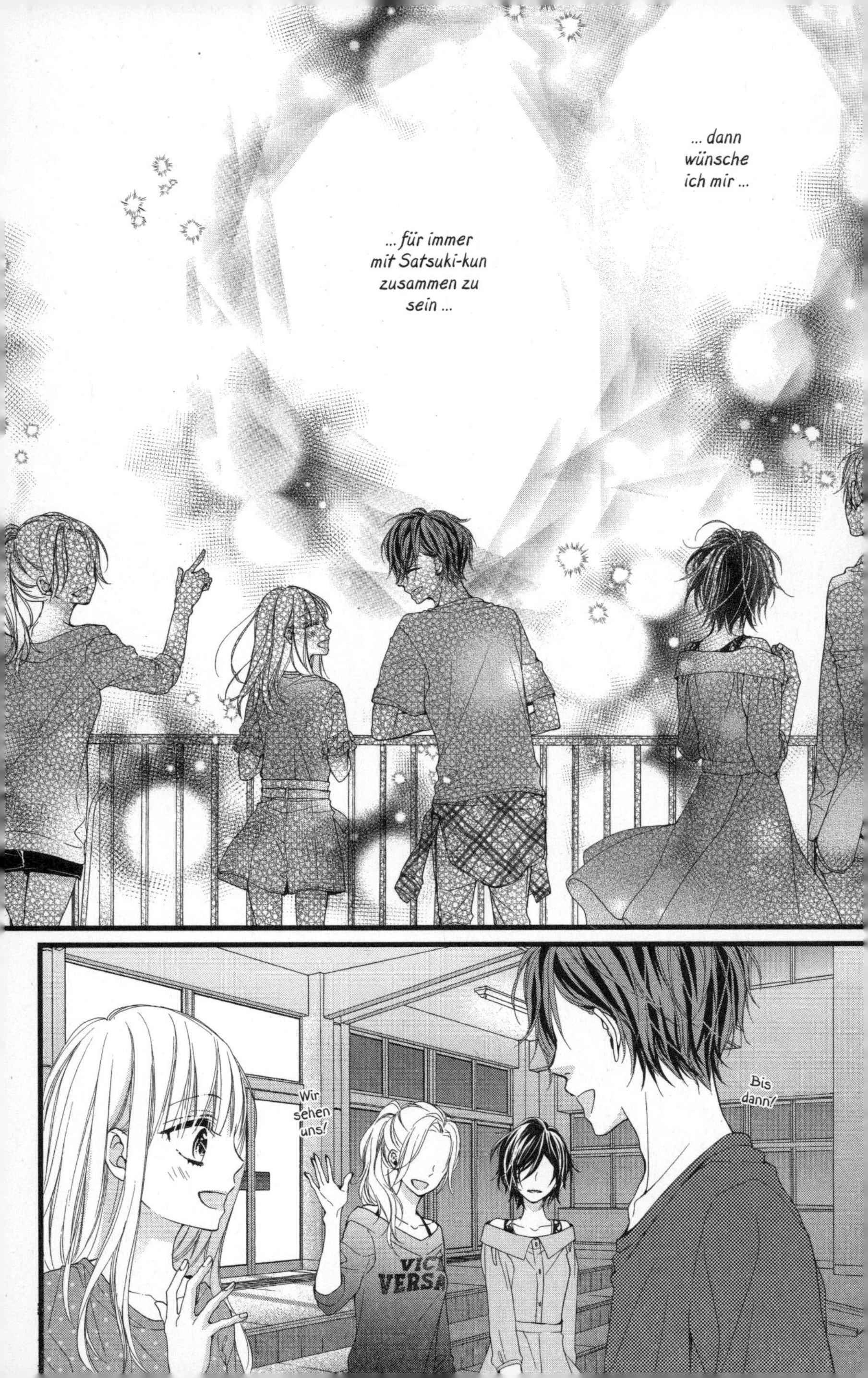
... dann
wünsche
ich mir ...
... für immer
mit Satsuki-kun
zusammen zu
sein ...
Bis
dann!
Wir
sehen
uns!
VICE
VERSA

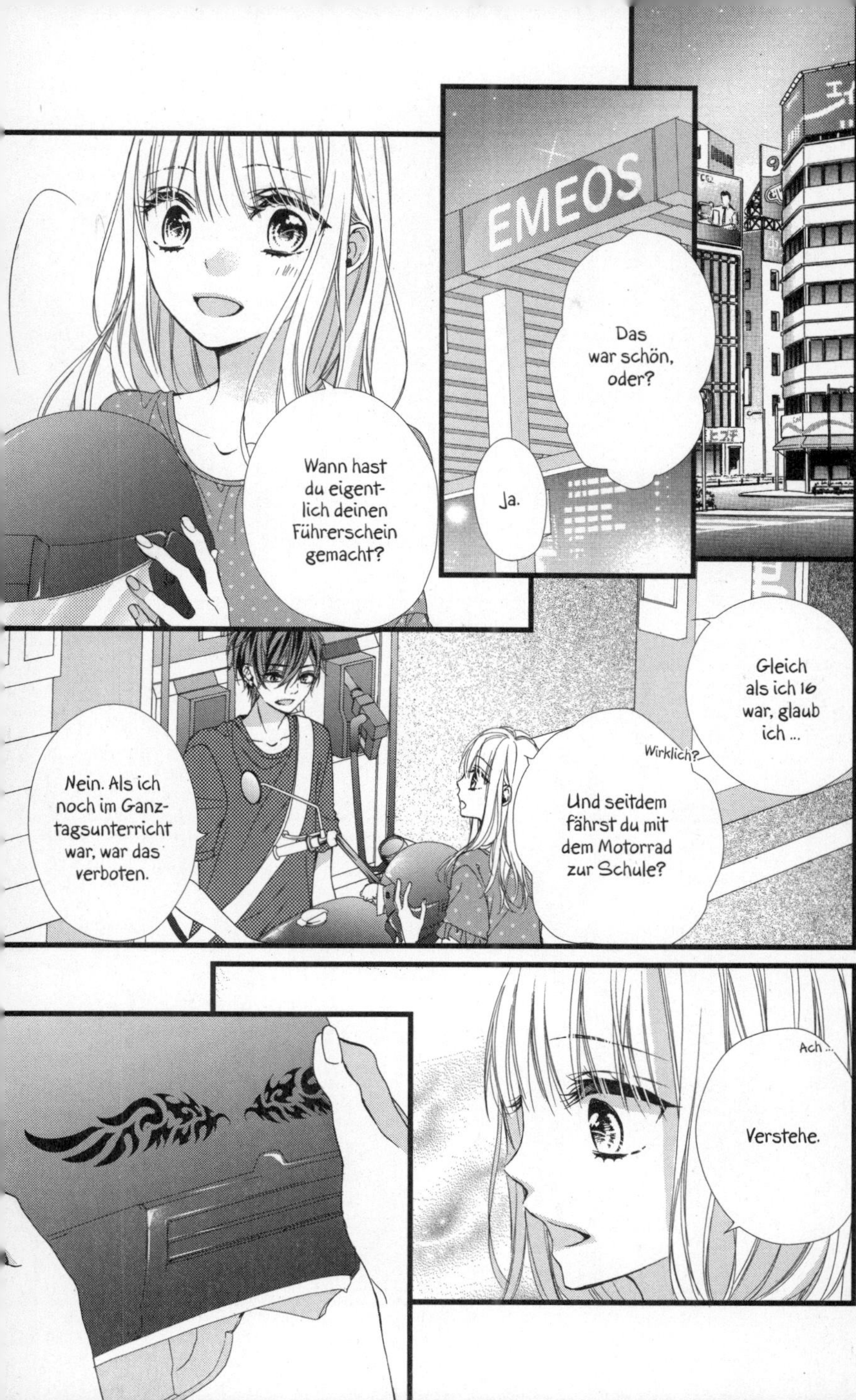
EMEOS
Das war schön, oder?
Ja.
Wann hast du eigentlich deinen Führerschein gemacht?
Gleich als ich 16 war, glaub ich ...
Wirklich?
Und seitdem fährst du mit dem Motorrad zur Schule?
Nein. Als ich noch im Ganztagsunterricht war, war das verboten.
Ach ...
Verstehe.

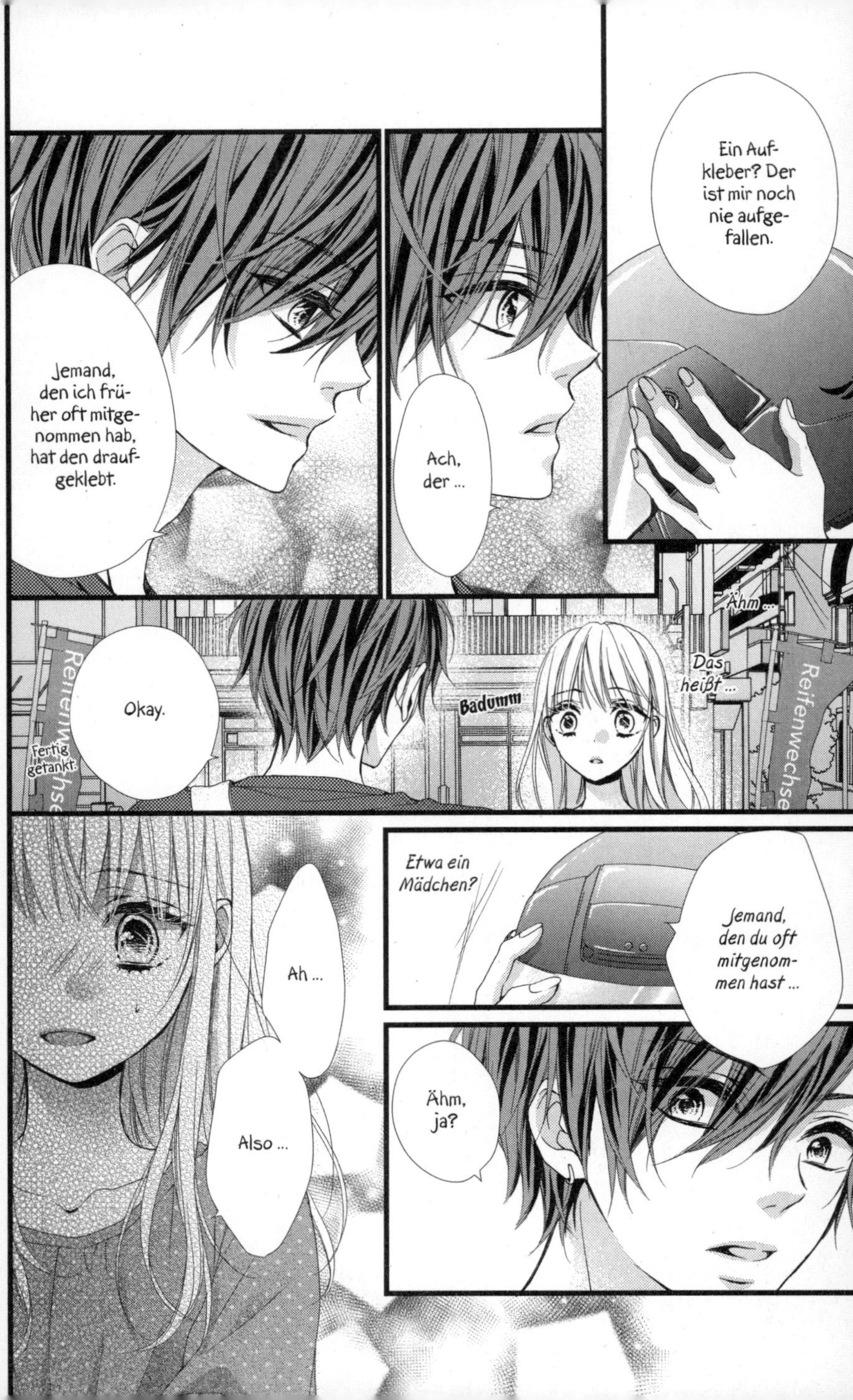
Ein Aufkleber? Der ist mir noch nie aufgefallen.
Ach, der ...
Jemand, den ich früher oft mitgenommen hab, hat den draufgeklebt.
Ähm ...
Das heißt ...
Reifenwechse
Badumm
Okay.
Fertig getankt.
Reifenwechse
Etwa ein Mädchen?
Jemand, den du oft mitgenommen hast ...
Ähm, ja?
Ah ...
Also ...

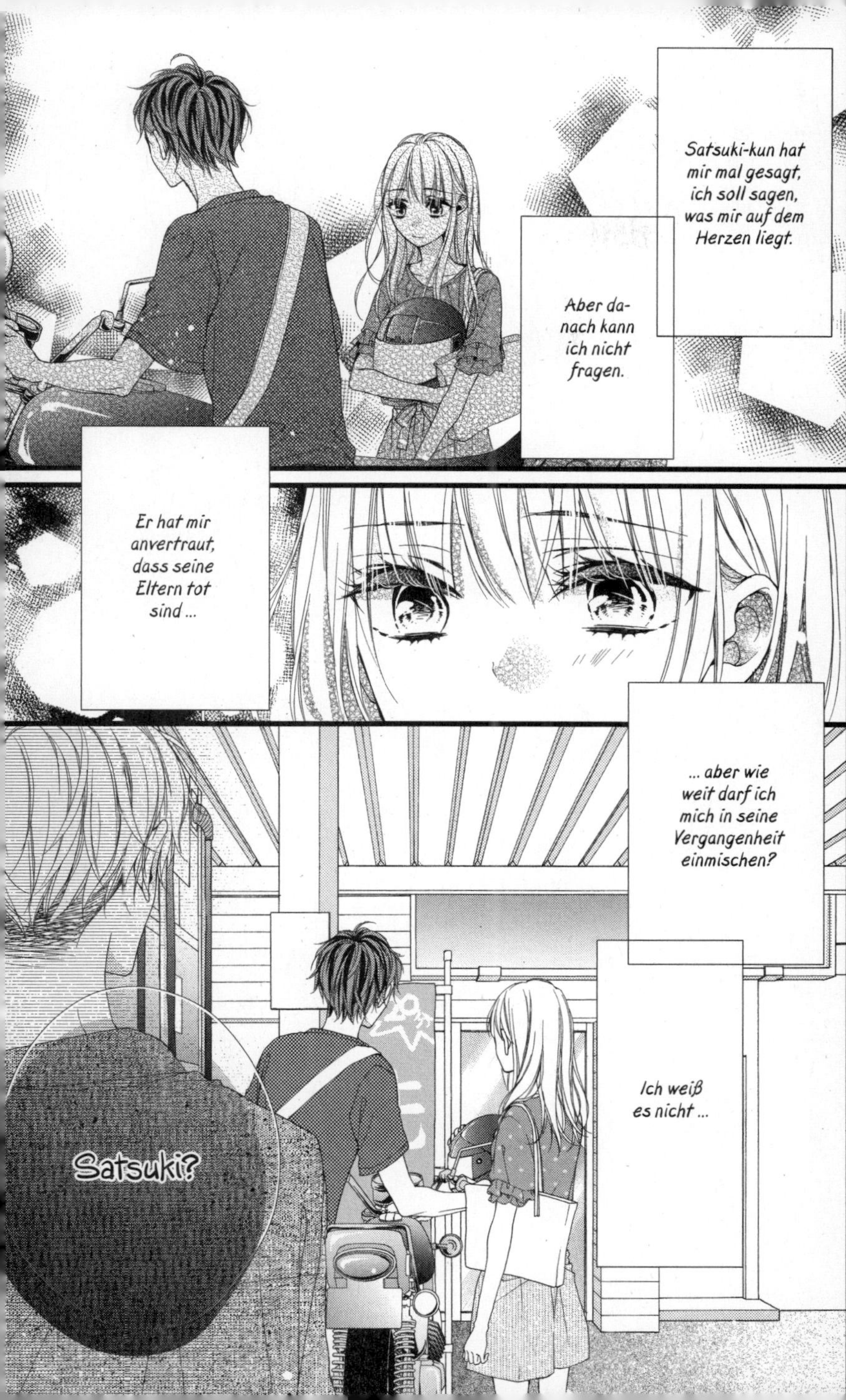
Satsuki-kun hat mir mal gesagt, ich soll sagen, was mir auf dem Herzen liegt.
Aber danach kann ich nicht fragen.
Er hat mir anvertraut, dass seine Eltern tot sind ...
... aber wie weit darf ich mich in seine Vergangenheit einmischen?
Ich weiß es nicht ...
Satsuki?

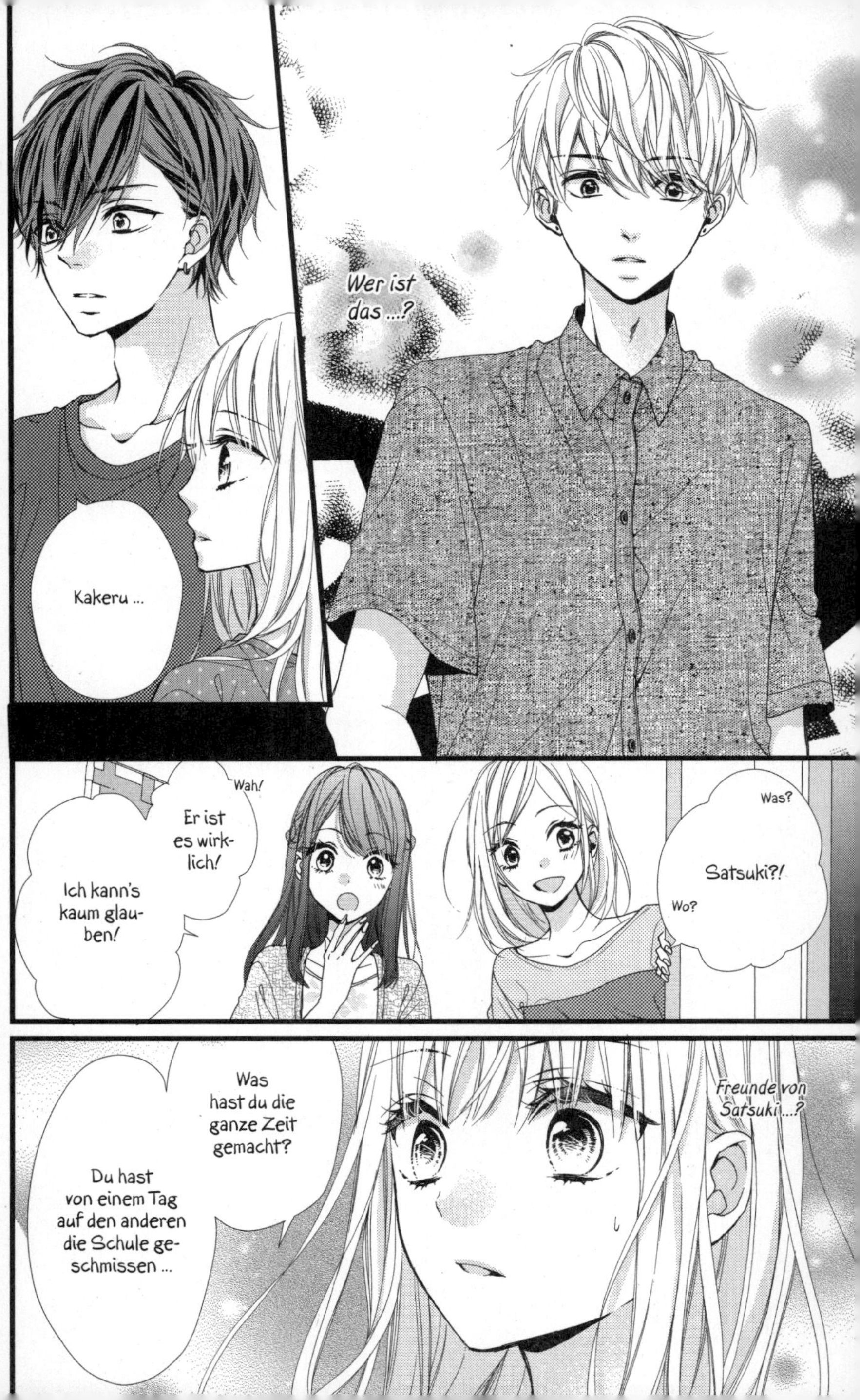
Wer ist das ...?
Kakeru ...
Was?
Satsuki?!
Wo?
Wah!
Er ist es wirklich!
Ich kann's kaum glauben!
Freunde von Satsuki ...?
Was hast du die ganze Zeit gemacht?
Du hast von einem Tag auf den anderen die Schule geschmissen ...

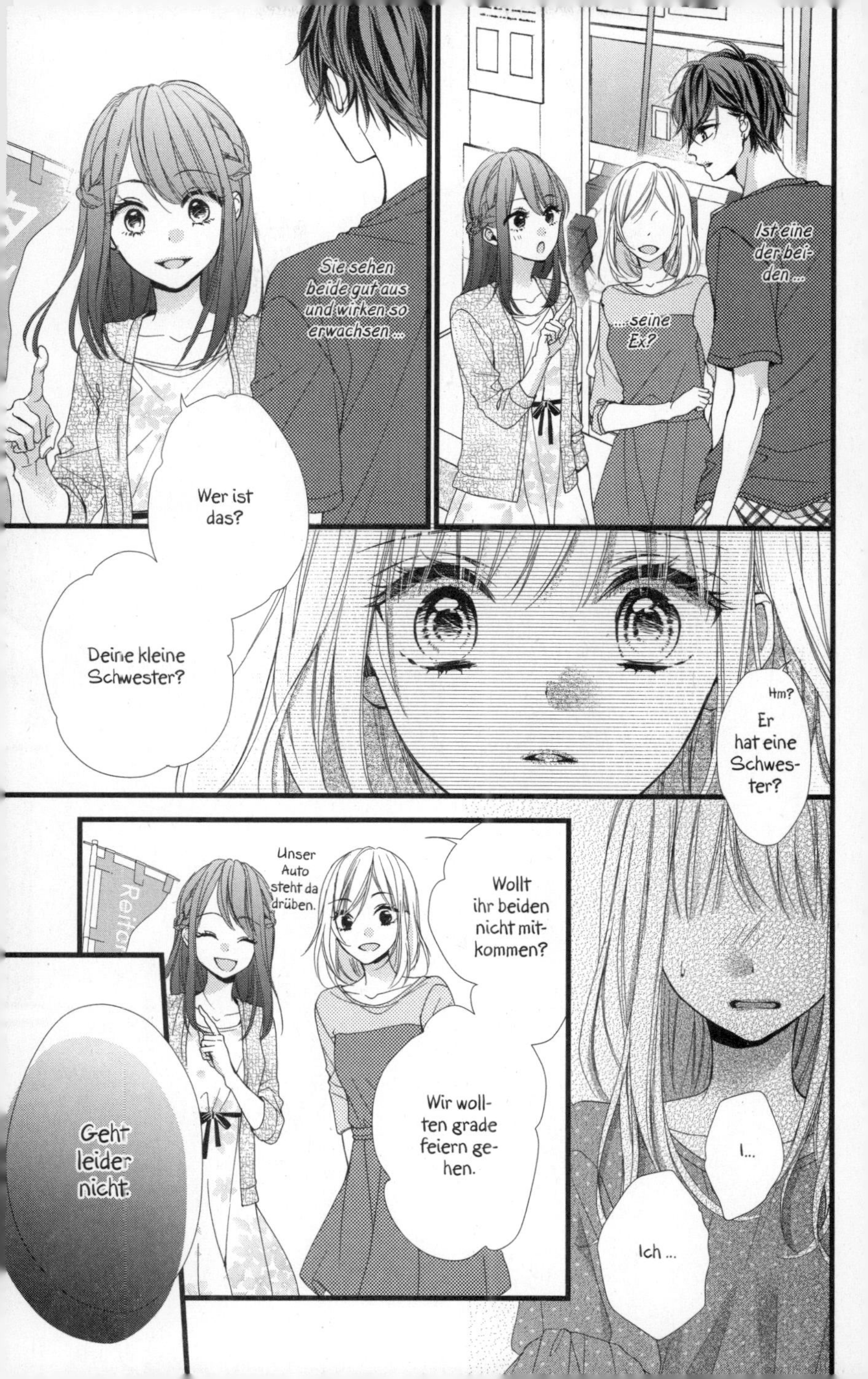
Ist eine der beiden ...
... seine Ex?
Sie sehen beide gut aus und wirken so erwachsen ...
Wer ist das?
Deine kleine Schwester?
Hm?
Er hat eine Schwester?
Wollt ihr beiden nicht mitkommen?
Unser Auto steht da drüben.
Wir wollten grade feiern gehen.
Geht leider nicht.
I...
Ich ...

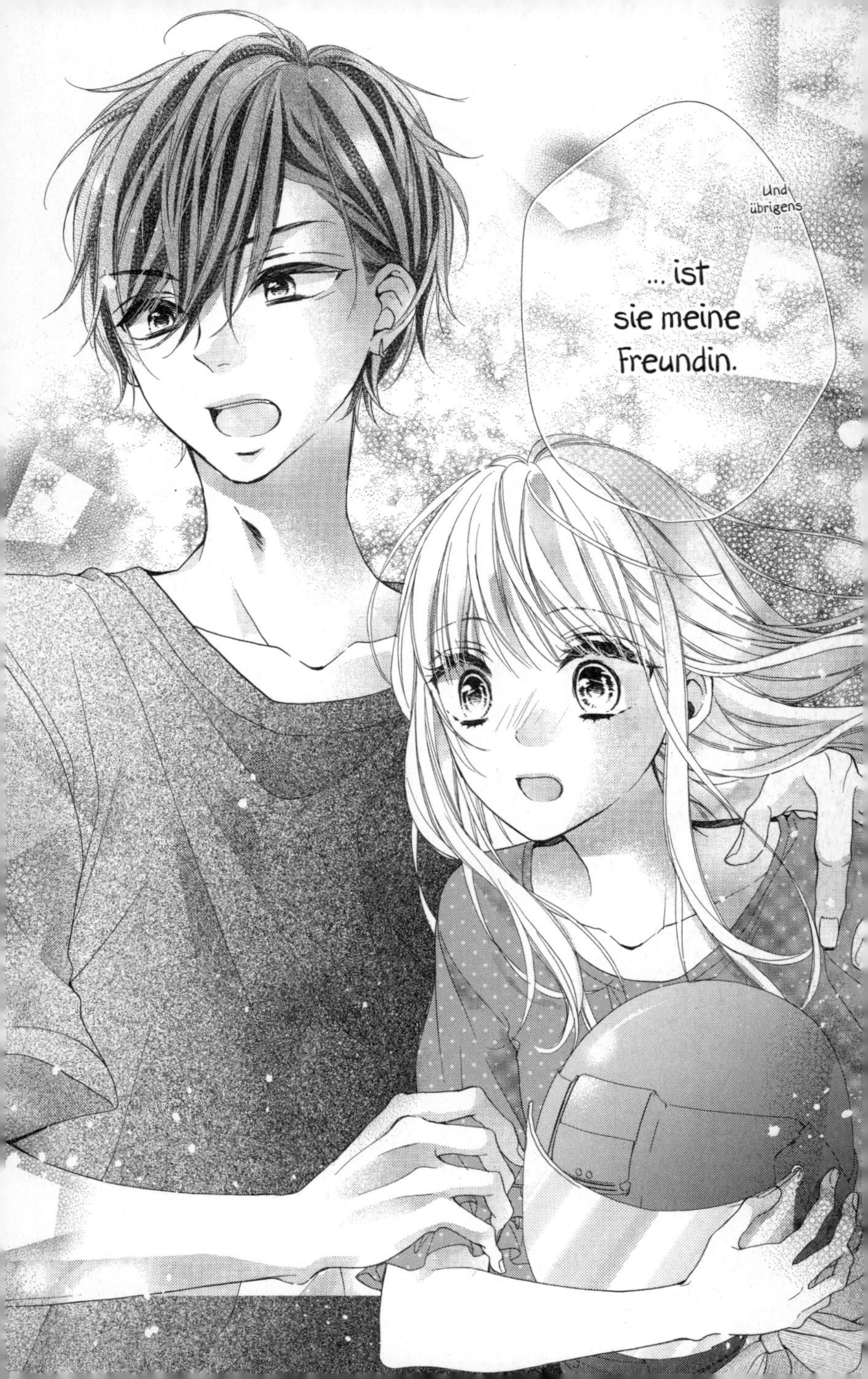
Und übrigens …
… ist sie meine Freundin.

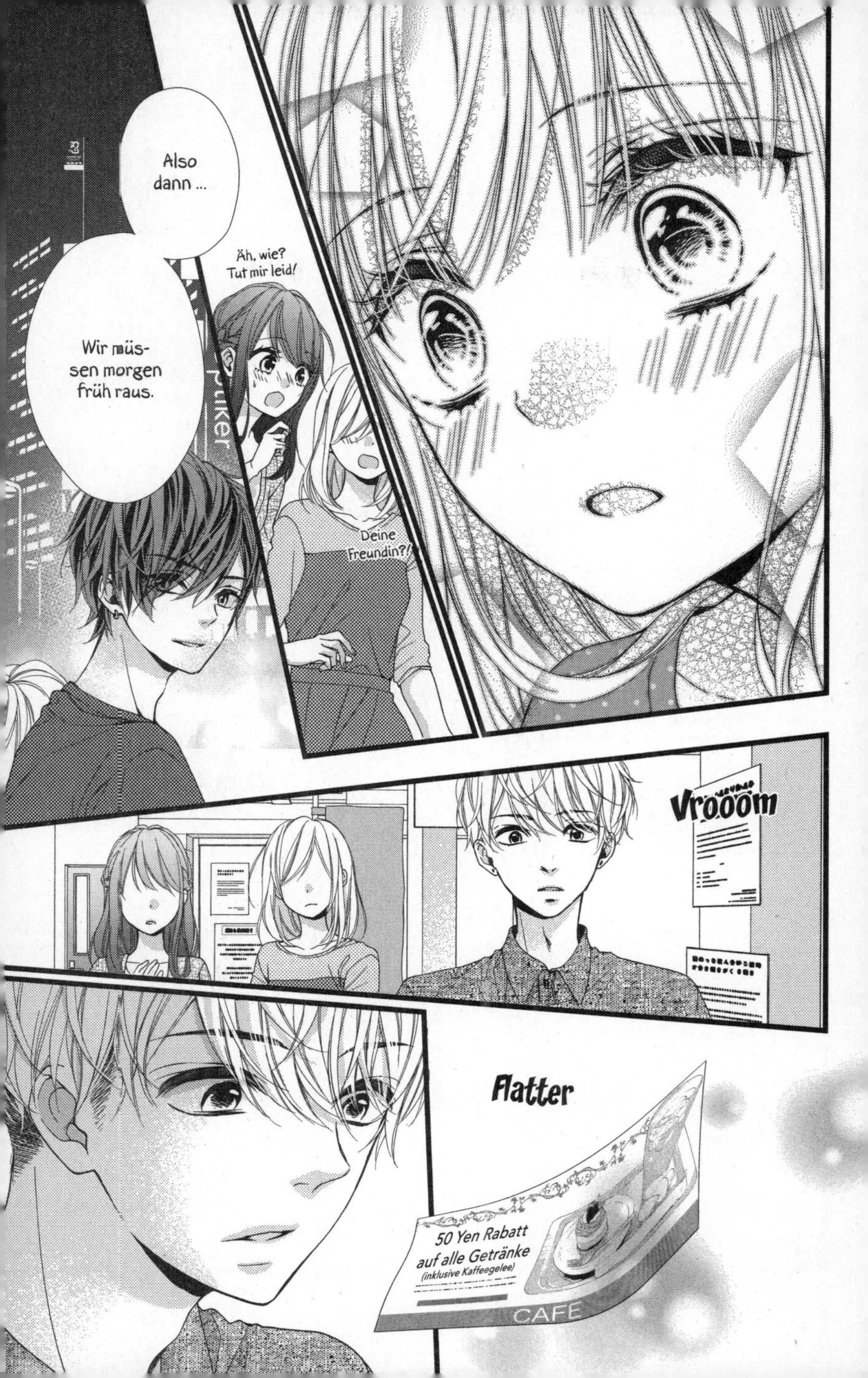
Äh, wie? Tut mir leid!
Deine Freundin?!
Also dann ...
Wir müs-sen morgen früh raus.
Vrooom
Flatter
50 Yen Rabatt auf alle Getränke (inklusive Kaffeegelee)
CAFE

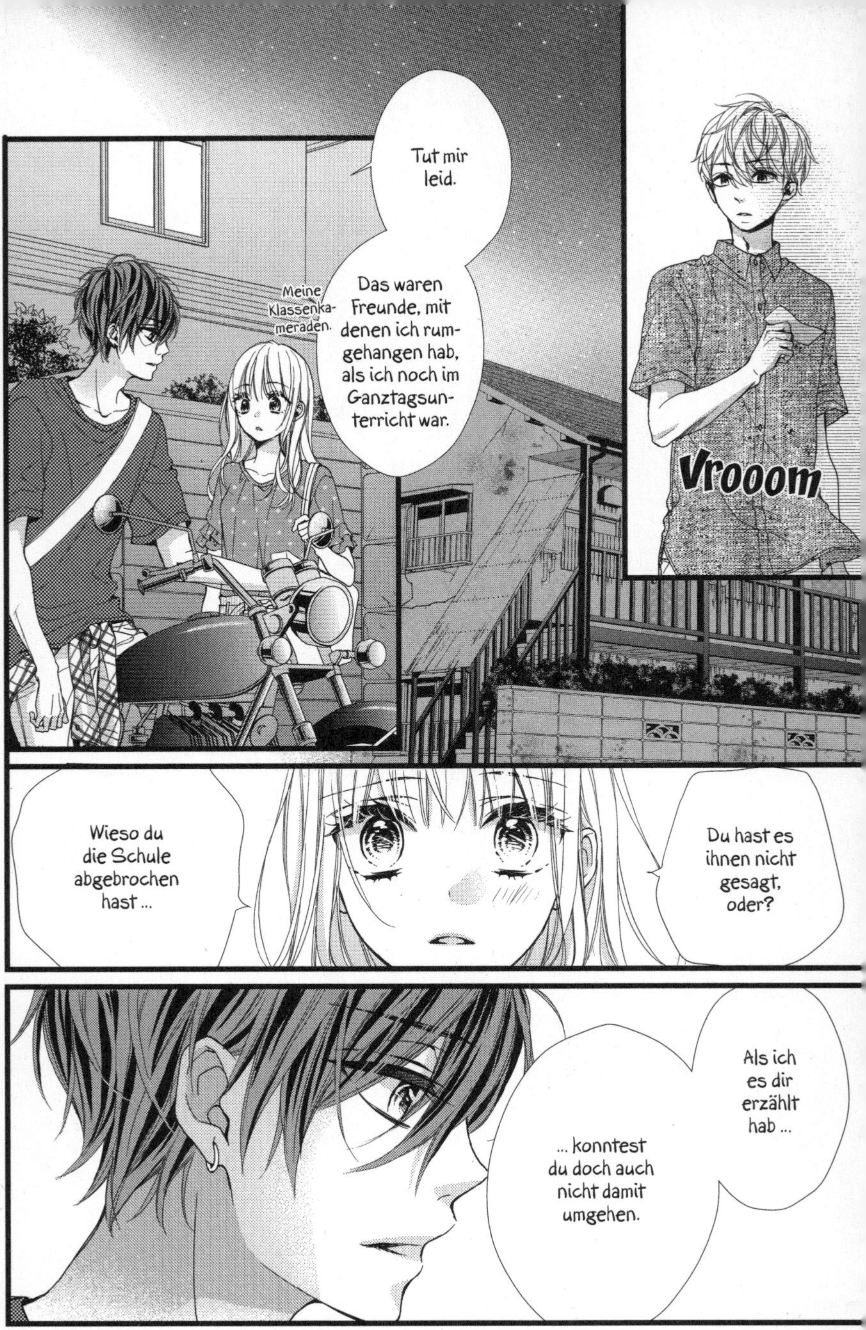
Vrooom
Tut mir leid.
Das waren Freunde, mit denen ich rumgehangen hab, als ich noch im Ganztagsunterricht war.
Meine Klassenkameraden.
Du hast es ihnen nicht gesagt, oder?
Wieso du die Schule abgebrochen hast ...
Als ich es dir erzählt hab ...
... konntest du doch auch nicht damit umgehen.

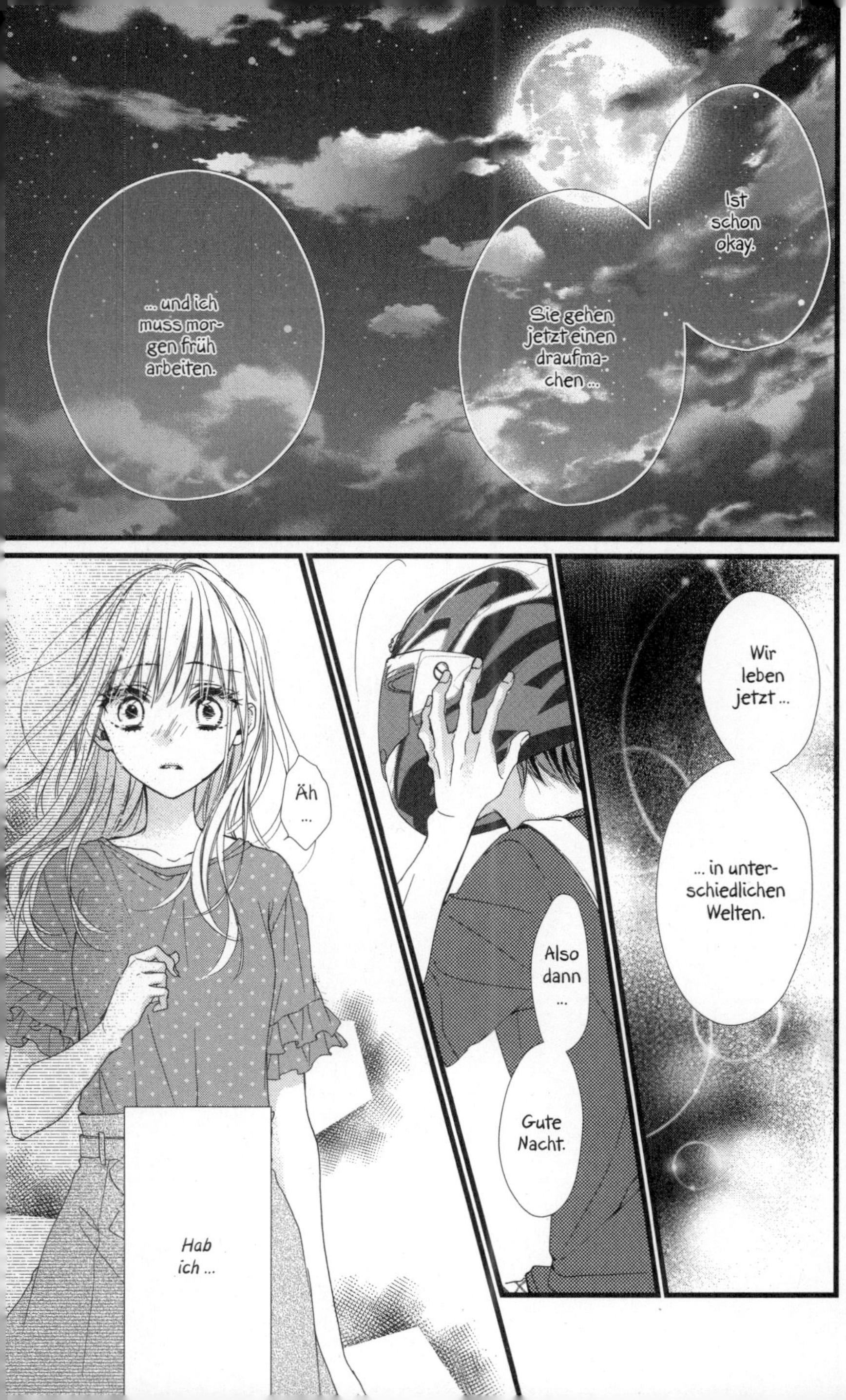
Ist schon okay.
Sie gehen jetzt einen draufmachen ...
... und ich muss morgen früh arbeiten.
Wir leben jetzt ...
... in unterschiedlichen Welten.
Also dann ...
Gute Nacht.
Äh ...
Hab ich ...

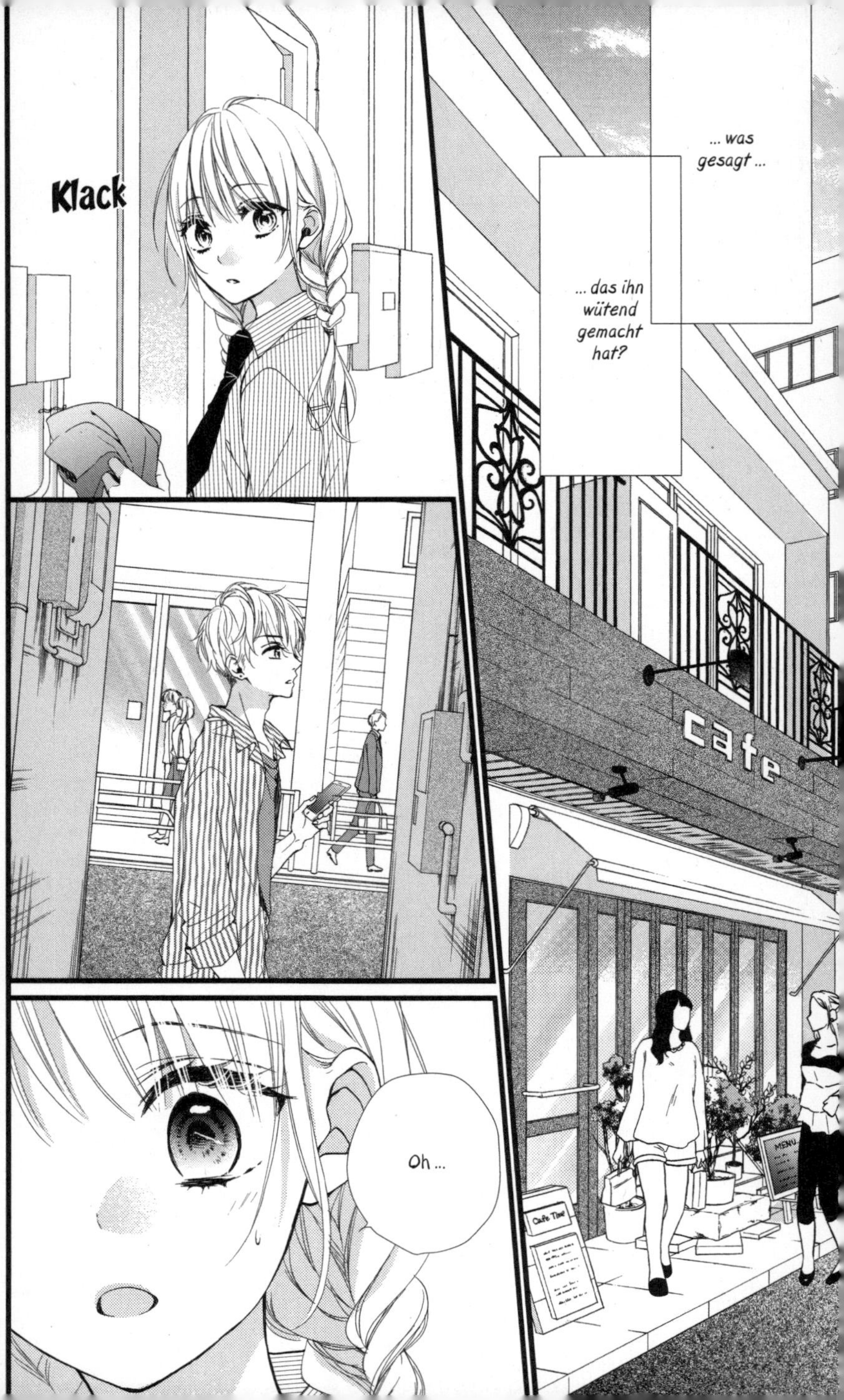
... was gesagt ...
... das ihn wütend gemacht hat?
cafe
Klack
Oh ...

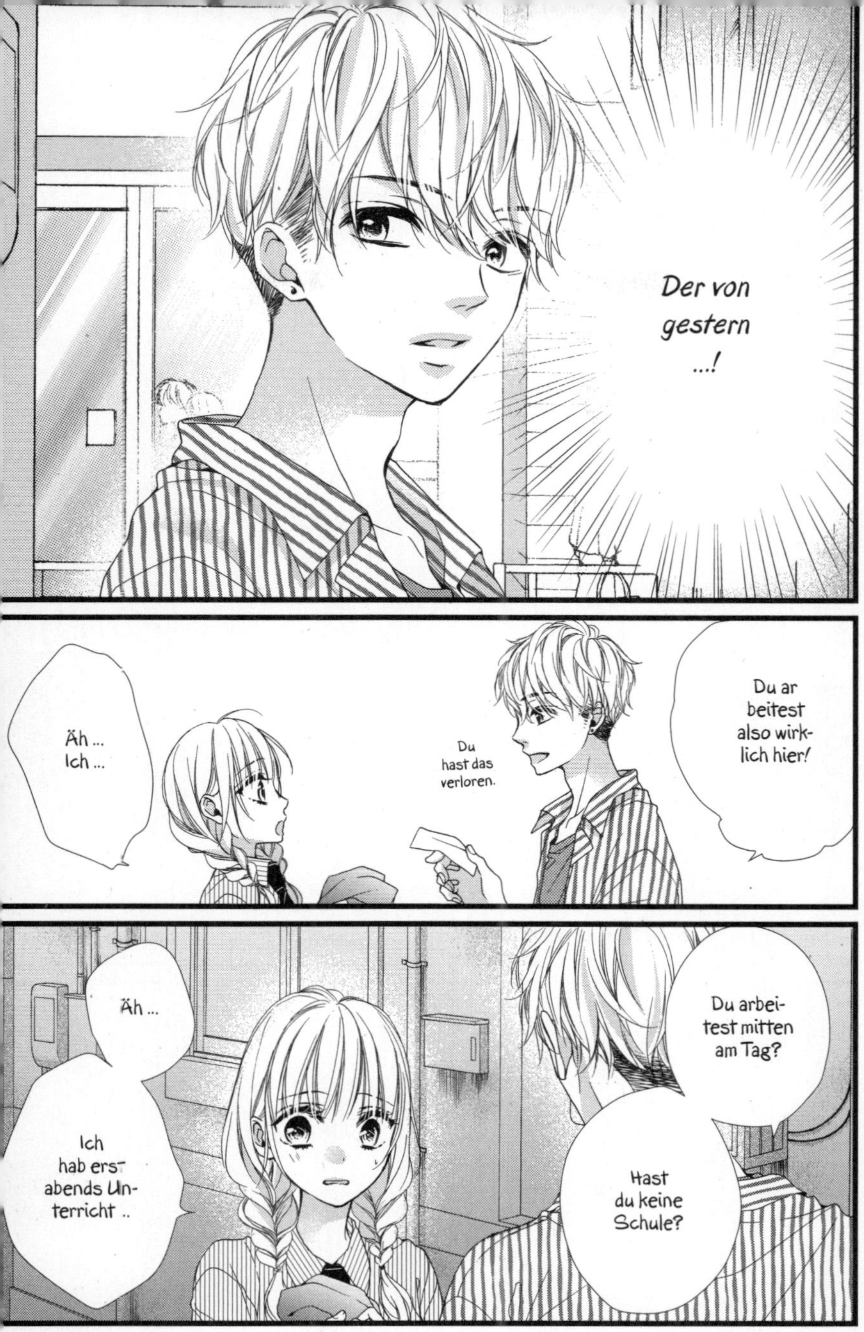
Der von gestern ...!
Du ar beitest also wirklich hier!
Du hast das verloren.
Äh ... Ich ...
Du arbeitest mitten am Tag?
Hast du keine Schule?
Äh ...
Ich hab erst abends Unterricht ..

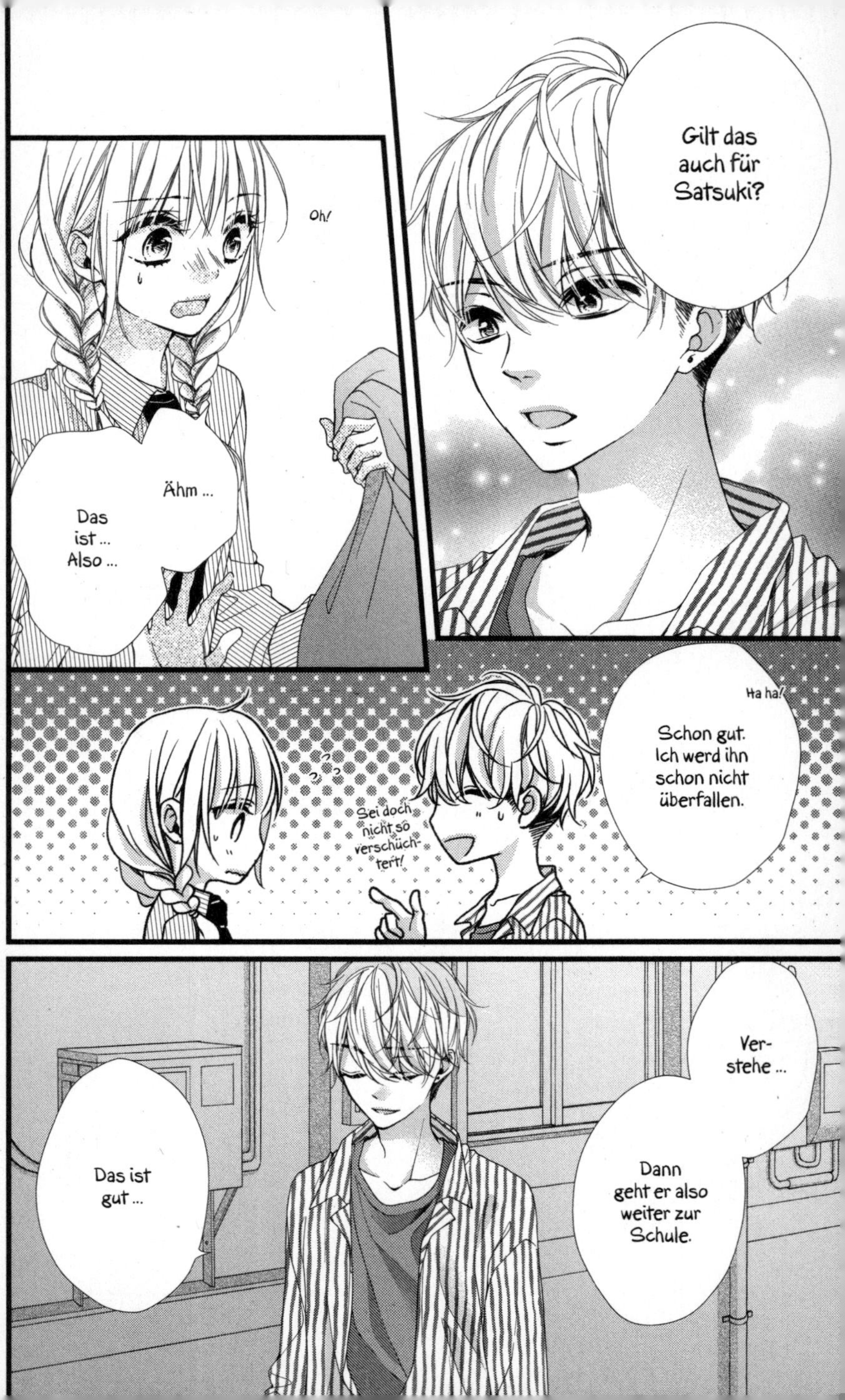

Gilt das auch für Satsuki?
Oh!
Ähm ...
Das ist ... Also ...
Ha ha!
Schon gut. Ich werd ihn schon nicht überfallen.
Sei doch nicht so verschüchtert!
Verstehe ...
Dann geht er also weiter zur Schule.
Das ist gut ...

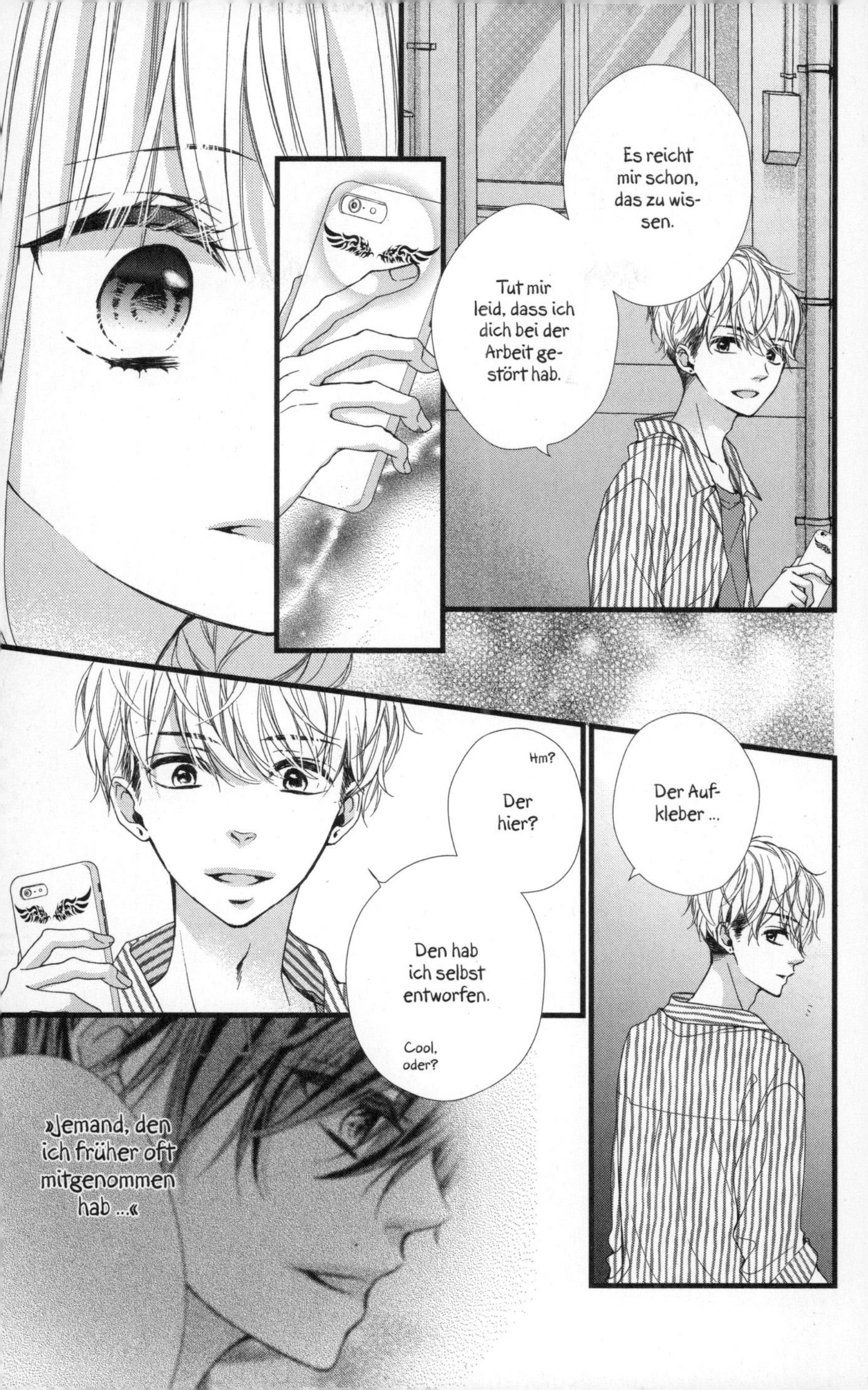

Es reicht mir schon, das zu wissen.
Tut mir leid, dass ich dich bei der Arbeit gestört hab.
Der Aufkleber …
Hm?
Der hier?
Den hab ich selbst entworfen.
Cool, oder?
»Jemand, den ich früher oft mitgenommen hab …«

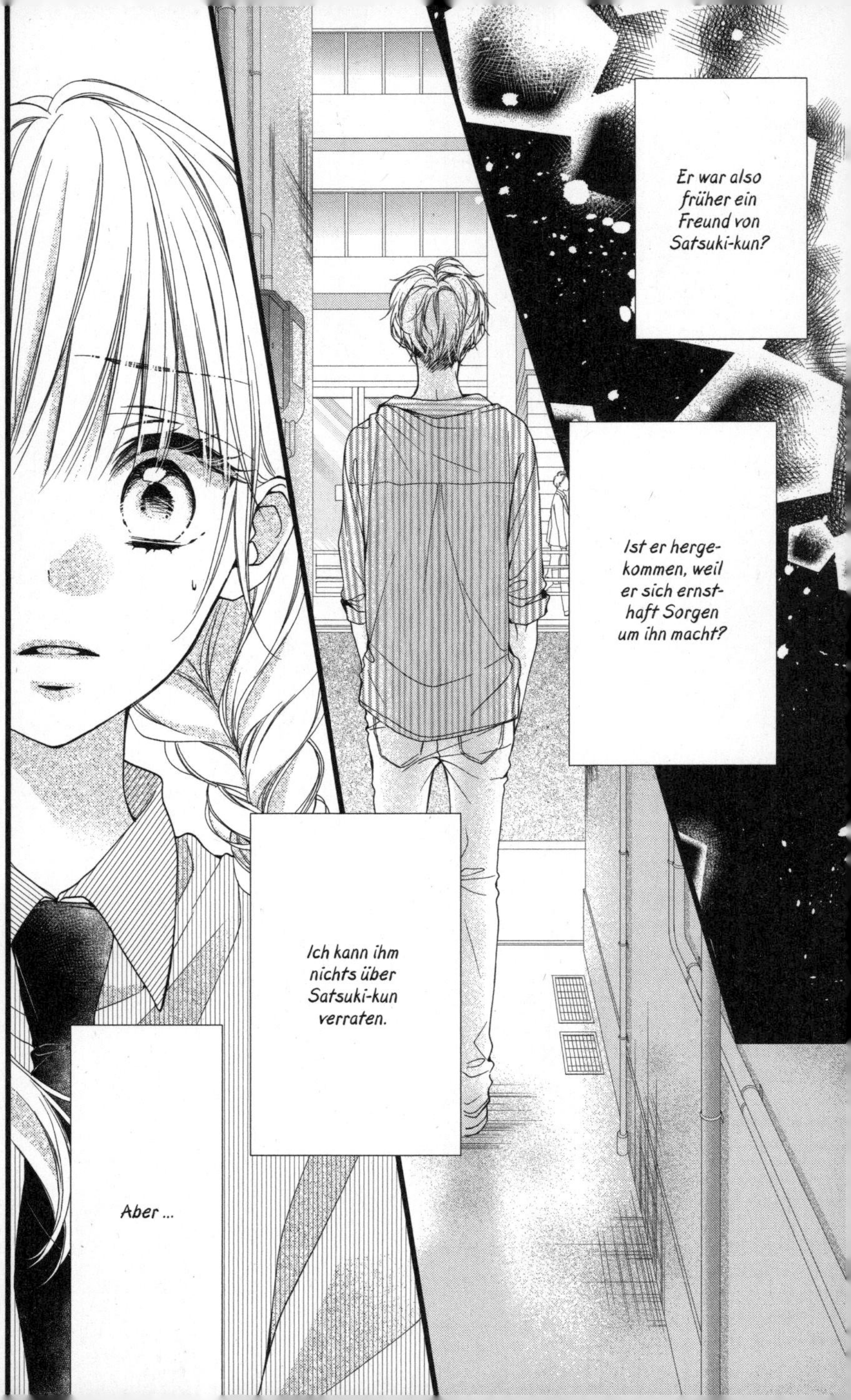
Er war also früher ein Freund von Satsuki-kun?
Ist er hergekommen, weil er sich ernsthaft Sorgen um ihn macht?
Ich kann ihm nichts über Satsuki-kun verraten.
Aber ...

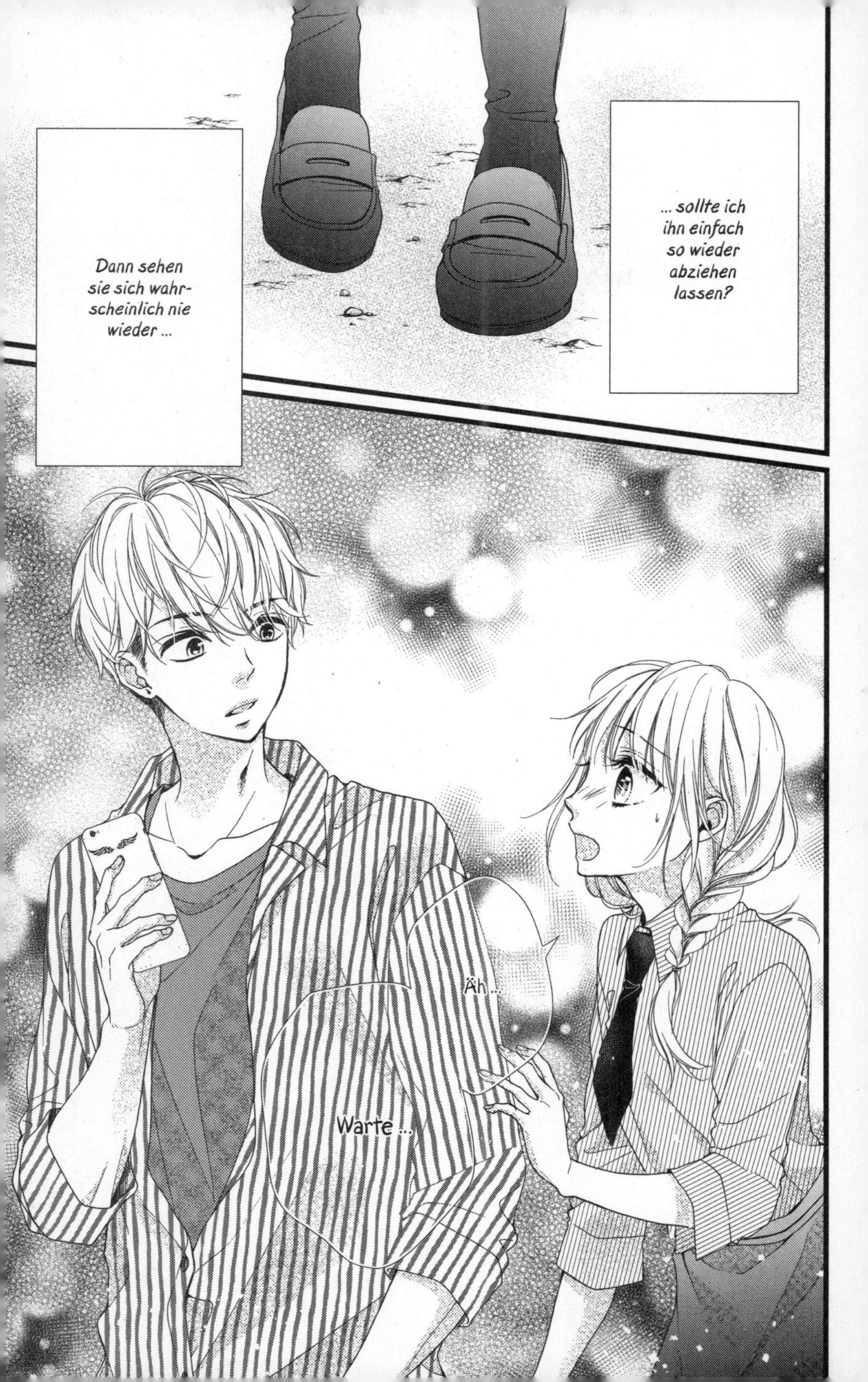
... sollte ich ihn einfach so wieder abziehen lassen?
Dann sehen sie sich wahrscheinlich nie wieder ...
Äh ...
Warte ...

Zufälle gibt's ...

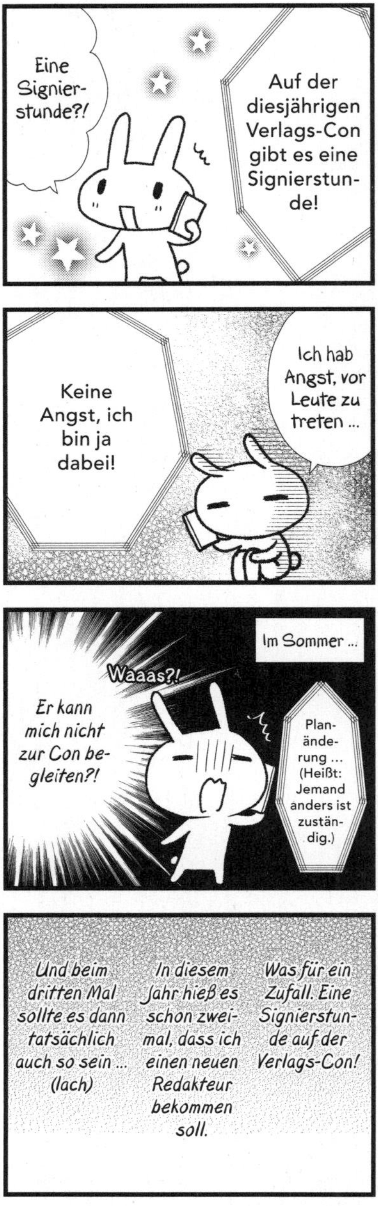


Vielen Dank an alle, die bei der kleinen Signierstunde auf der Verlags-Con 2018 vorbeigekommen sind! Leider konnte sie erst am selben Tag bekannt gegeben werden. Ich möchte mich bei allen entschuldigen, die gern gekommen wären! (;。;)

Das war zwar schon meine dritte Signierstunde, aber ich werde mich nie daran gewöhnen. Es tut mir leid, dass ich kaum ein vernünftiges Wort rausbekommen hab ... Ich hab mich aber sehr gefreut, meine Leser treffen zu können, und hatte sehr viel Spaß.♡

Und dann sollte plötzlich jemand anders verantwortlich sein! Bisher waren alle Redakteure, die ich hatte, fast schon sadistisch. Vor dem ersten Treffen hatte ich also ziemlich Bammel. (lach)

Das war aber unbegründet ... (lach)

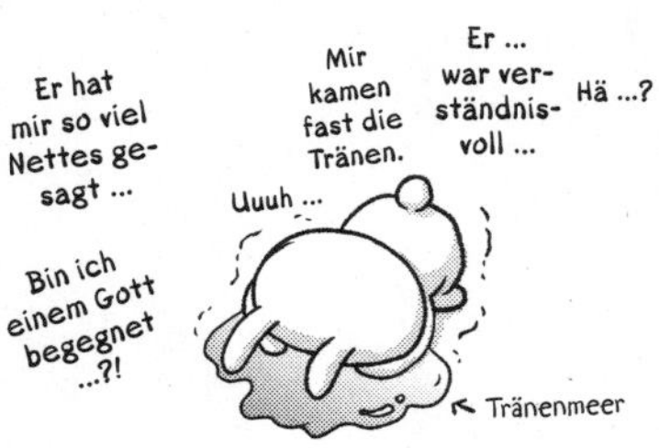

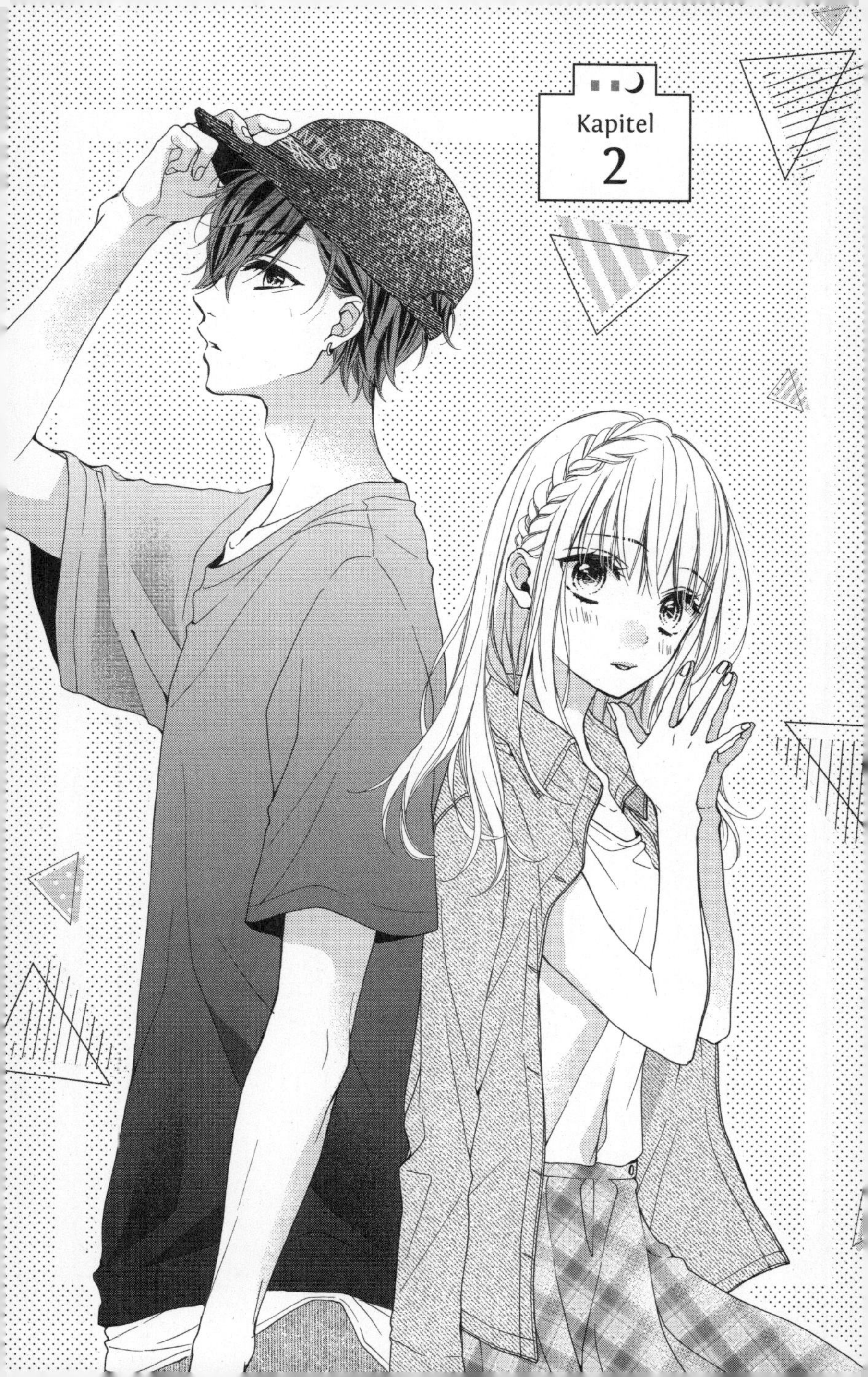
Kapitel
2

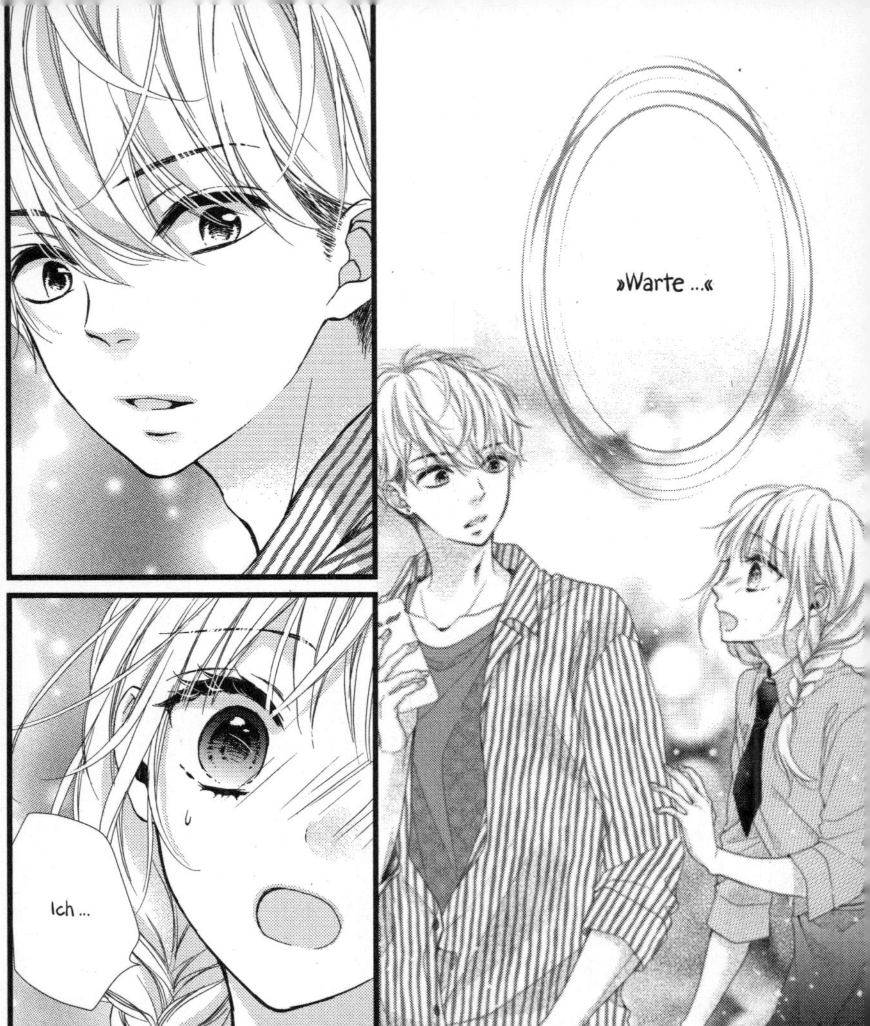


# Im Liebesfieber

## Unsere Liebe im Klassenzimmer bei sternenklarer Nacht

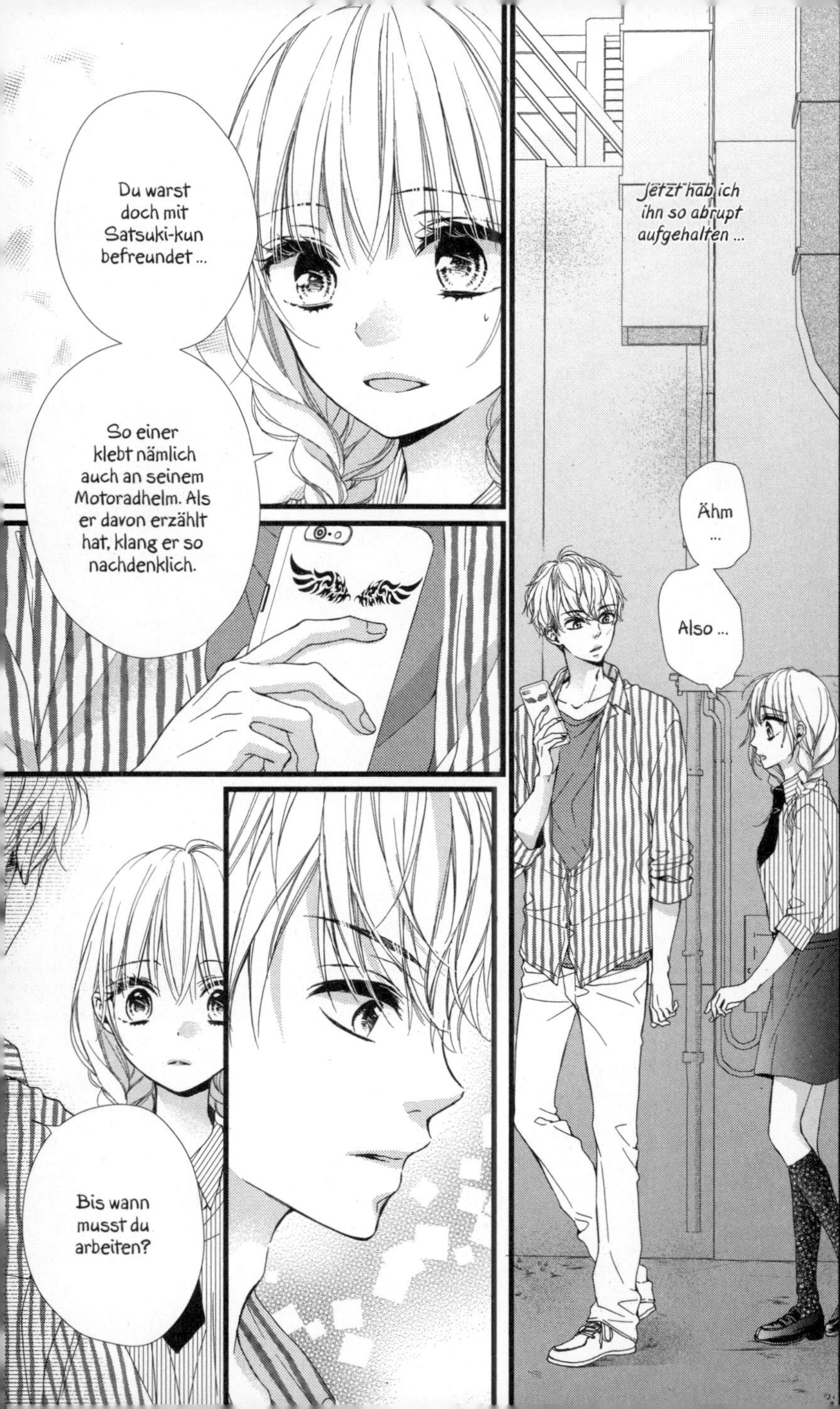

Jetzt hab ich ihn so abrupt aufgehalten ...
Ähm ...
Also ...
Du warst doch mit Satsuki-kun befreundet ...
So einer klebt nämlich auch an seinem Motoradhelm. Als er davon erzählt hat, klang er so nachdenklich.
Bis wann musst du arbeiten?

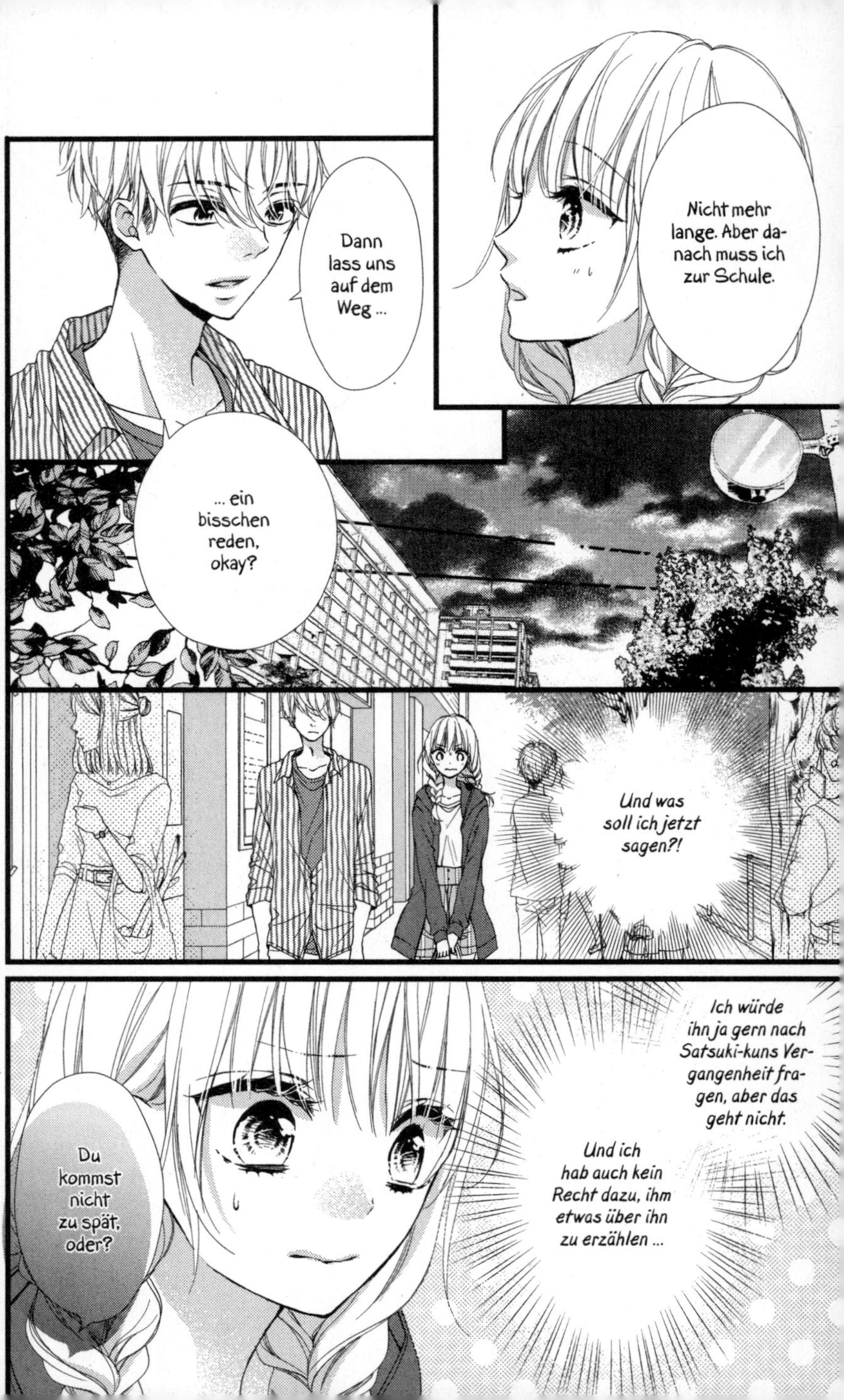
Nicht mehr lange. Aber danach muss ich zur Schule.
Dann lass uns auf dem Weg ...
... ein bisschen reden, okay?
Und was soll ich jetzt sagen?!
Ich würde ihn ja gern nach Satsuki-kuns Vergangenheit fragen, aber das geht nicht.
Und ich hab auch kein Recht dazu, ihm etwas über ihn zu erzählen ...
Du kommst nicht zu spät, oder?

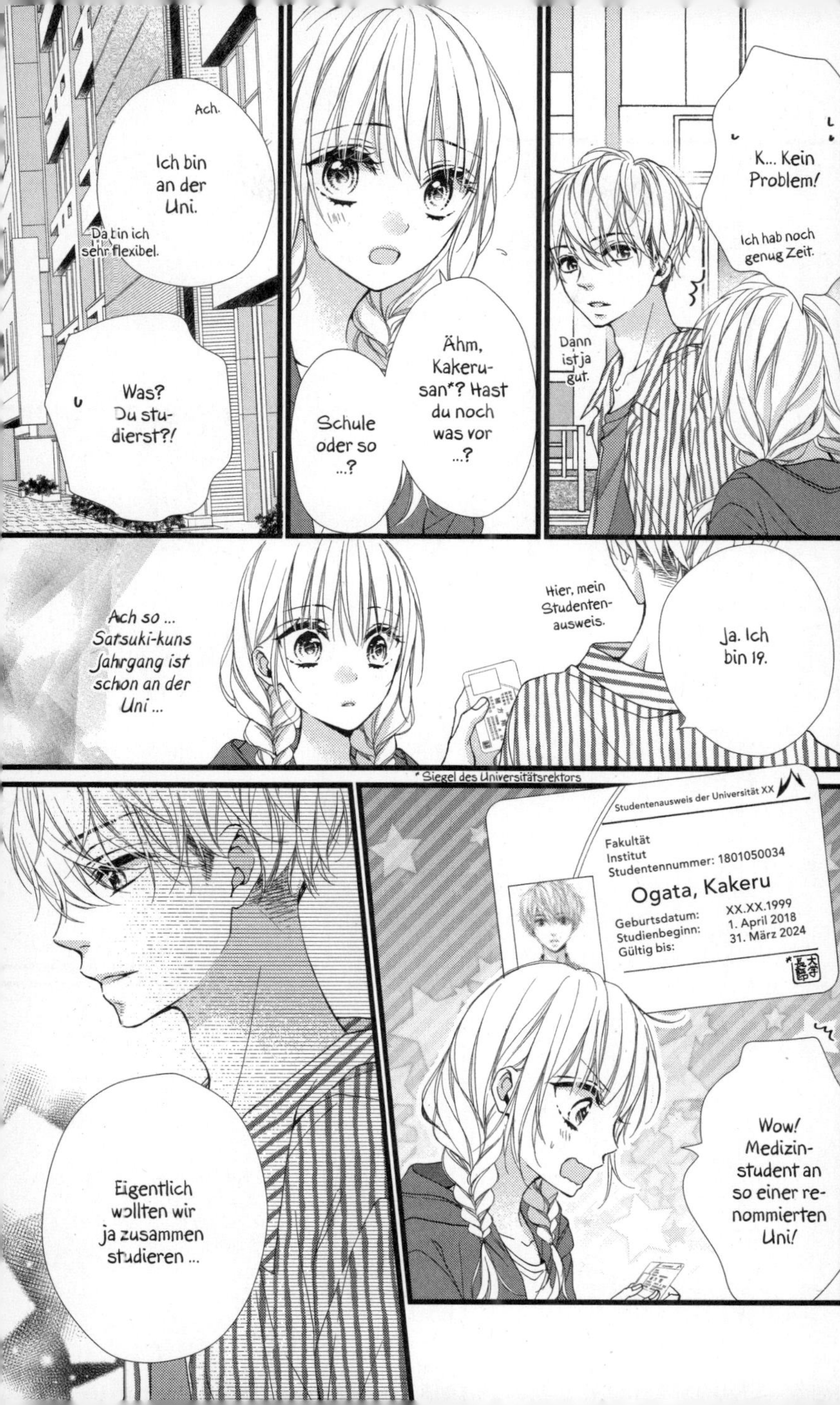


*höfliche, geschlechtsunabhängige Anrede

* Siegel des Universitätsrektors

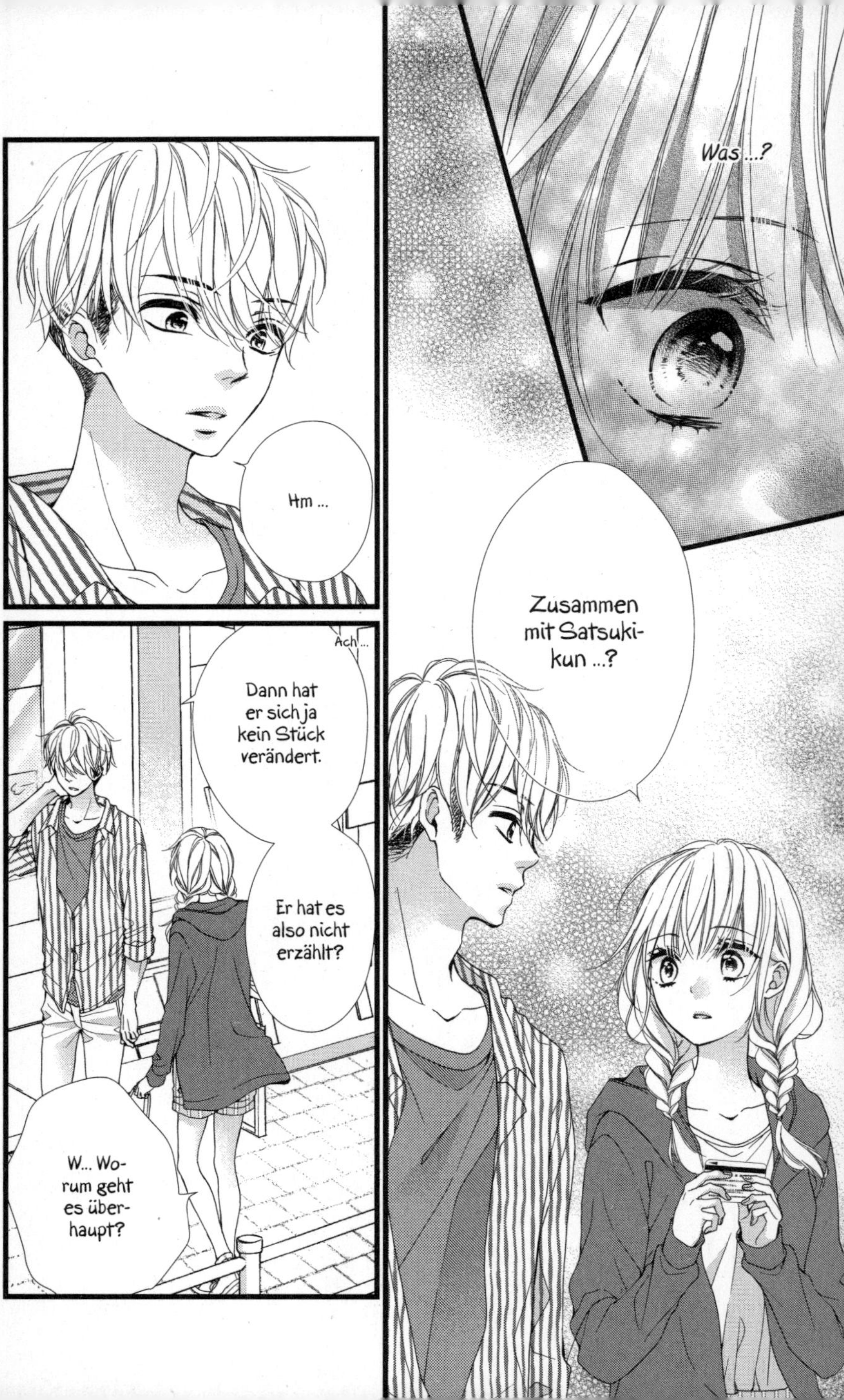
Was ...?
Zusammen mit Satsuki-kun ...?
Hm ...
Ach ...
Dann hat er sich ja kein Stück verändert.
Er hat es also nicht erzählt?
W... Worum geht es überhaupt?

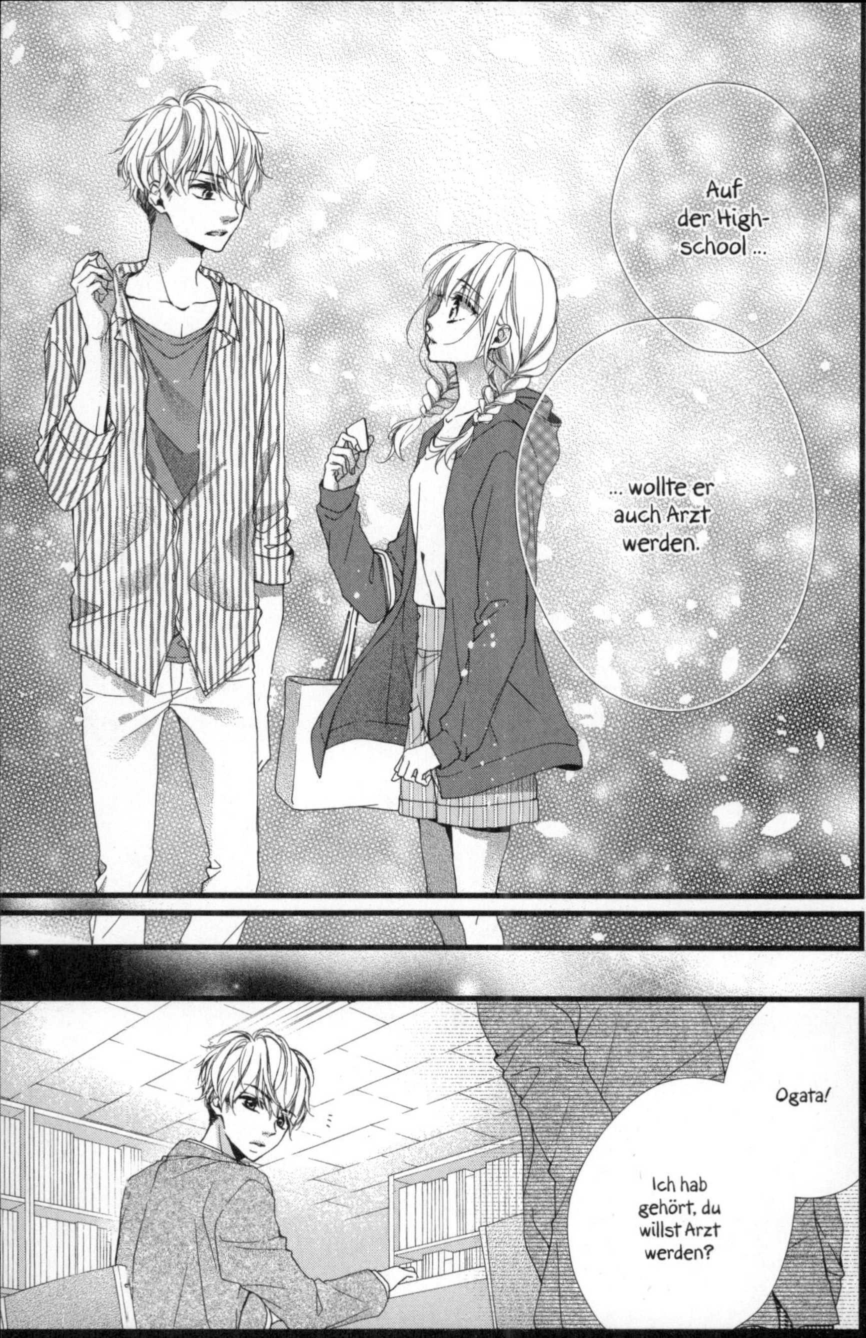
Auf der High-school ...
... wollte er auch Arzt werden.
Ogata!
Ich hab gehört, du willst Arzt werden?

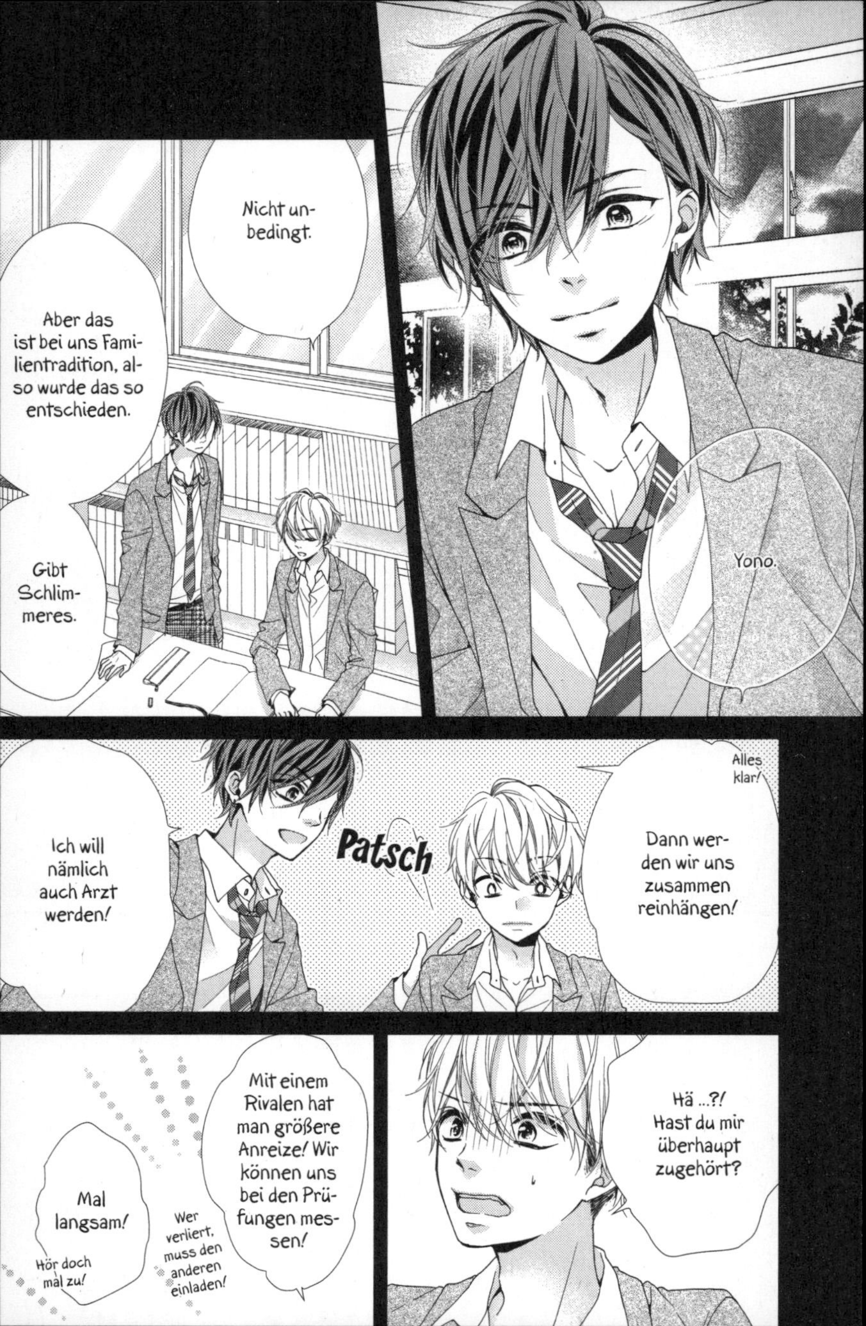
Yono.
Nicht unbedingt.
Aber das ist bei uns Familientradition, also wurde das so entschieden.
Gibt Schlimmeres.
Alles klar!
Dann werden wir uns zusammen reinhängen!
Patsch
Ich will nämlich auch Arzt werden!
Hä ...?! Hast du mir überhaupt zugehört?
Mit einem Rivalen hat man größere Anreize! Wir können uns bei den Prüfungen messen!
Wer verliert, muss den anderen einladen!
Mal langsam!
Hör doch mal zu!

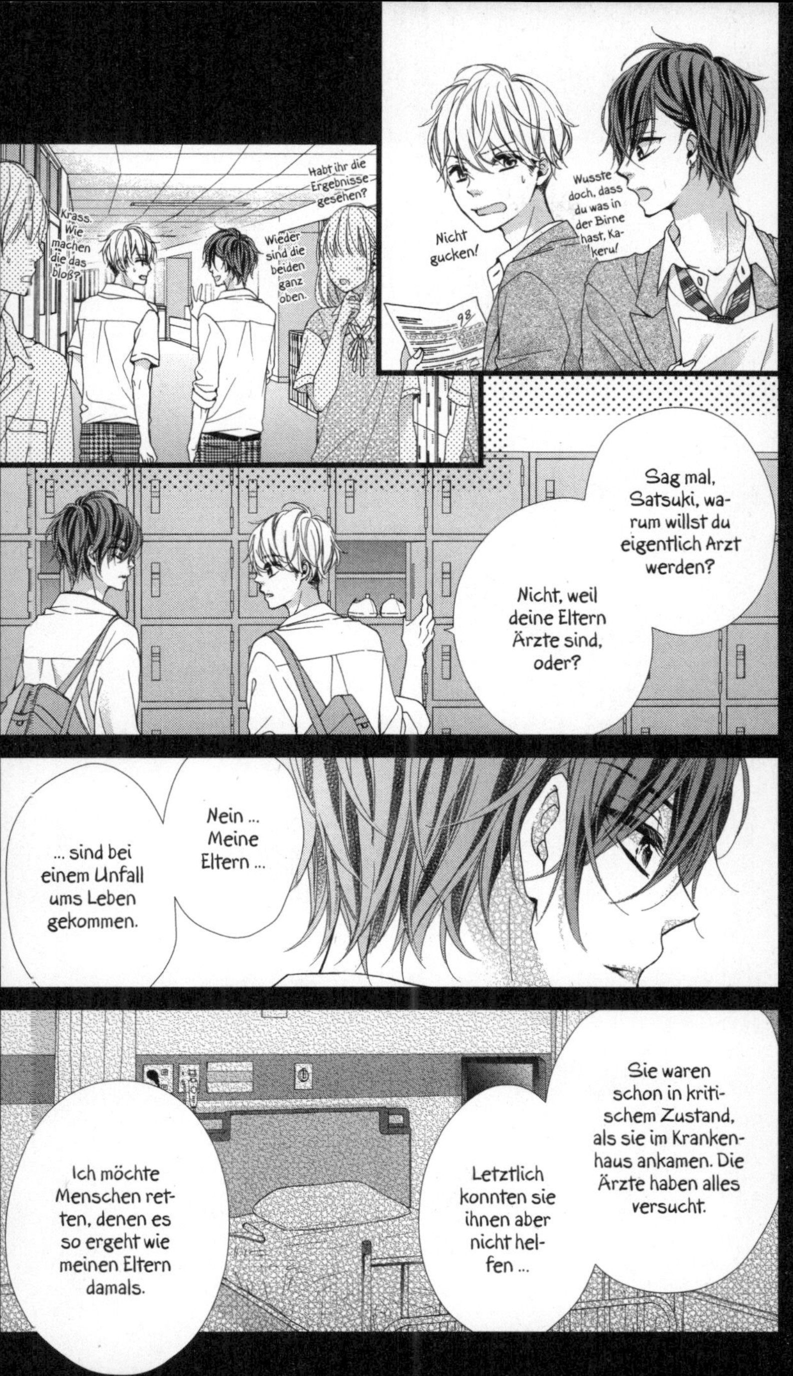

Wusste doch, dass du was in der Birne hast, Kakeru!
Nicht gucken!
Habt ihr die Ergebnisse gesehen?
Wieder sind die beiden ganz oben.
Krass. Wie machen die das bloß?
98
Sag mal, Satsuki, warum willst du eigentlich Arzt werden?
Nicht, weil deine Eltern Ärzte sind, oder?
Nein ... Meine Eltern ...
... sind bei einem Unfall ums Leben gekommen.
Sie waren schon in kritischem Zustand, als sie im Krankenhaus ankamen. Die Ärzte haben alles versucht.
Letztlich konnten sie ihnen aber nicht helfen ...
Ich möchte Menschen retten, denen es so ergeht wie meinen Eltern damals.

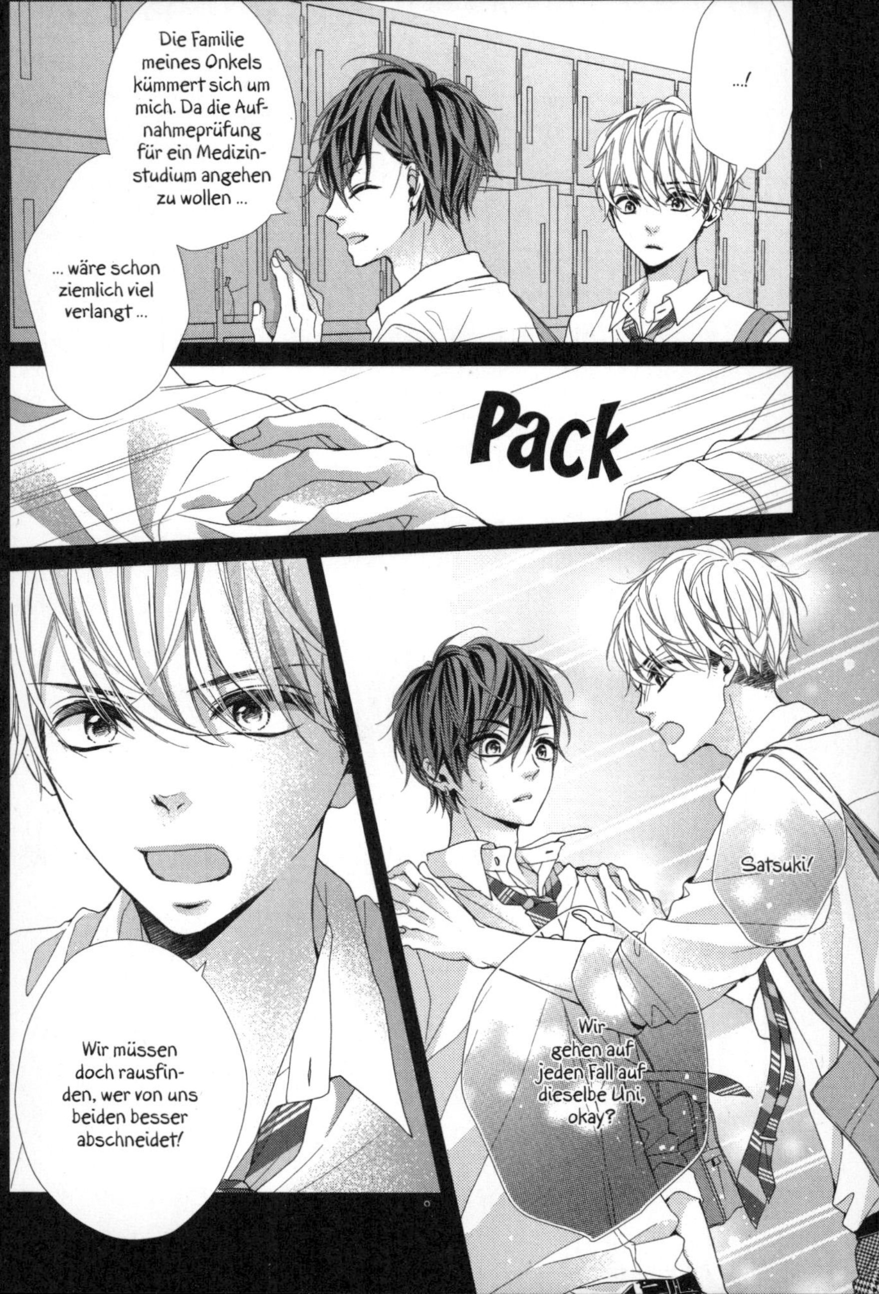
Die Familie meines Onkels kümmert sich um mich. Da die Aufnahmeprüfung für ein Medizinstudium angehen zu wollen ...
... wäre schon ziemlich viel verlangt ...
...!
Pack
Satsuki!
Wir gehen auf jeden Fall auf dieselbe Uni, okay?
Wir müssen doch rausfinden, wer von uns beiden besser abschneidet!

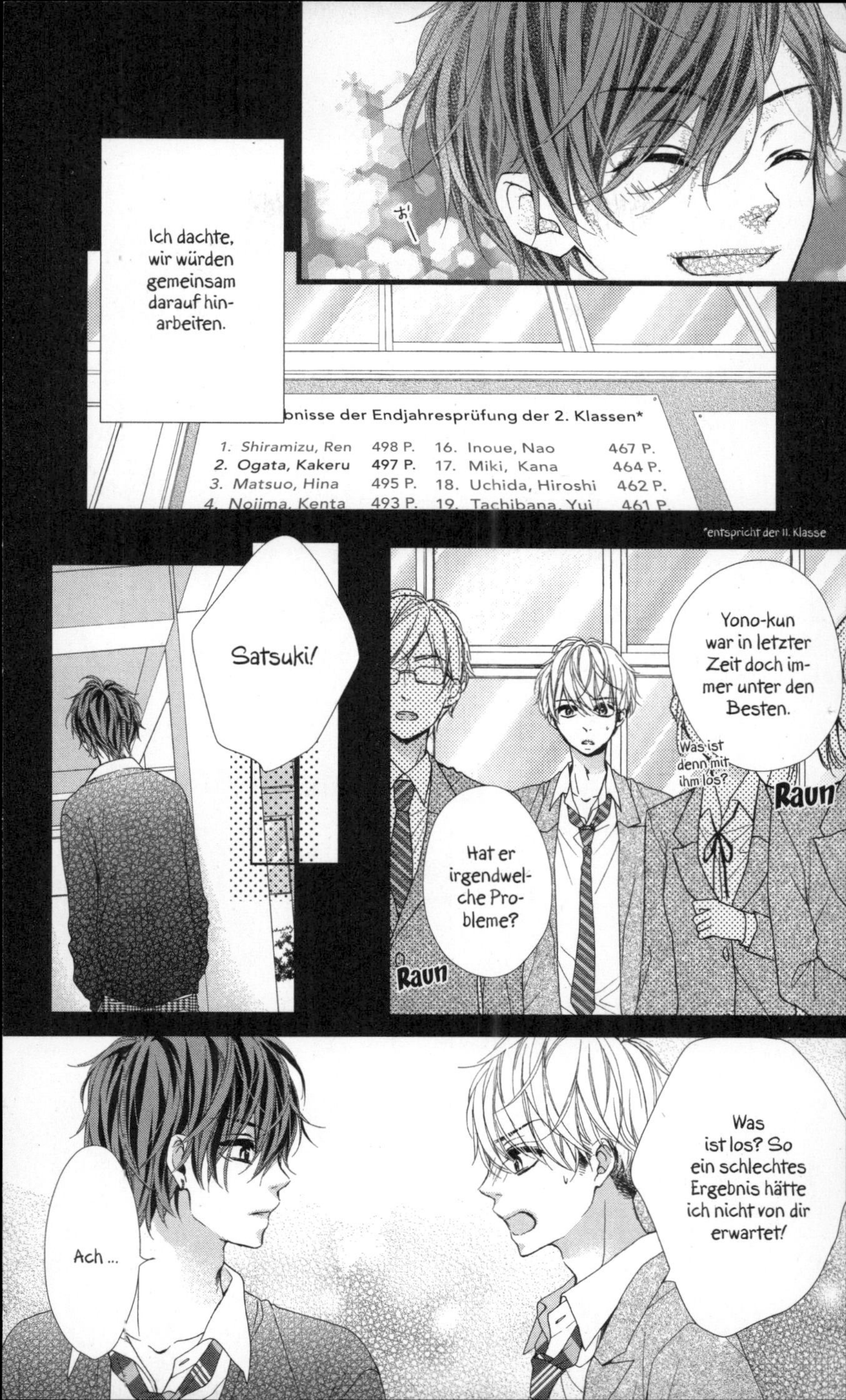


*entspricht der 11. Klasse

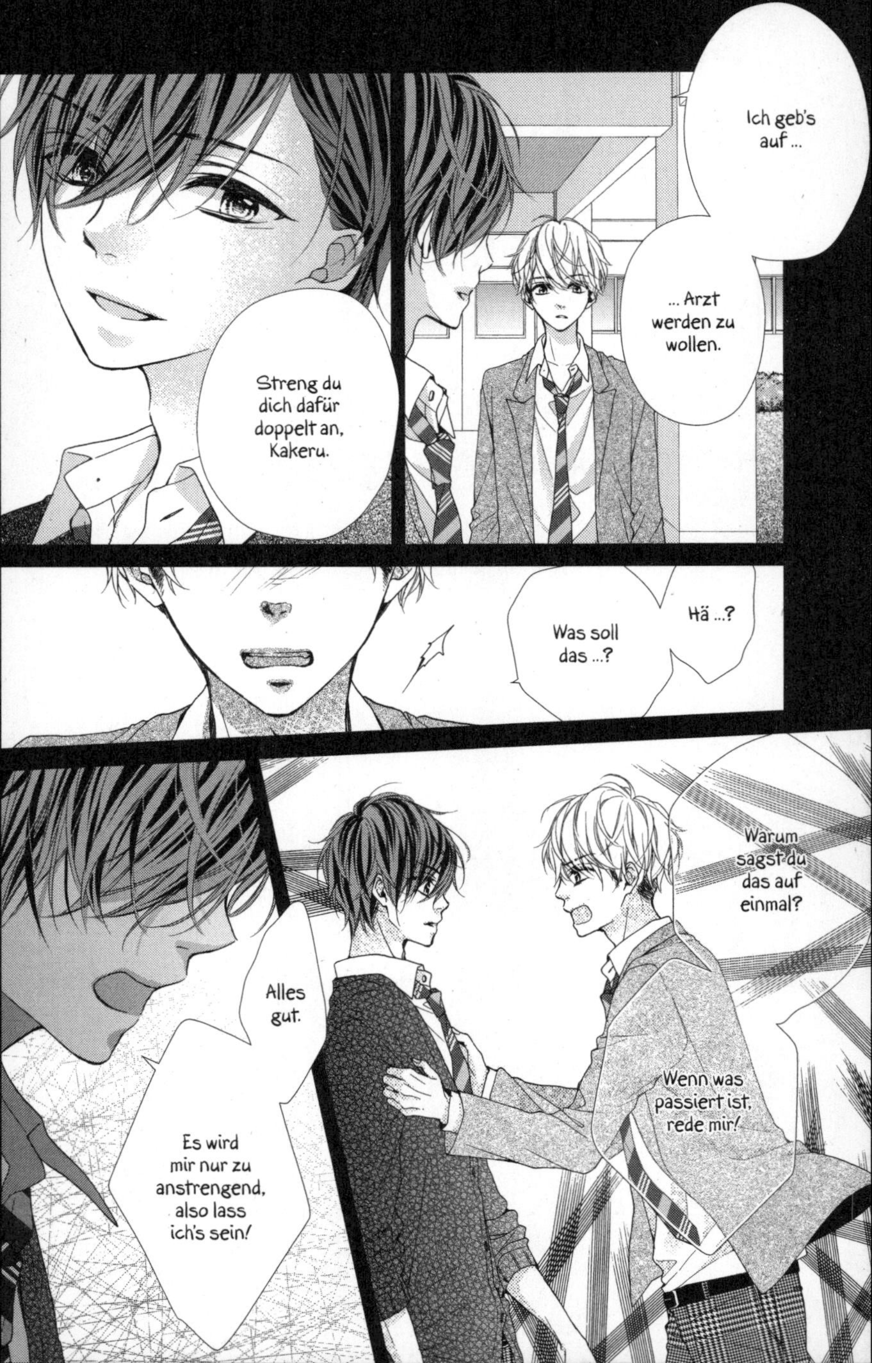

Ich geb's auf ...
... Arzt werden zu wollen.
Streng du dich dafür doppelt an, Kakeru.
Hä ...?
Was soll das ...?
Warum sagst du das auf einmal?
Wenn was passiert ist, rede mir!
Alles gut.
Es wird mir nur zu anstrengend, also lass ich's sein!

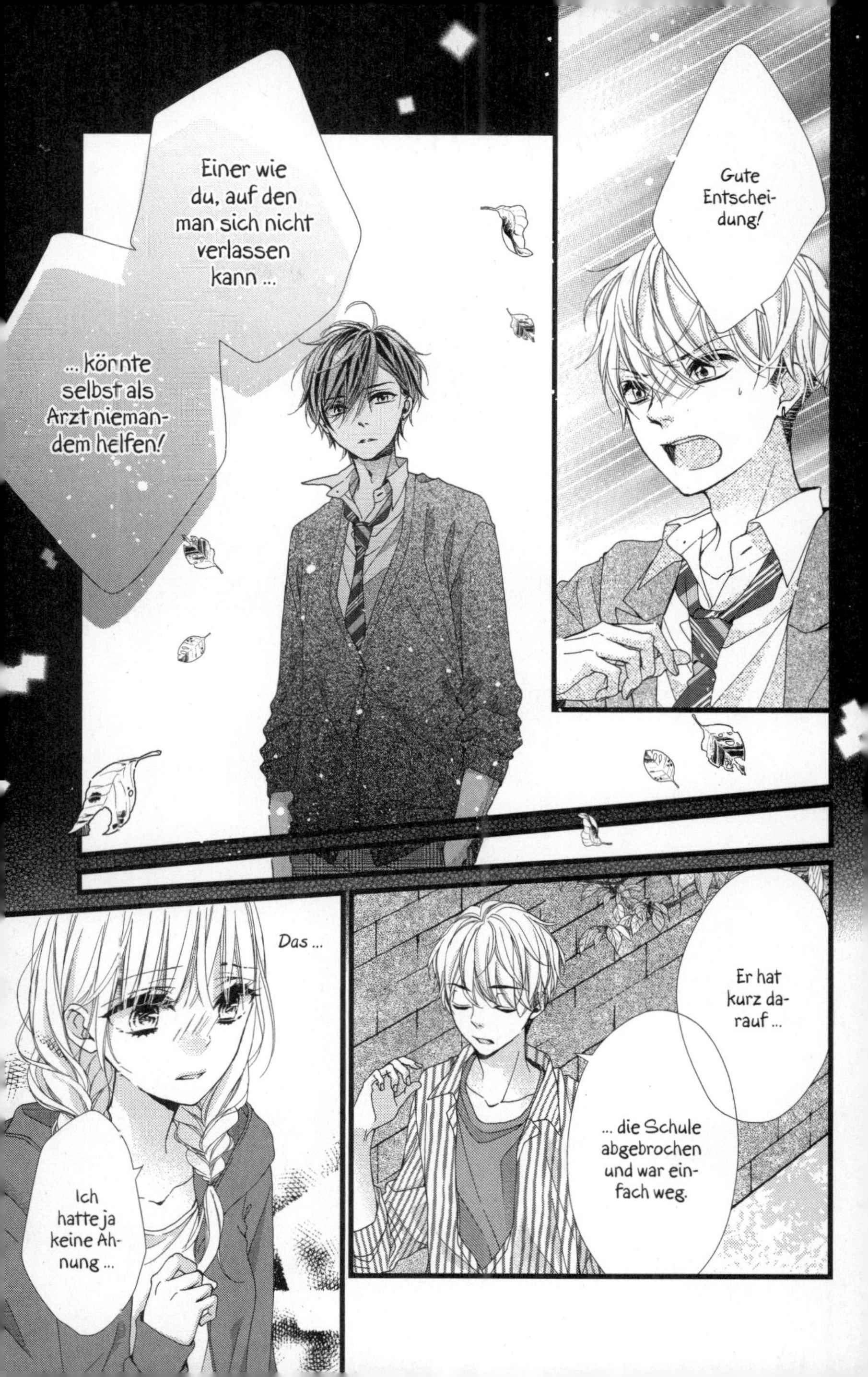
Gute Entscheidung!
Einer wie du, auf den man sich nicht verlassen kann ...
... könnte selbst als Arzt niemandem helfen!
Er hat kurz darauf ...
... die Schule abgebrochen und war einfach weg.
Das ...
Ich hatte ja keine Ahnung ...

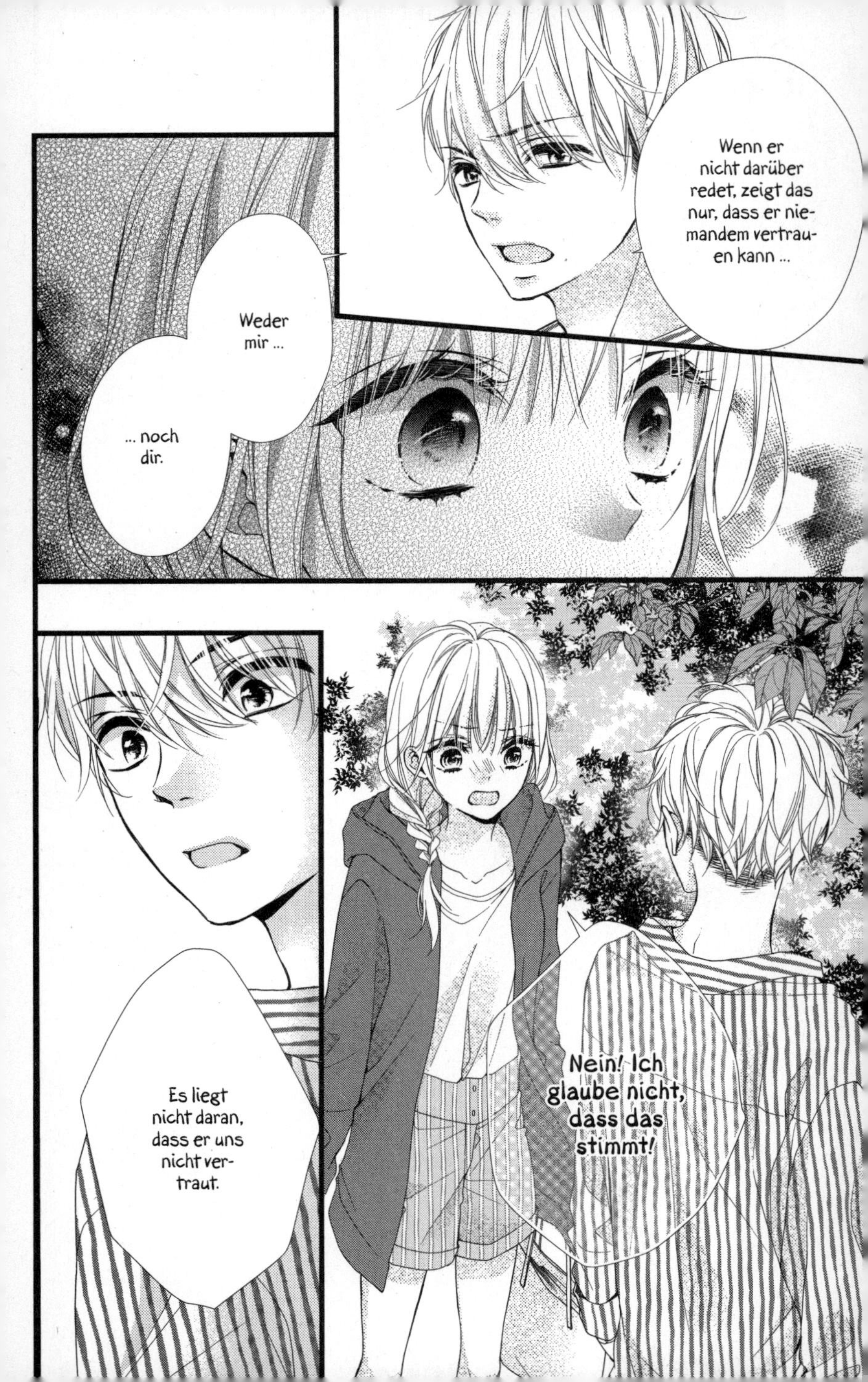
Wenn er nicht darüber redet, zeigt das nur, dass er niemandem vertrauen kann ...
Weder mir ...
... noch dir.
Nein! Ich glaube nicht, dass das stimmt!
Es liegt nicht daran, dass er uns nicht vertraut.

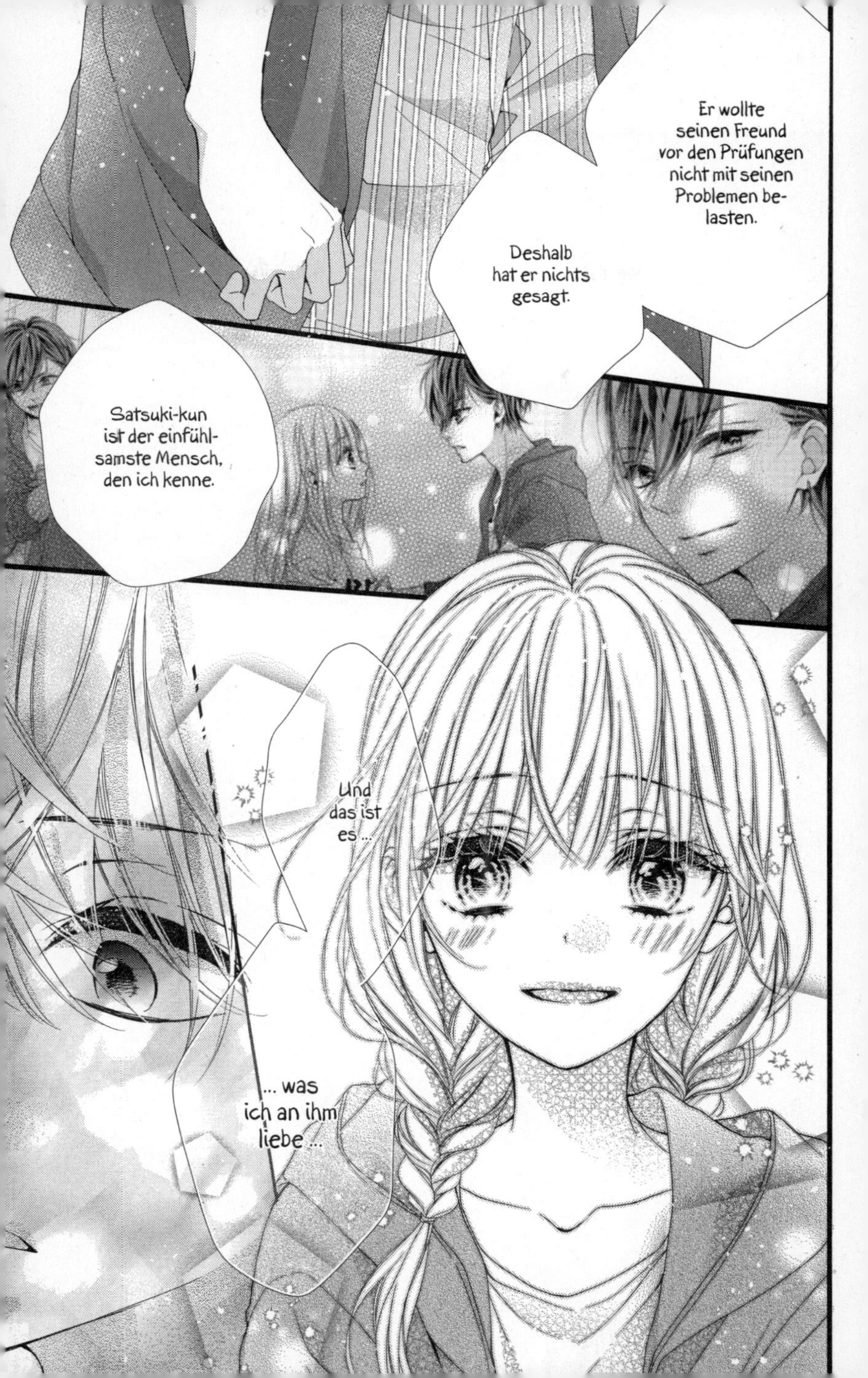

Er wollte seinen Freund vor den Prüfungen nicht mit seinen Problemen be-lasten.
Deshalb hat er nichts gesagt.
Satsuki-kun ist der einfühl-samste Mensch, den ich kenne.
Und das ist es ...
... was ich an ihm liebe ...

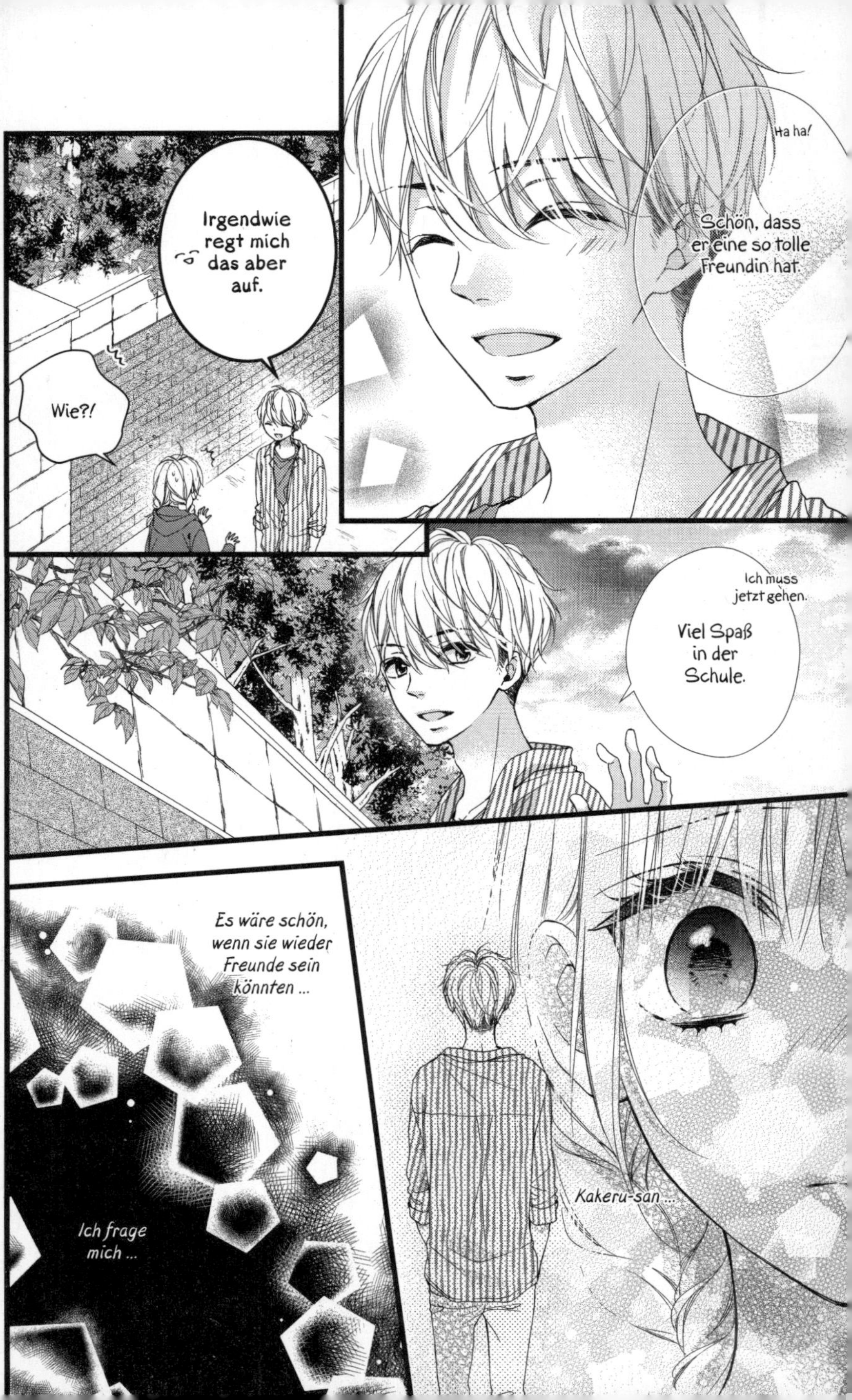
Ha ha!
Schön, dass er eine so tolle Freundin hat.
Irgendwie regt mich das aber auf.
Wie?!
Ich muss jetzt gehen.
Viel Spaß in der Schule.
Es wäre schön, wenn sie wieder Freunde sein könnten ...
Kakeru-san ...
Ich frage mich ...

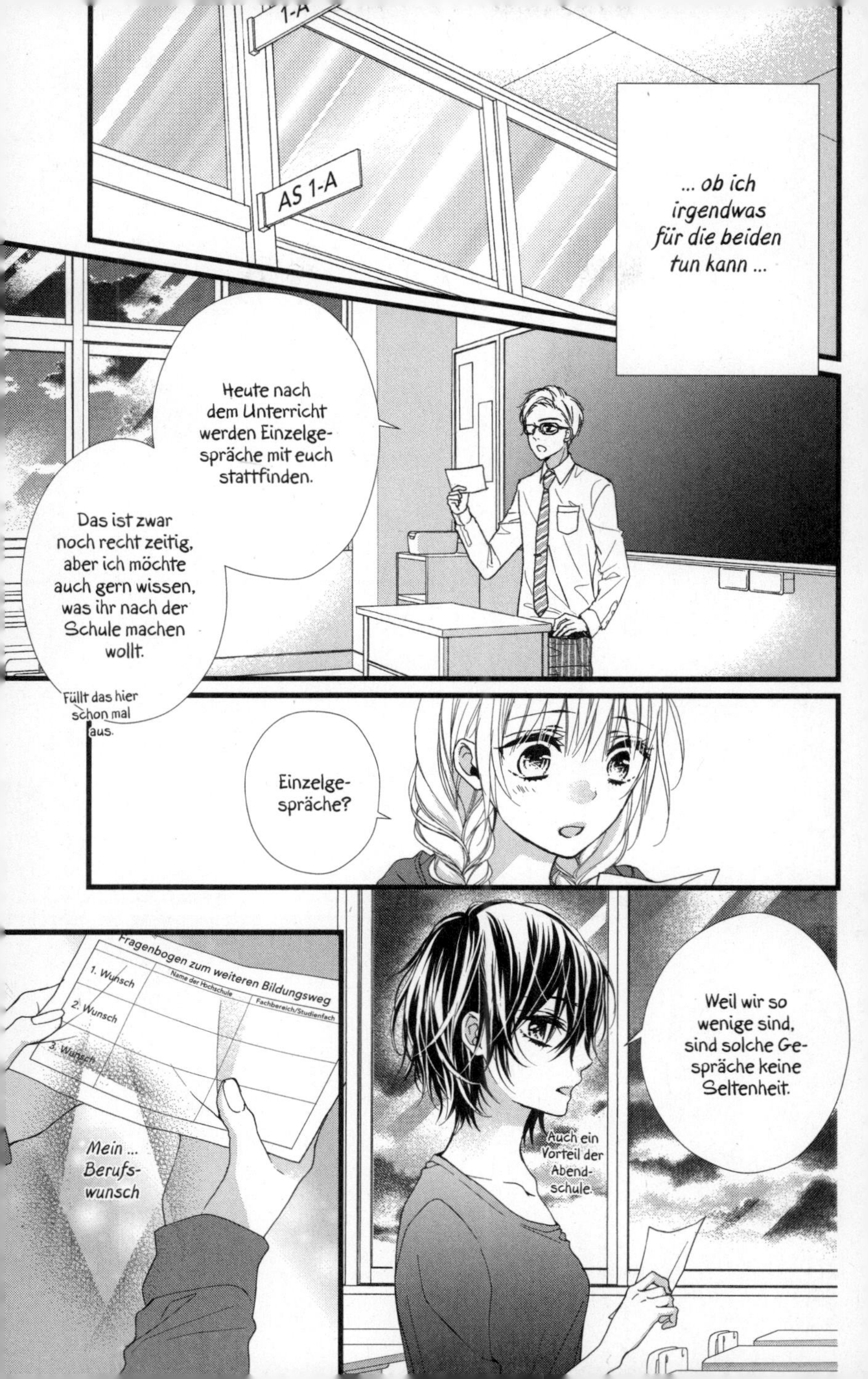
1-A
AS 1-A
... ob ich irgendwas für die beiden tun kann ...
Heute nach dem Unterricht werden Einzelgespräche mit euch stattfinden.
Das ist zwar noch recht zeitig, aber ich möchte auch gern wissen, was ihr nach der Schule machen wollt.
Füllt das hier schon mal aus.
Einzelgespräche?
Weil wir so wenige sind, sind solche Gespräche keine Seltenheit.
Auch ein Vorteil der Abendschule.
Fragenbogen zum weiteren Bildungsweg
Name der Hochschule
Fachbereich/Studienfach
1. Wunsch
2. Wunsch
3. Wunsch
Mein ... Berufswunsch

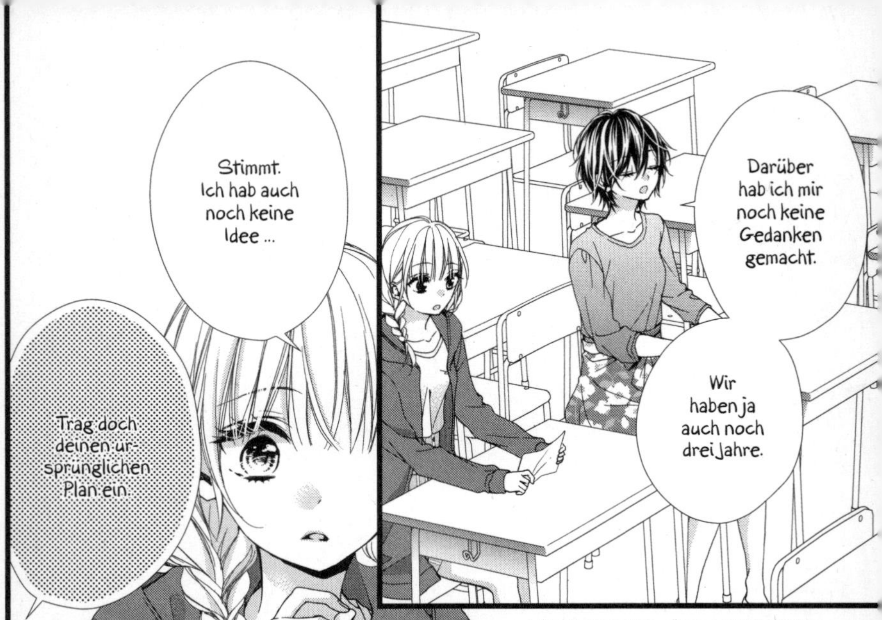


※ Anm.: Die Abendschule umfasst grundsätzlich vier Jahre.

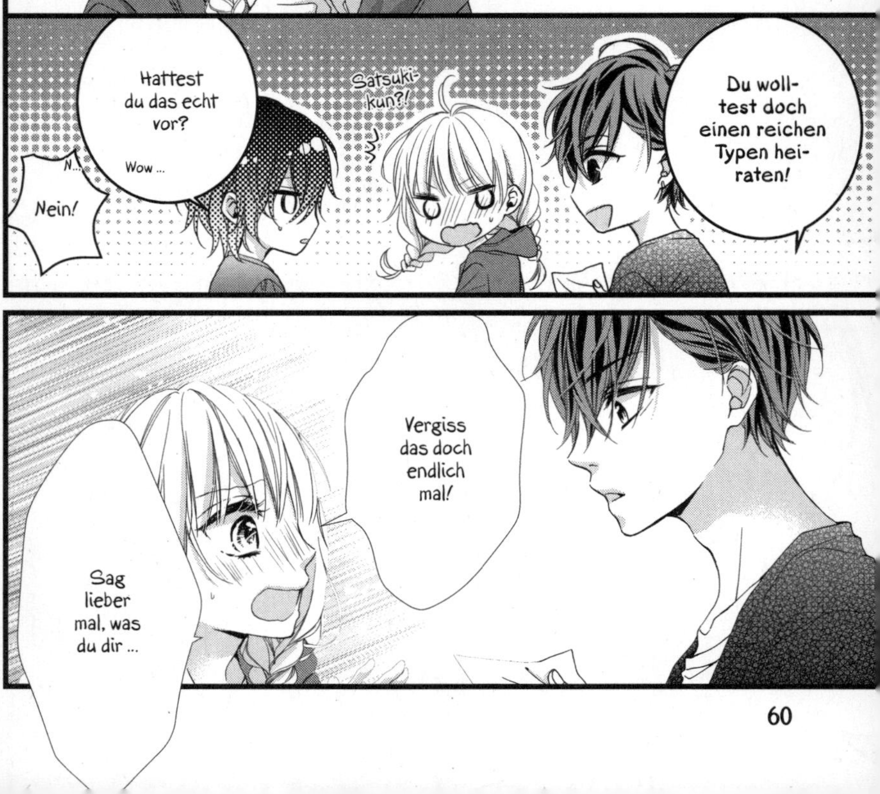

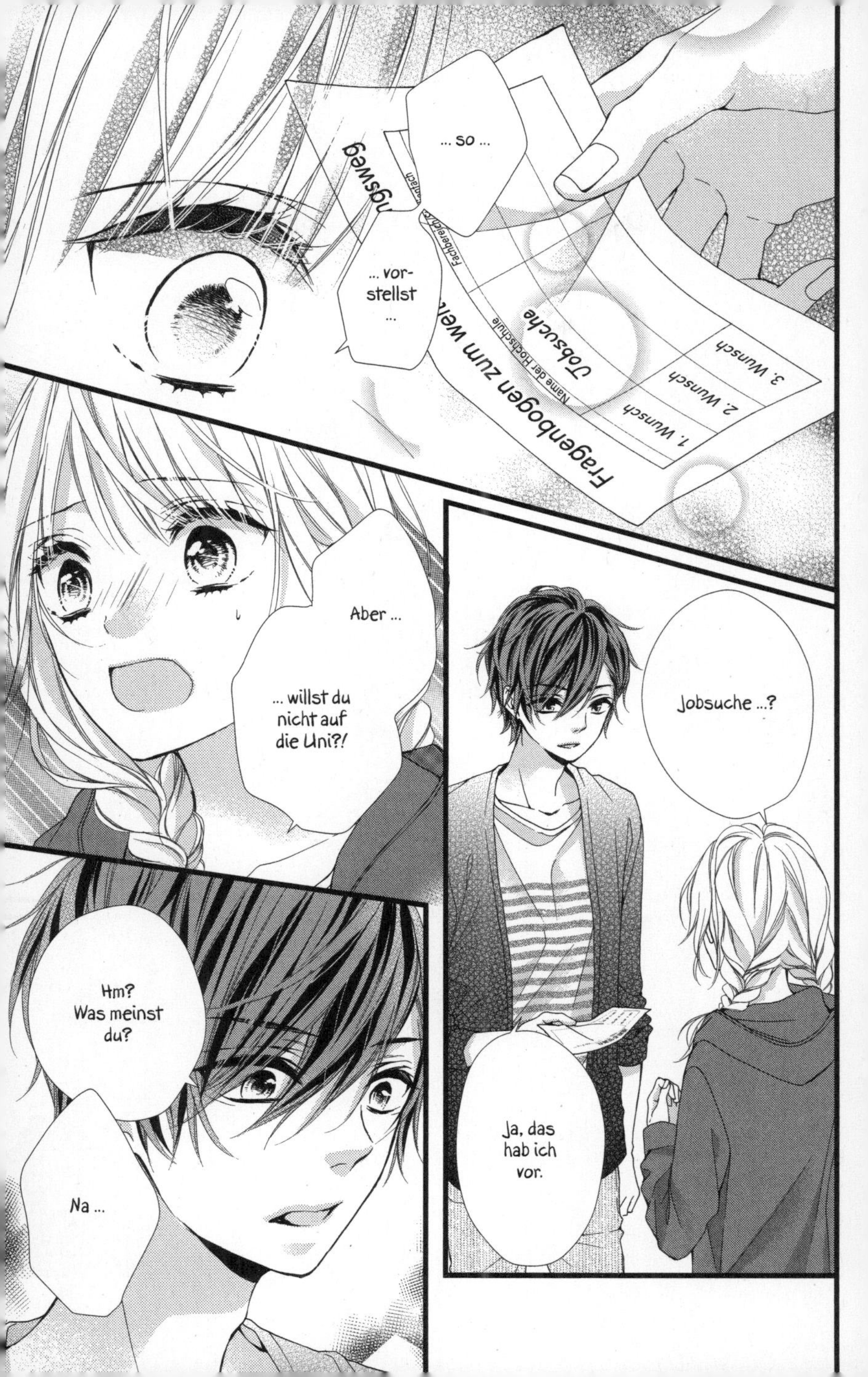
... so ...
... vor-
stellst
...
Jobsuche
Name der Hochschule
1. Wunsch
2. Wunsch
3. Wunsch
Jobsuche ...?
Ja, das
hab ich
vor.
Aber ...
... willst du
nicht auf
die Uni?!
Hm?
Was meinst
du?
Na ...

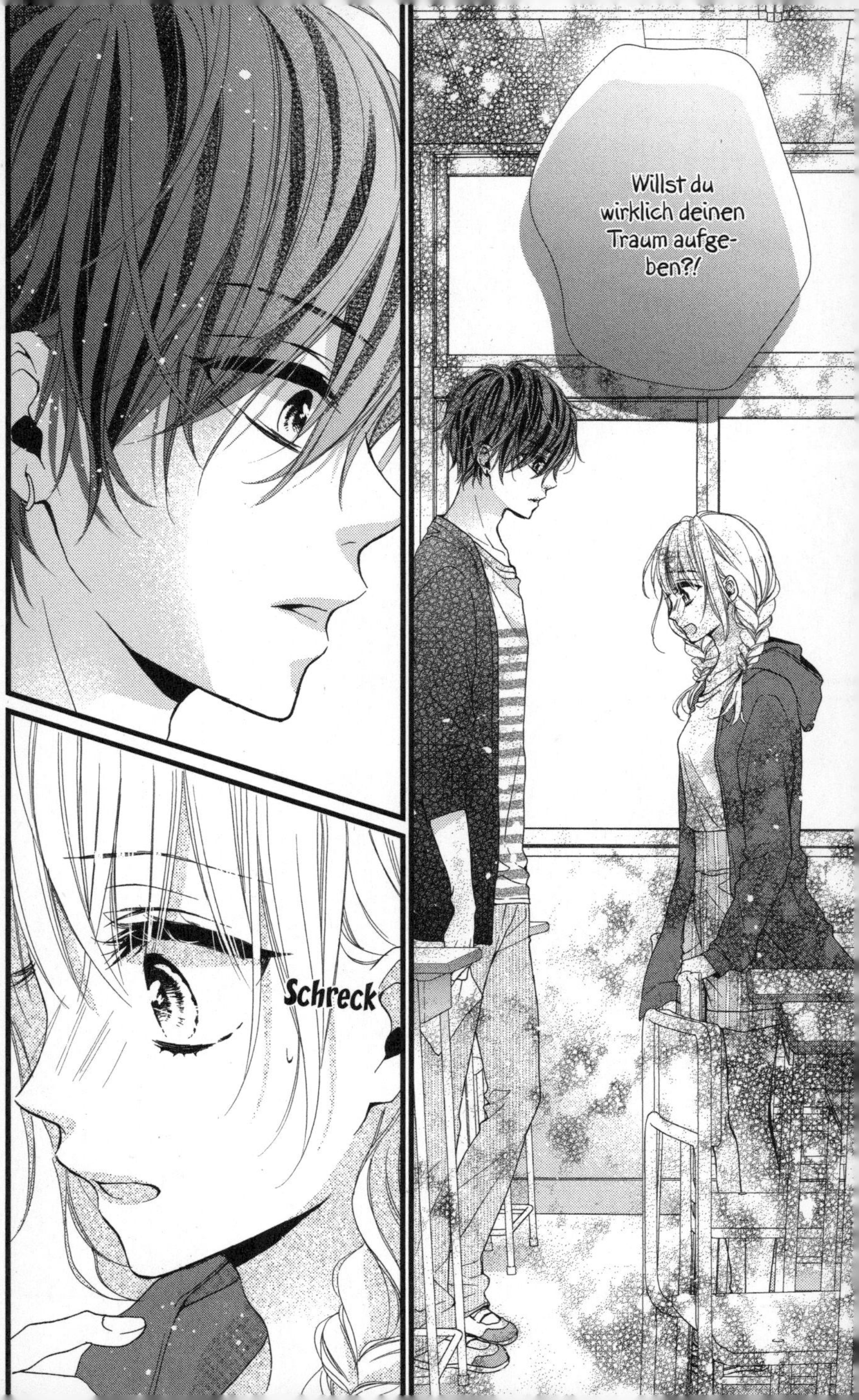
Willst du wirklich deinen Traum aufgeben?!
Schreck

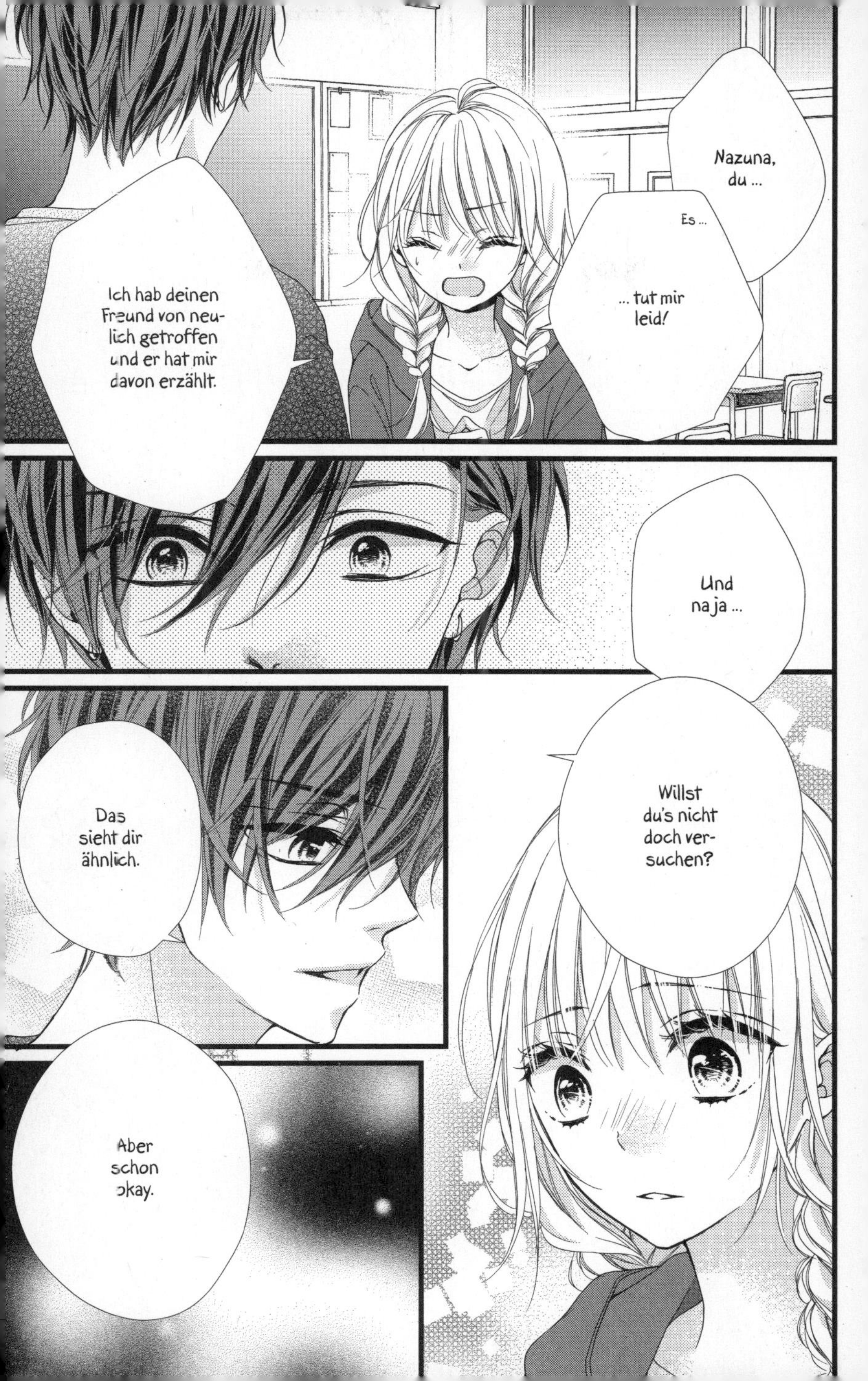
Nazuna, du ...
Es ...
... tut mir leid!
Ich hab deinen Freund von neulich getroffen und er hat mir davon erzählt.
Und na ja ...
Willst du's nicht doch versuchen?
Das sieht dir ähnlich.
Aber schon okay.

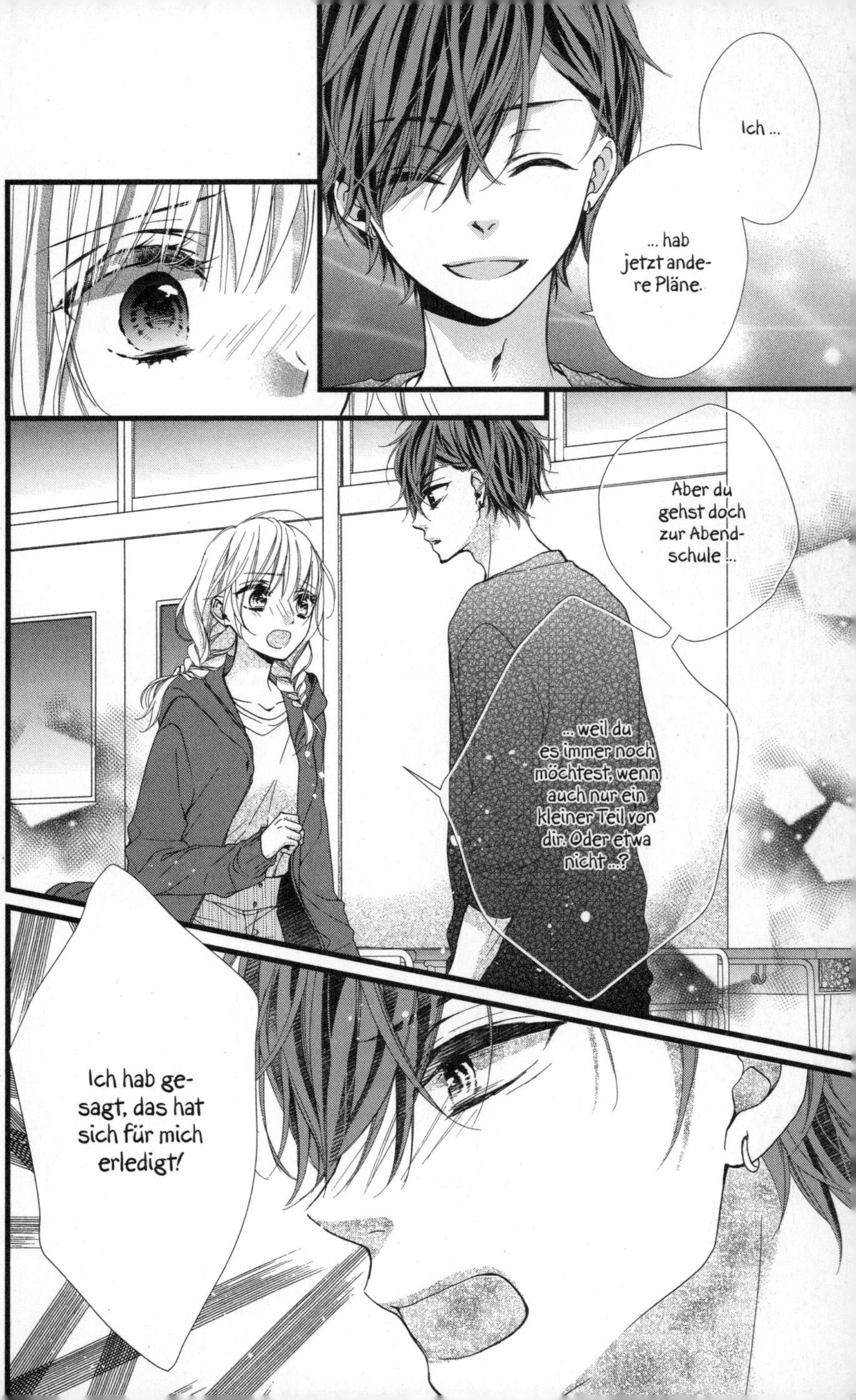
Ich ...
... hab jetzt andere Pläne.
Aber du gehst doch zur Abendschule ...
... weil du es immer noch möchtest, wenn auch nur ein kleiner Teil von dir. Oder etwa nicht ...?
Ich hab gesagt, das hat sich für mich erledigt!

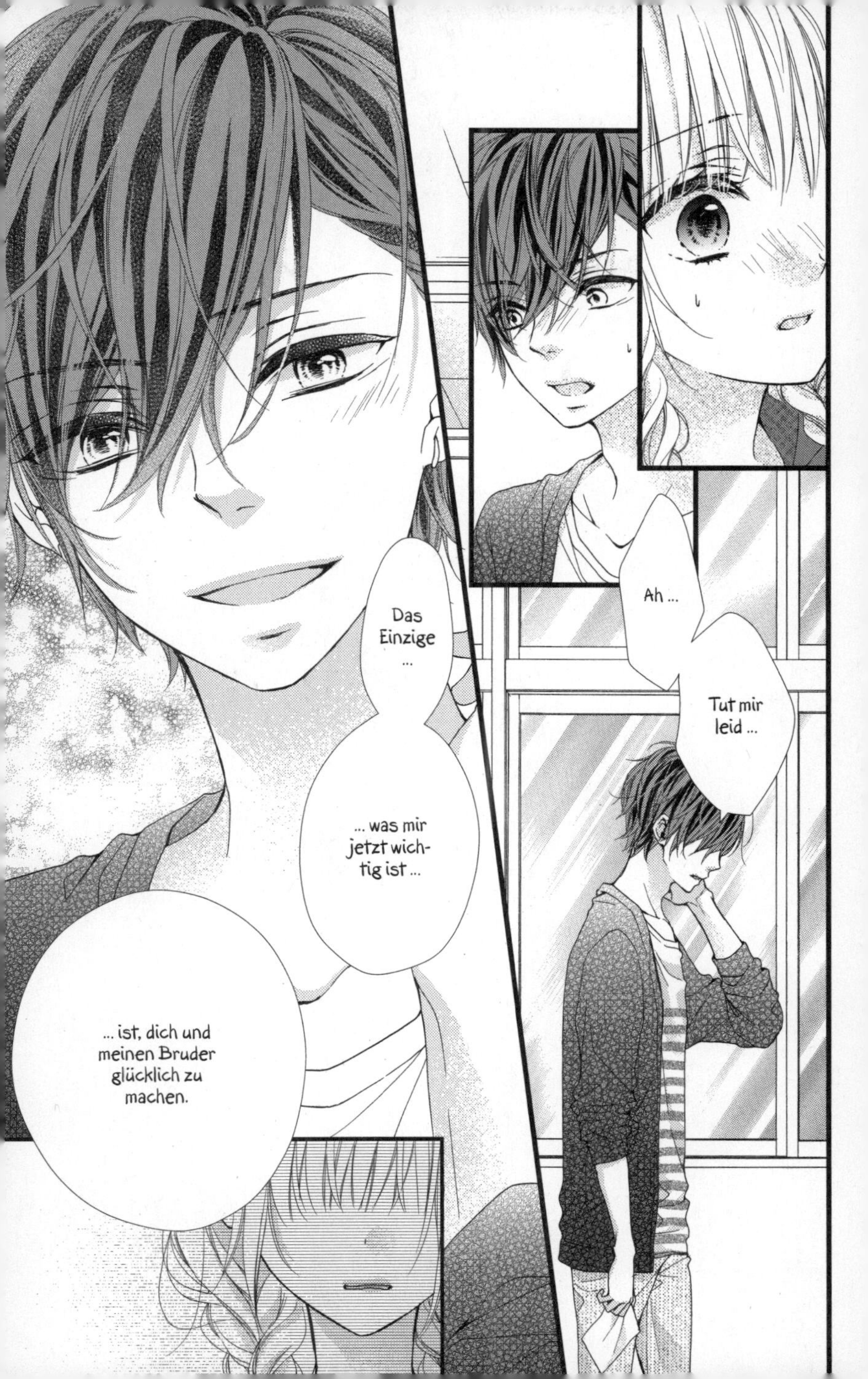
Ah ...
Tut mir leid ...
Das Einzige ...
... was mir jetzt wich-tig ist ...
... ist, dich und meinen Bruder glücklich zu machen.

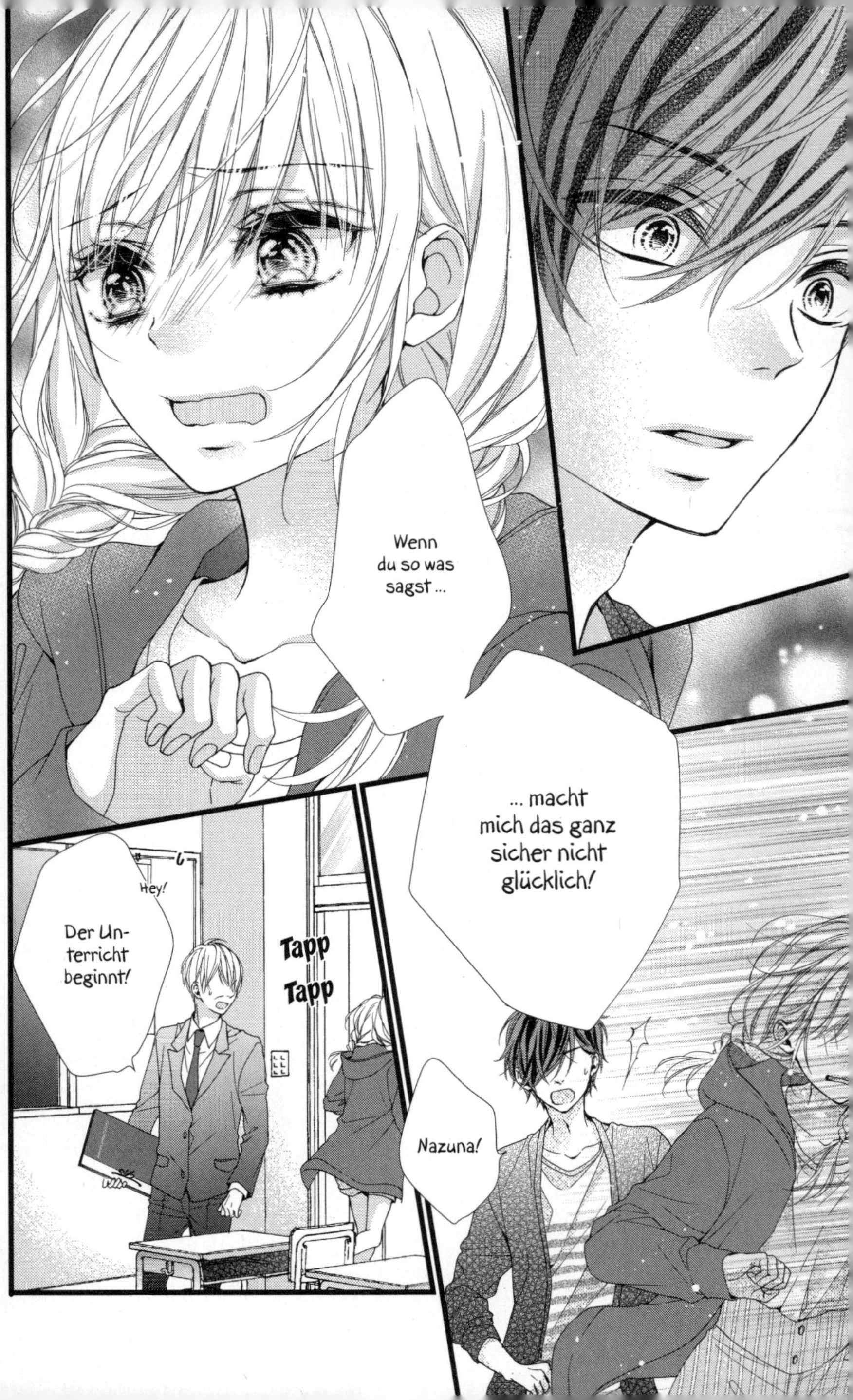
Wenn du so was sagst ...
... macht mich das ganz sicher nicht glücklich!
Nazuna!
Tapp Tapp
Hey!
Der Unterricht beginnt!

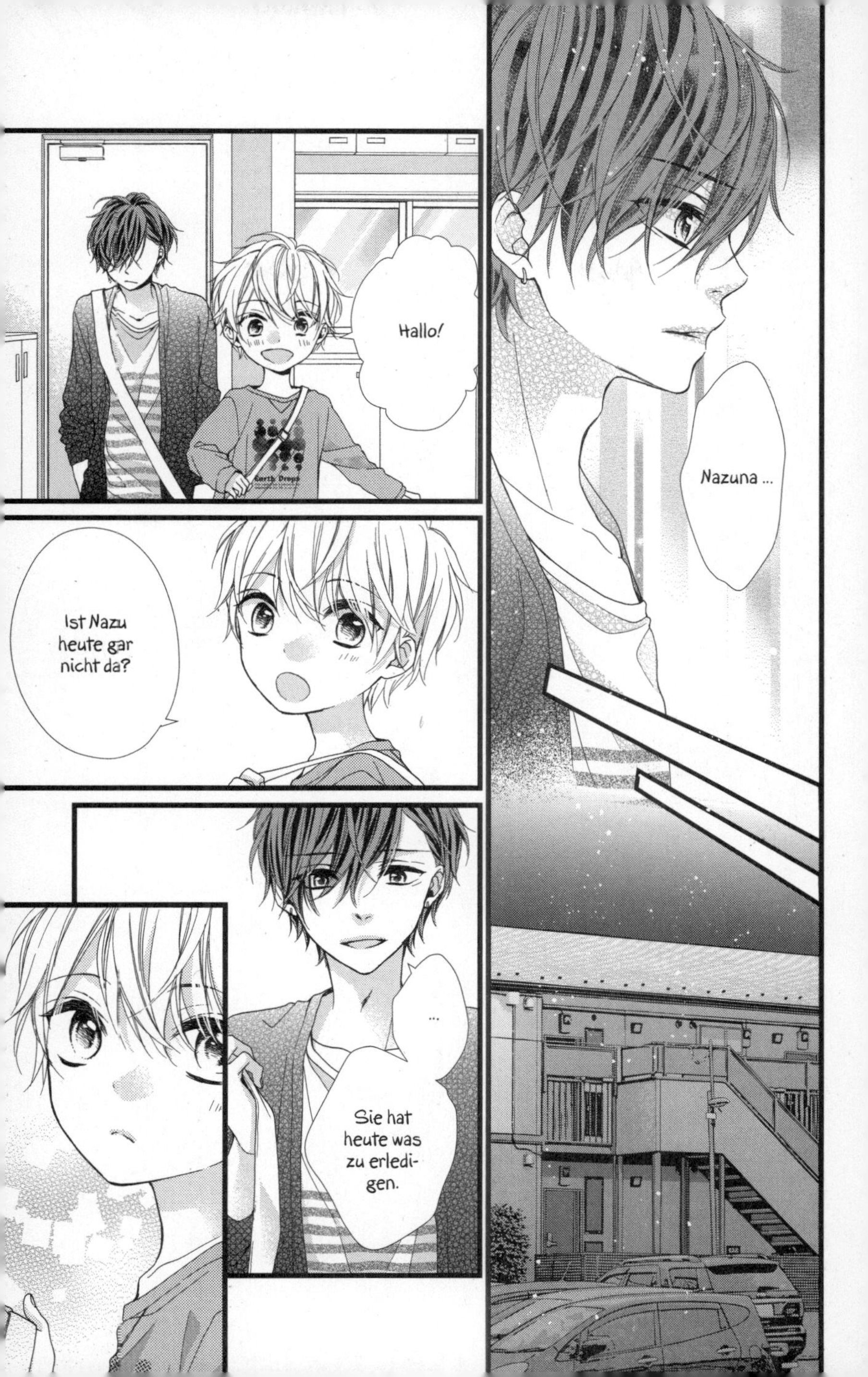
Nazuna ...
Hallo!
Ist Nazu heute gar nicht da?
...
Sie hat heute was zu erledigen.

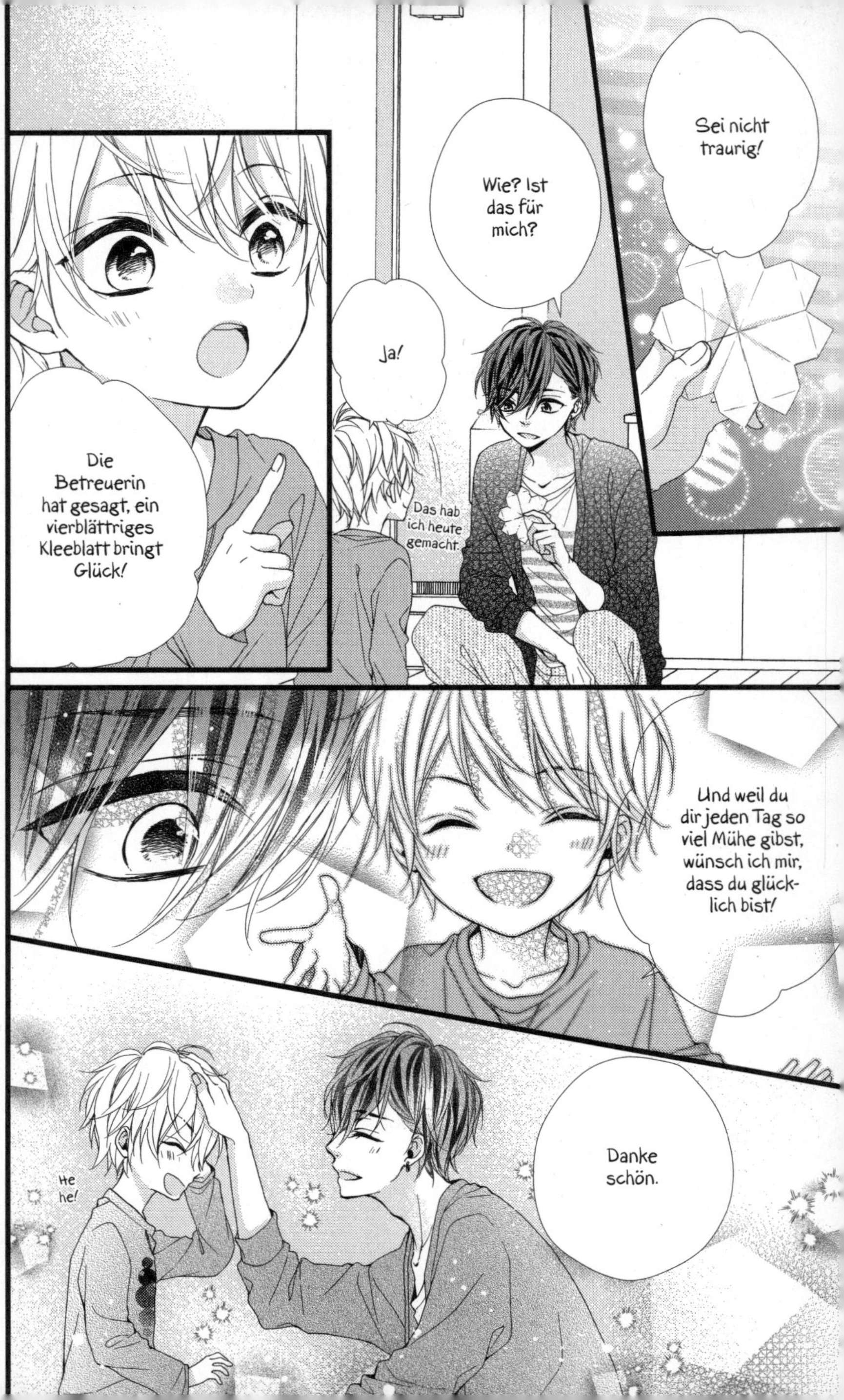
Sei nicht traurig!
Wie? Ist das für mich?
Ja!
Das hab ich heute gemacht.
Die Betreuerin hat gesagt, ein vierblättriges Kleeblatt bringt Glück!
Und weil du dir jeden Tag so viel Mühe gibst, wünsch ich mir, dass du glücklich bist!
Danke schön.
He he!

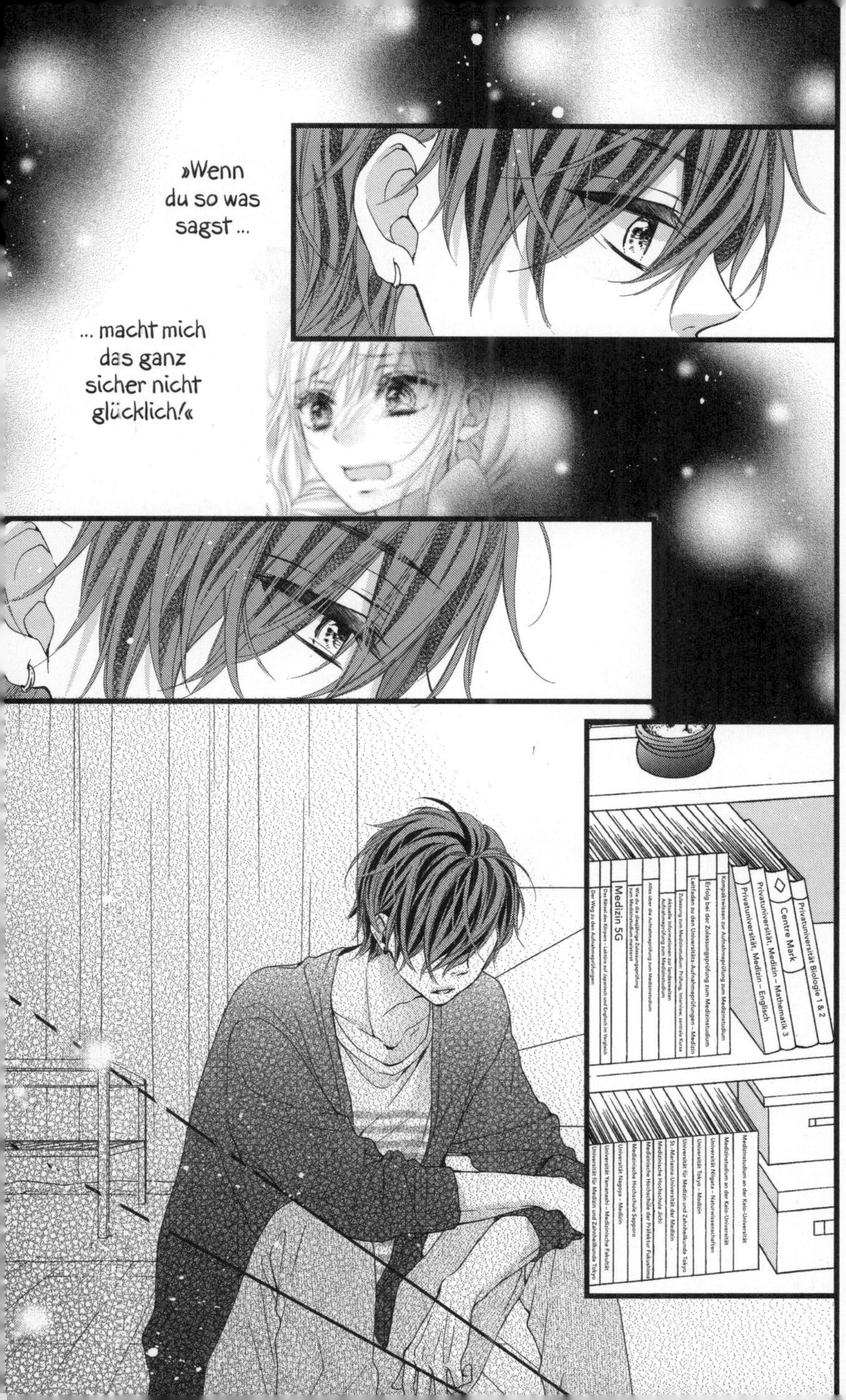
»Wenn du so was sagst ...
... macht mich das ganz sicher nicht glücklich!«
Privatuniversität Biologie 1 & 2
Centre Mark
Privatuniversität, Medizin – Mathematik 3
Privatuniversität, Medizin – Englisch
Medizin 5G

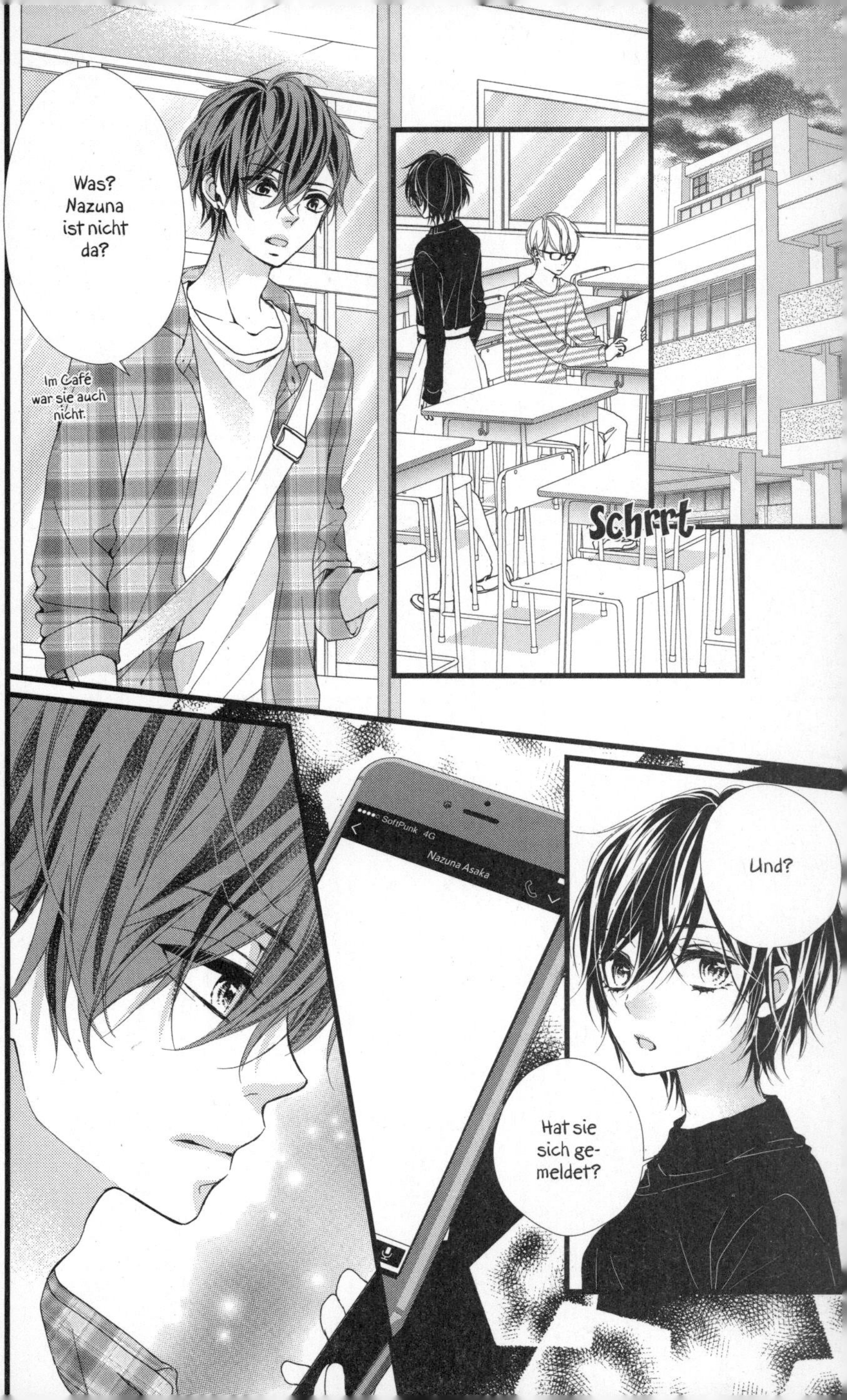
Schrrt
Was? Nazuna ist nicht da?
Im Café war sie auch nicht.
SoftPunk 4G
Nazuna Asaka
Und?
Hat sie sich ge-meldet?

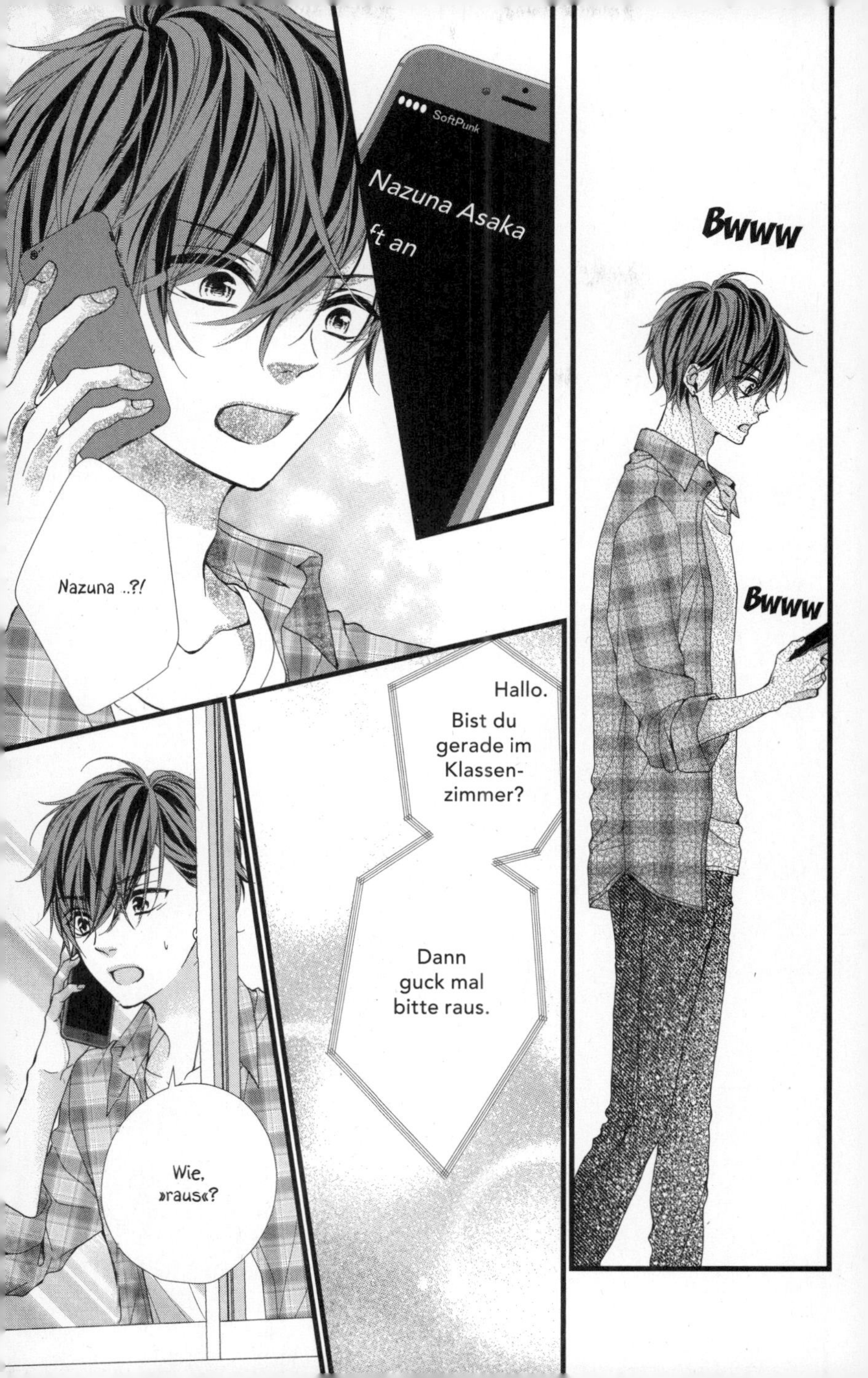
Bwww
Bwww
SoftPunk
Nazuna Asaka
ft an
Nazuna ..?!
Hallo. Bist du gerade im Klassen-zimmer?
Dann guck mal bitte raus.
Wie, »raus«?

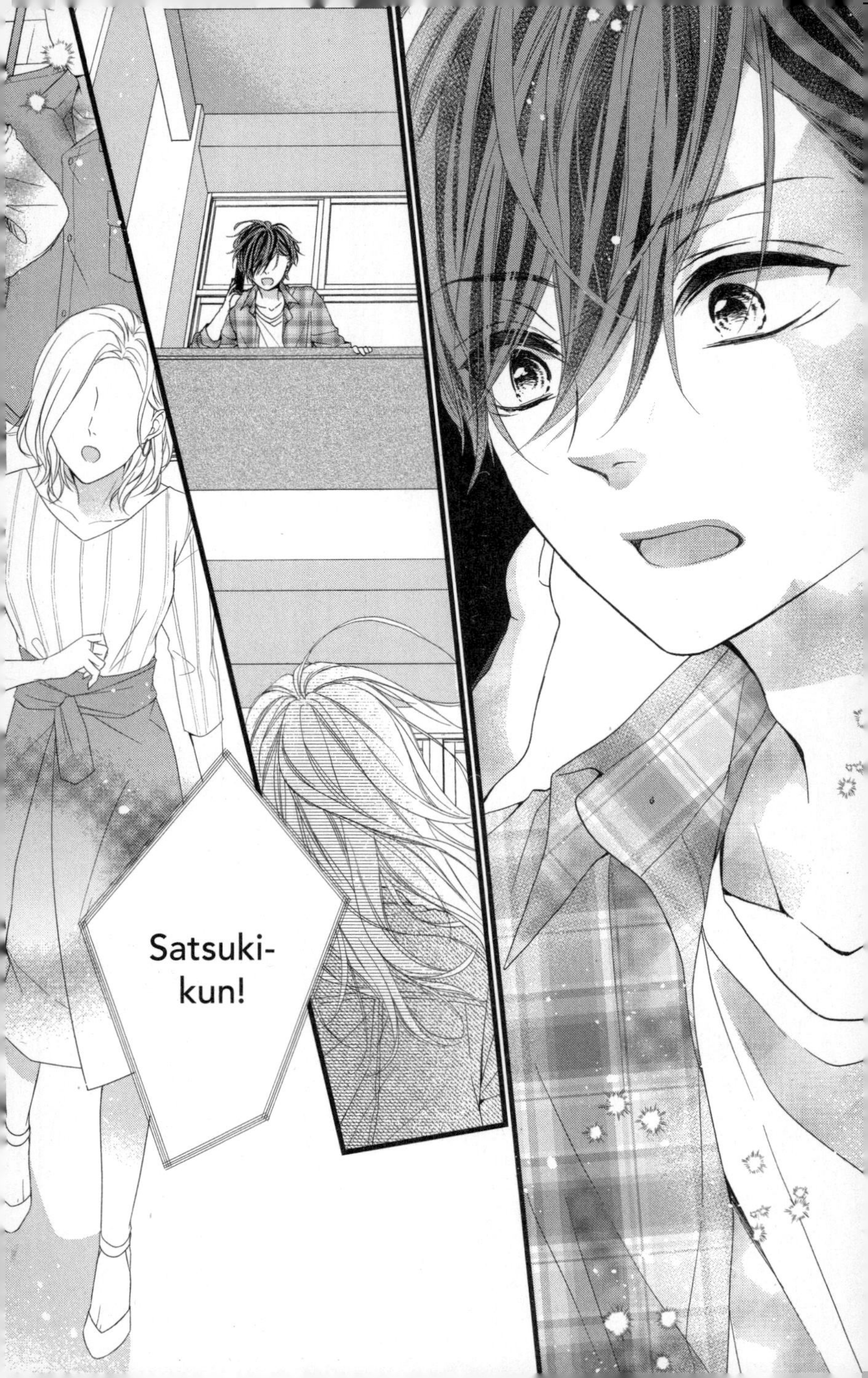
Satsuki-kun!

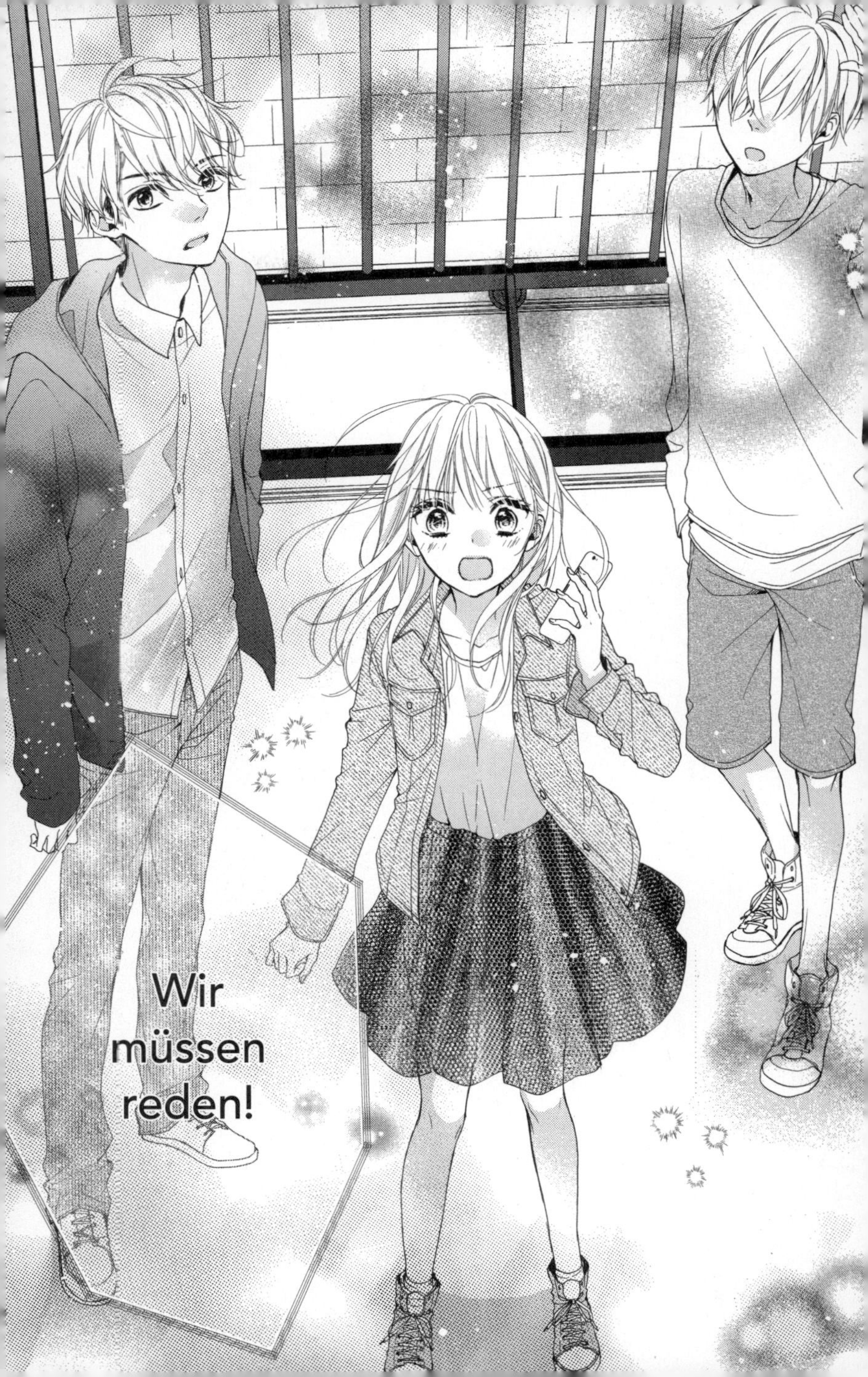
Wir müssen reden!

# Im Liebesfieber

Unsere Liebe im Klassenzimmer bei sternenklarer Nacht

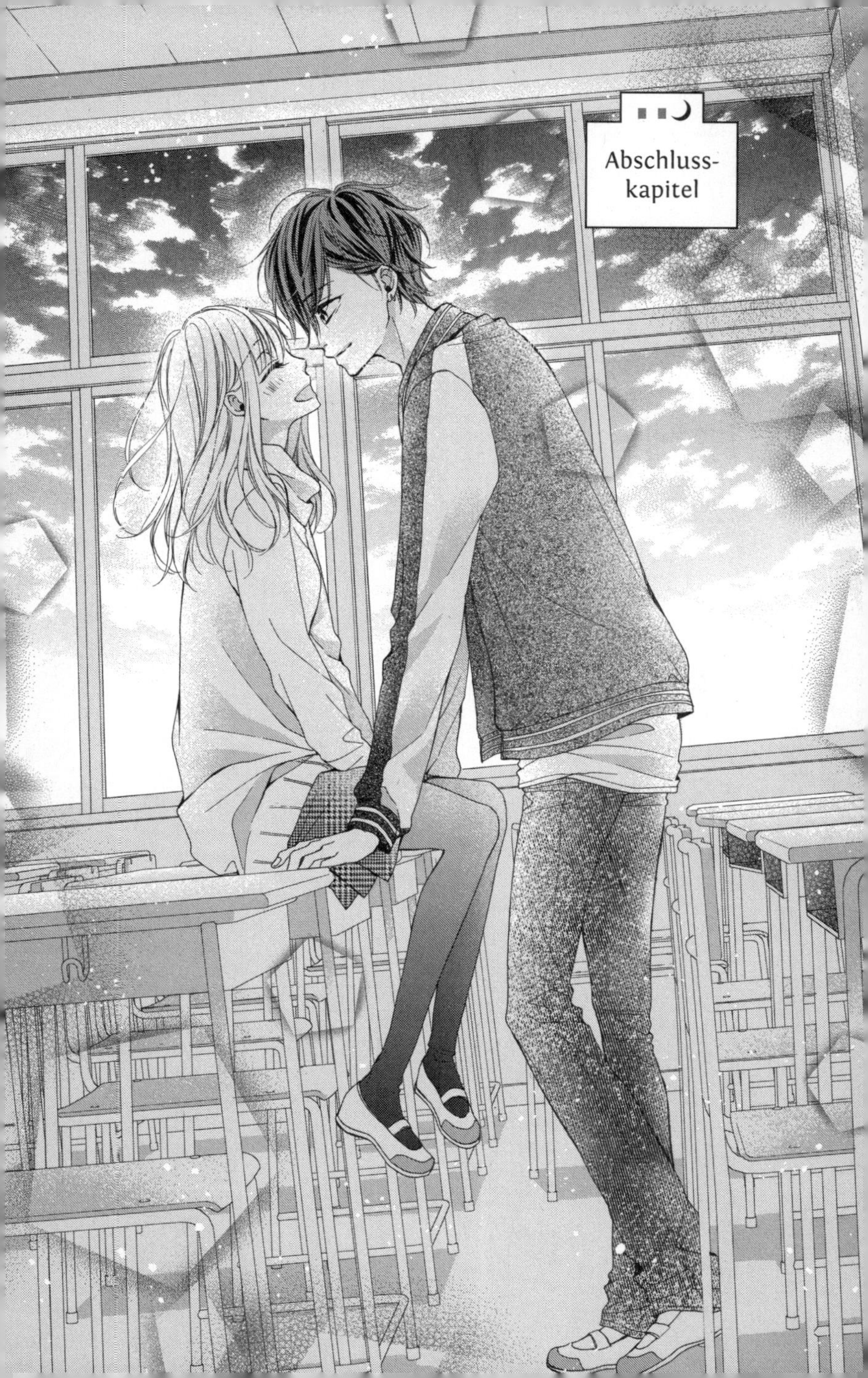
Abschluss-
kapitel

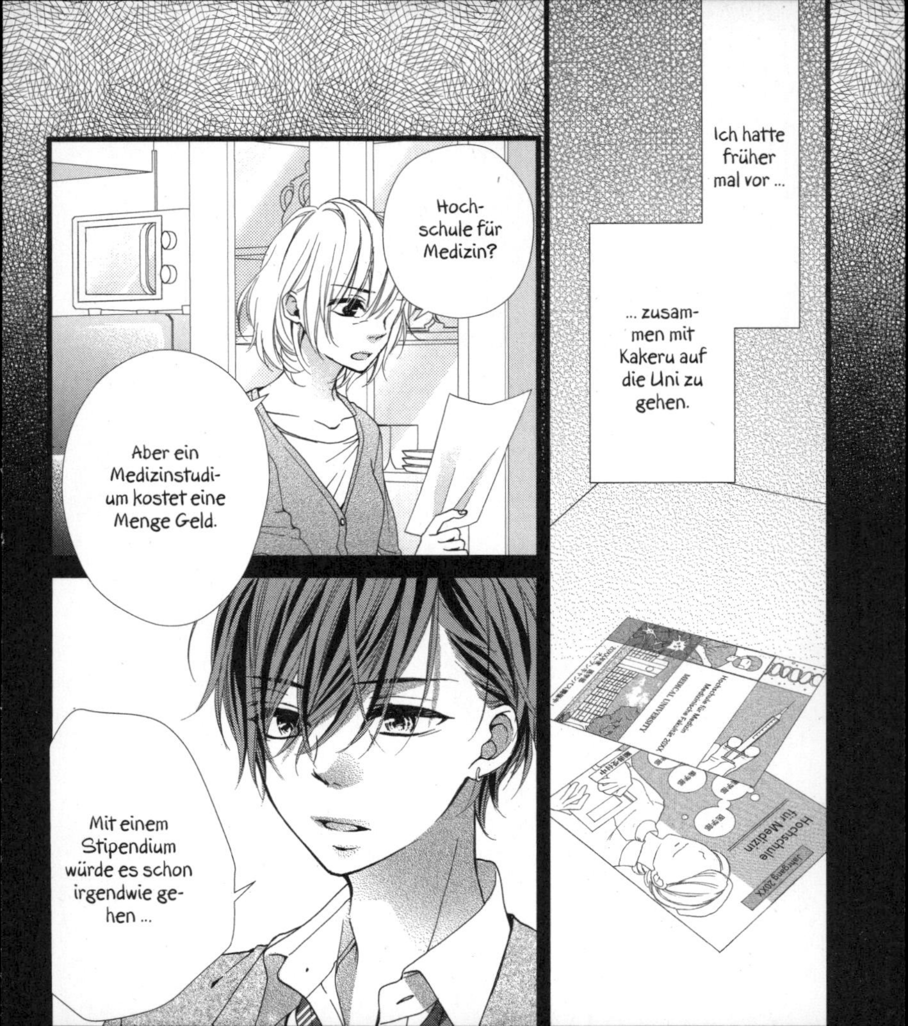
Ich hatte früher mal vor ...
... zusammen mit Kakeru auf die Uni zu gehen.
Hochschule für Medizin?
Aber ein Medizinstudium kostet eine Menge Geld.
Mit einem Stipendium würde es schon irgendwie gehen ...
Hochschule für Medizin
Jahrgang 20XX
MEDICAL UNIVERSITY

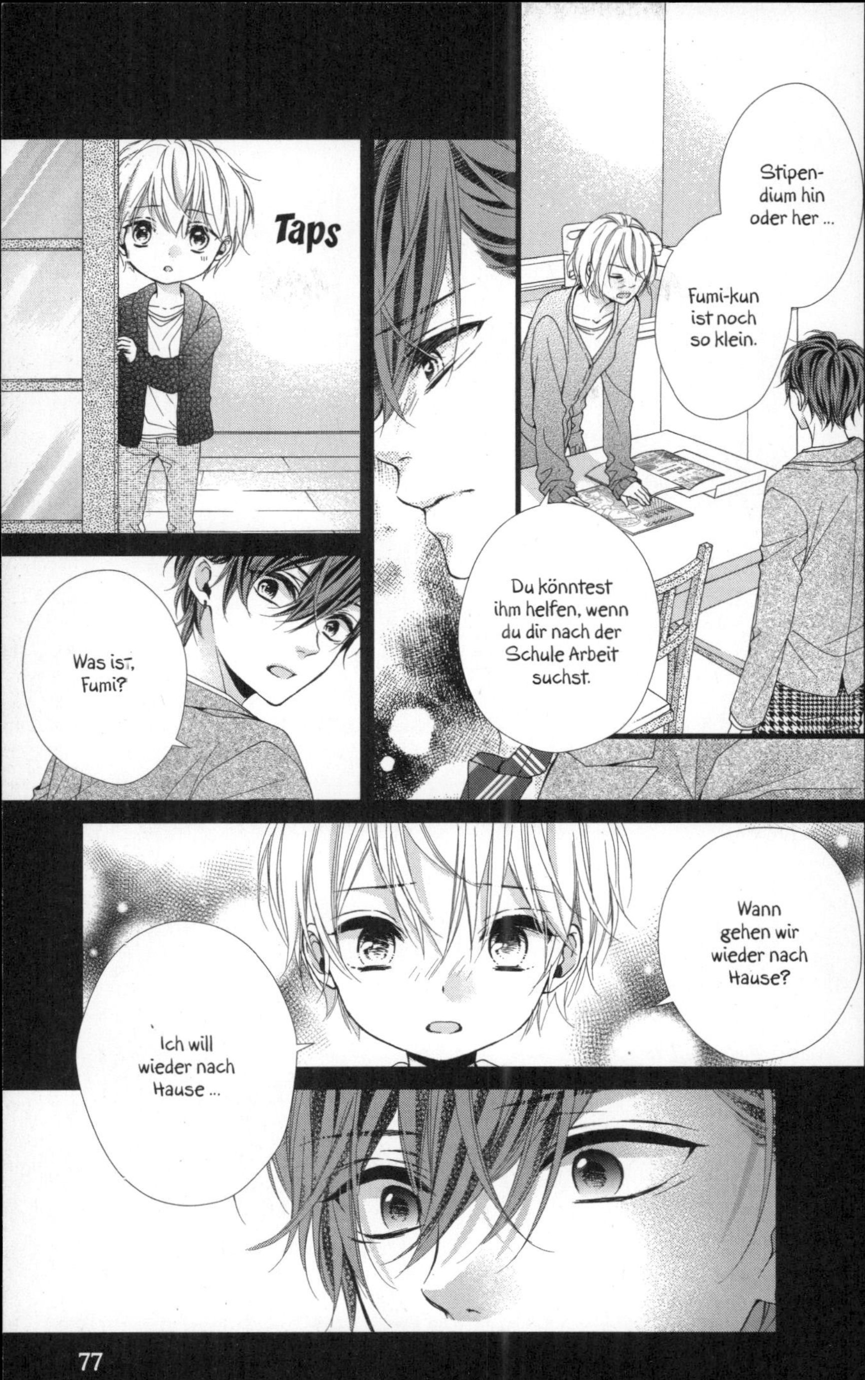
Stipen-
dium hin
oder her ...
Fumi-kun
ist noch
so klein.
Du könntest
ihm helfen, wenn
du dir nach der
Schule Arbeit
suchst.
Taps
Was ist,
Fumi?
Wann
gehen wir
wieder nach
Hause?
Ich will
wieder nach
Hause ...

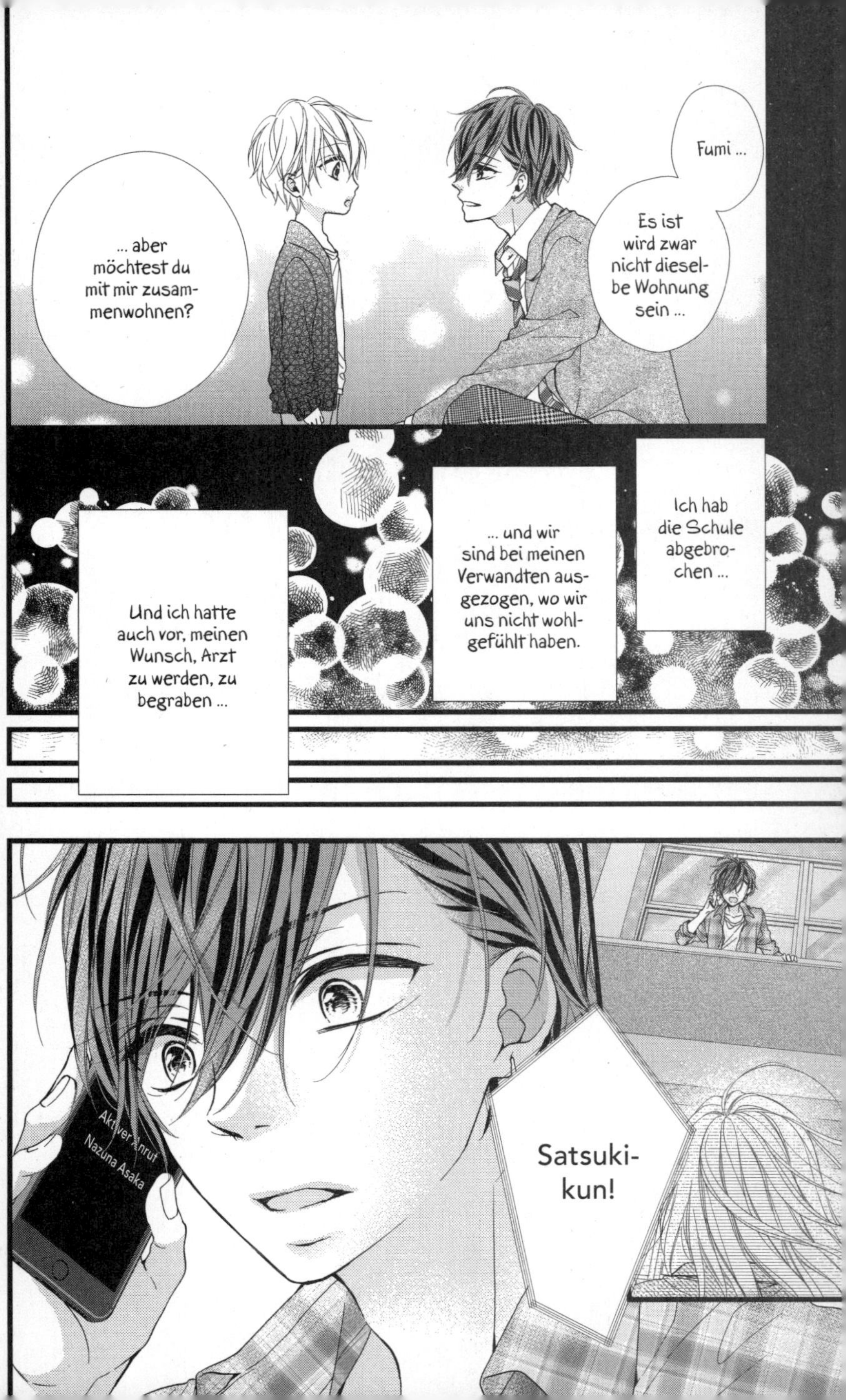

Fumi ...
Es ist wird zwar nicht dieselbe Wohnung sein ...
... aber möchtest du mit mir zusammenwohnen?
Ich hab die Schule abgebrochen ...
... und wir sind bei meinen Verwandten ausgezogen, wo wir uns nicht wohlgefühlt haben.
Und ich hatte auch vor, meinen Wunsch, Arzt zu werden, zu begraben ...
Satsuki-kun!
Aktiver Anruf
Nazuna Asaka

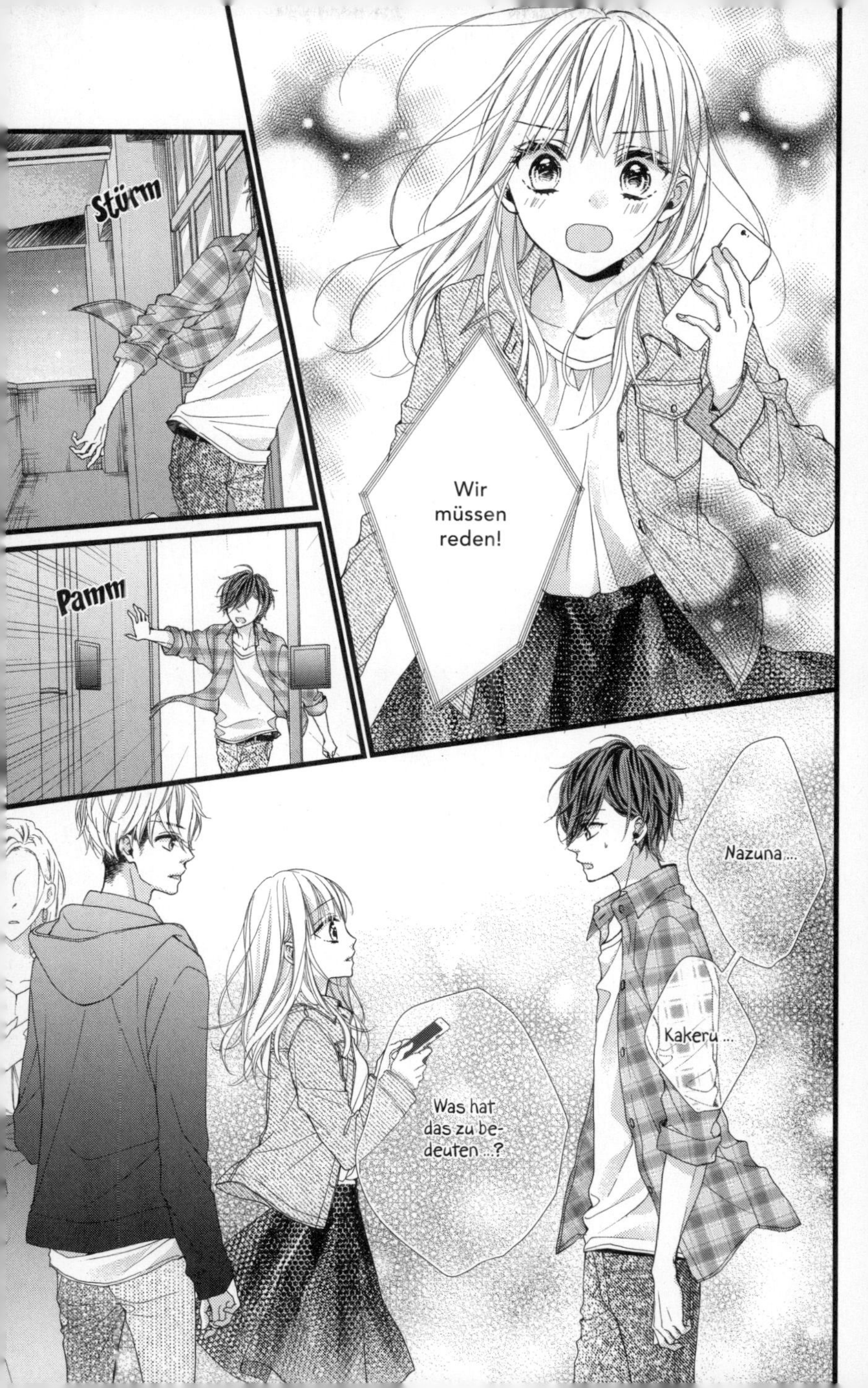
Stürm
Pamm
Wir müssen reden!
Nazuna ...
Kakeru ...
Was hat das zu bedeuten ...?

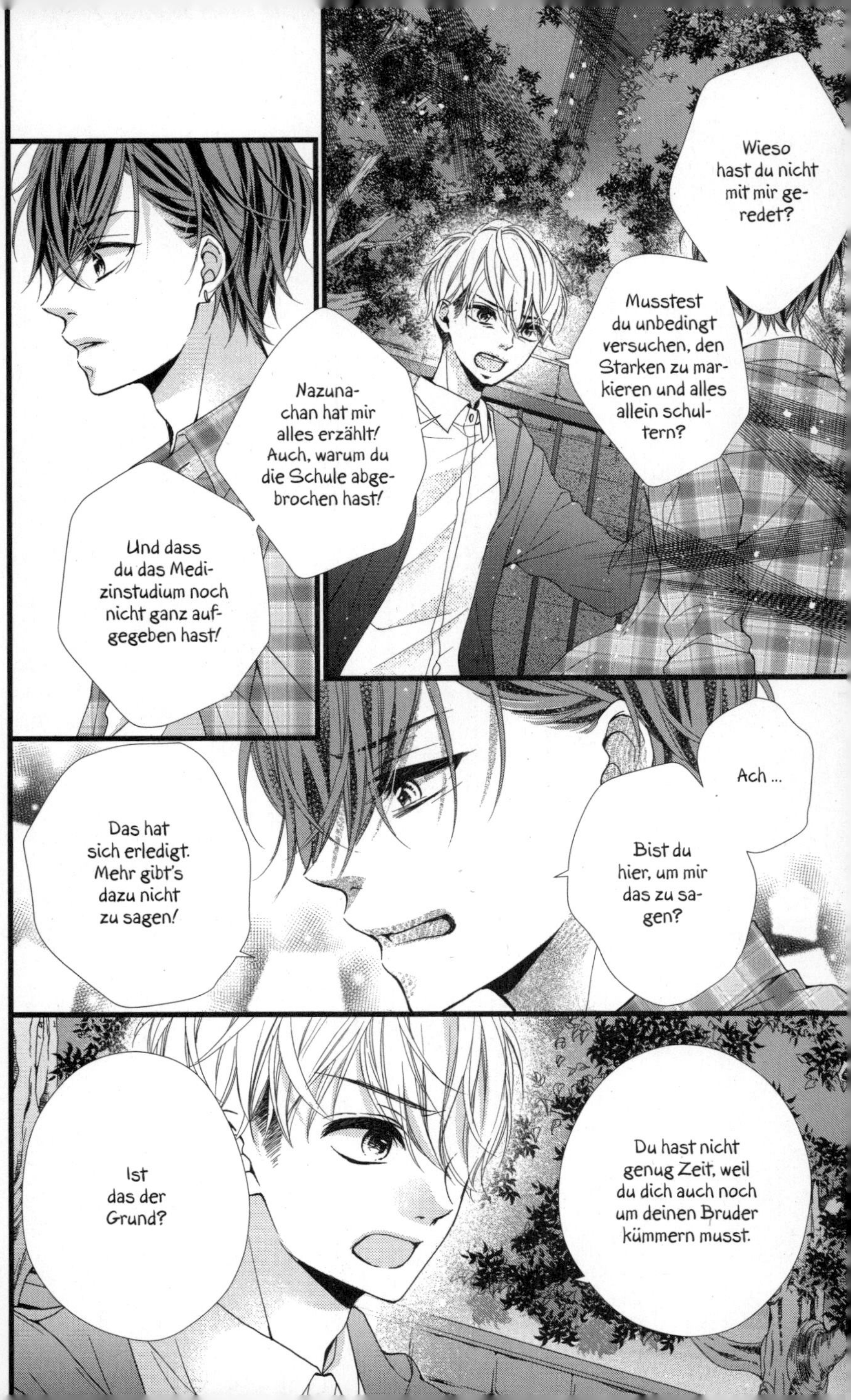
Wieso hast du nicht mit mir geredet?
Musstest du unbedingt versuchen, den Starken zu markieren und alles allein schultern?
Nazuna-chan hat mir alles erzählt! Auch, warum du die Schule abgebrochen hast!
Und dass du das Medizinstudium noch nicht ganz aufgegeben hast!
Ach ...
Bist du hier, um mir das zu sagen?
Das hat sich erledigt. Mehr gibt's dazu nicht zu sagen!
Du hast nicht genug Zeit, weil du dich auch noch um deinen Bruder kümmern musst.
Ist das der Grund?

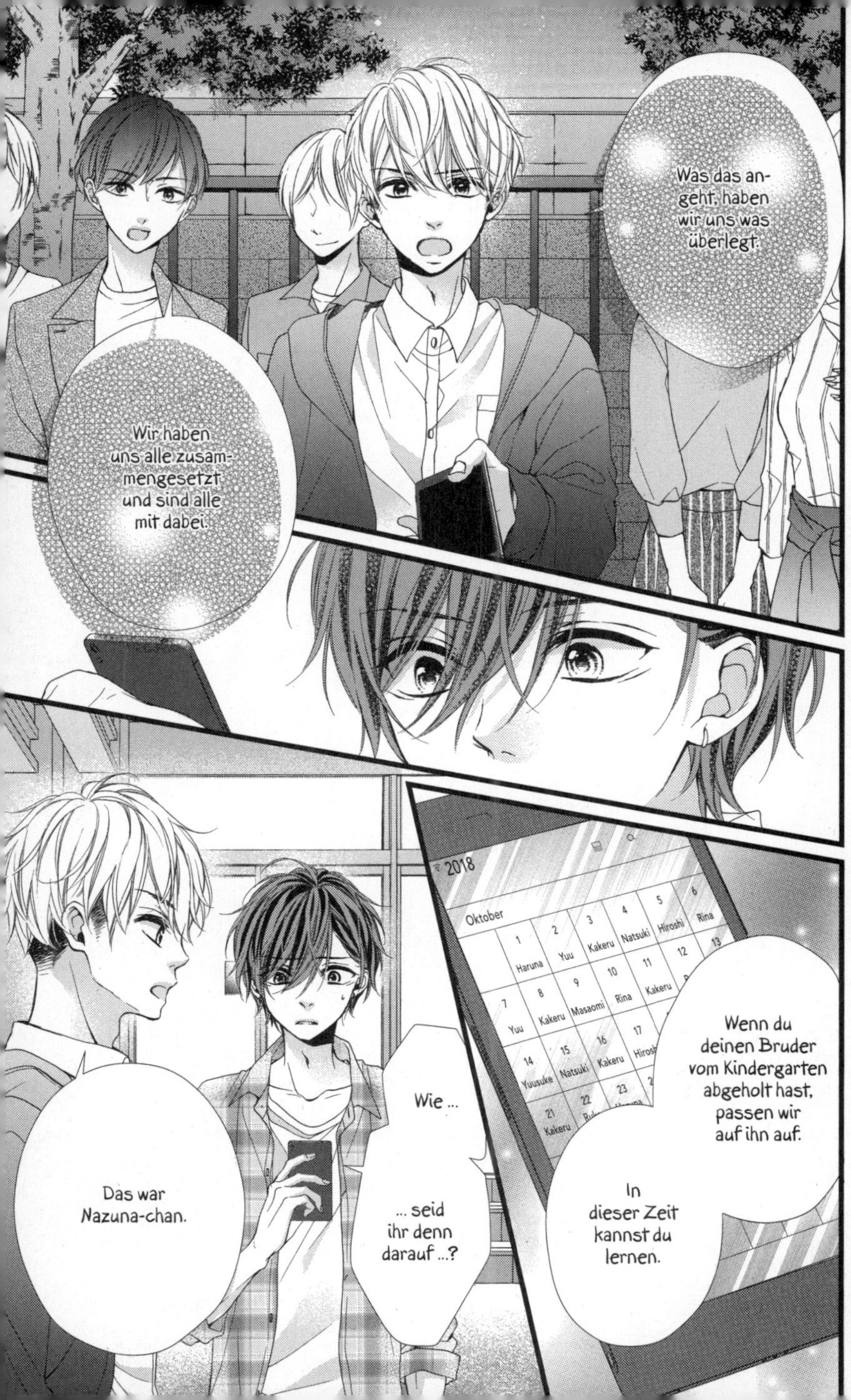
Was das angeht, haben wir uns was überlegt.
Wir haben uns alle zusammengesetzt und sind alle mit dabei.
2018
Oktober
1 Haruna
2 Yuu
3 Kakeru
4 Natsuki
5 Hiroshi
6 Rina
7 Yuu
8 Kakeru
9 Masaomi
10 Rina
11 Kakeru
12
13
14 Yuusuke
15 Natsuki
16 Kakeru
17
21 Kakeru
22
23
Wenn du deinen Bruder vom Kindergarten abgeholt hast, passen wir auf ihn auf.
In dieser Zeit kannst du lernen.
Wie ...
... seid ihr denn darauf ...?
Das war Nazuna-chan.

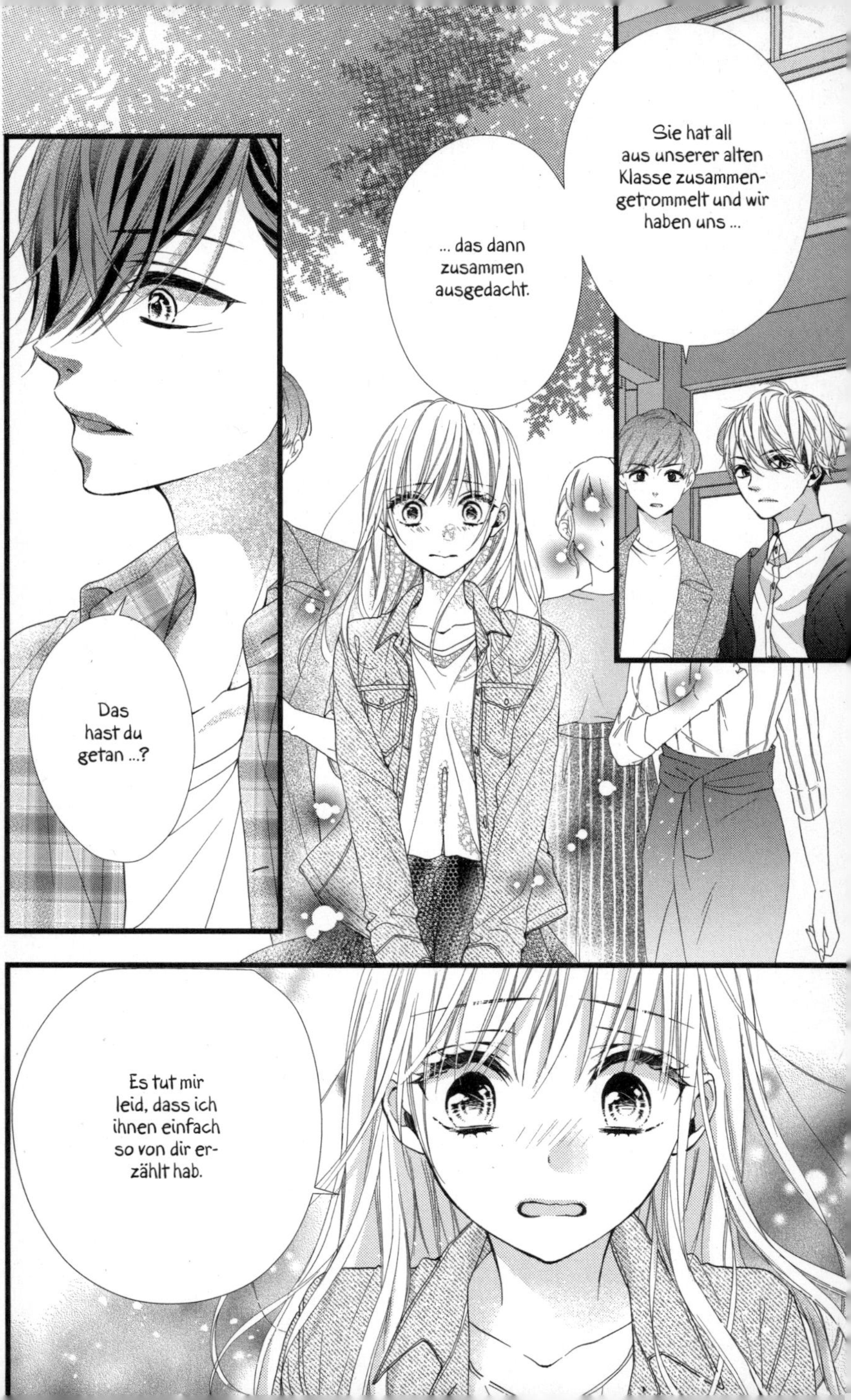
Sie hat all aus unserer alten Klasse zusammengetrommelt und wir haben uns ...
... das dann zusammen ausgedacht.
Das hast du getan ...?
Es tut mir leid, dass ich ihnen einfach so von dir erzählt hab.

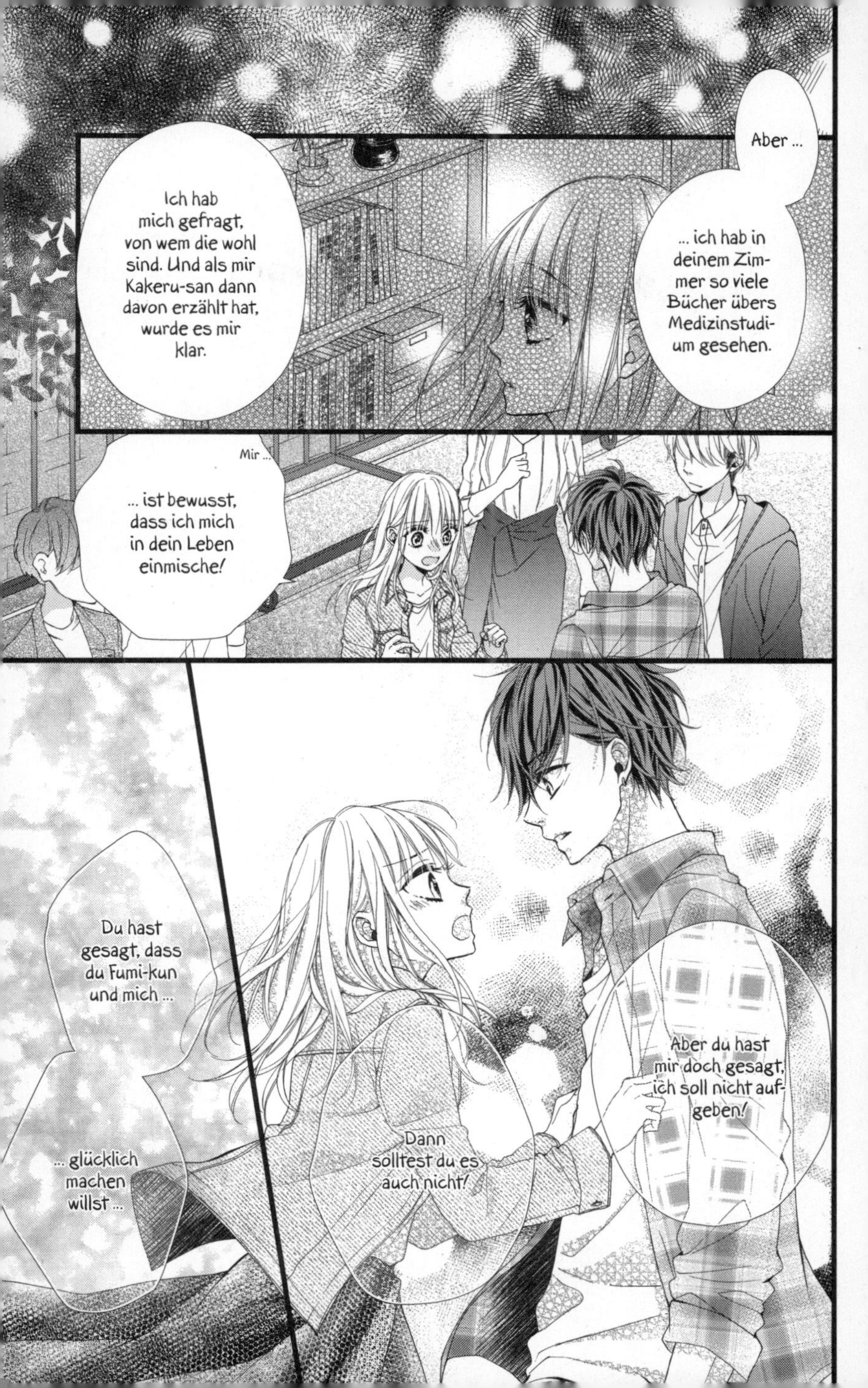
Aber ...
... ich hab in deinem Zimmer so viele Bücher übers Medizinstudium gesehen.
Ich hab mich gefragt, von wem die wohl sind. Und als mir Kakeru-san dann davon erzählt hat, wurde es mir klar.
Mir ...
... ist bewusst, dass ich mich in dein Leben einmische!
Aber du hast mir doch gesagt, ich soll nicht aufgeben!
Dann solltest du es auch nicht!
Du hast gesagt, dass du Fumi-kun und mich ...
... glücklich machen willst ...

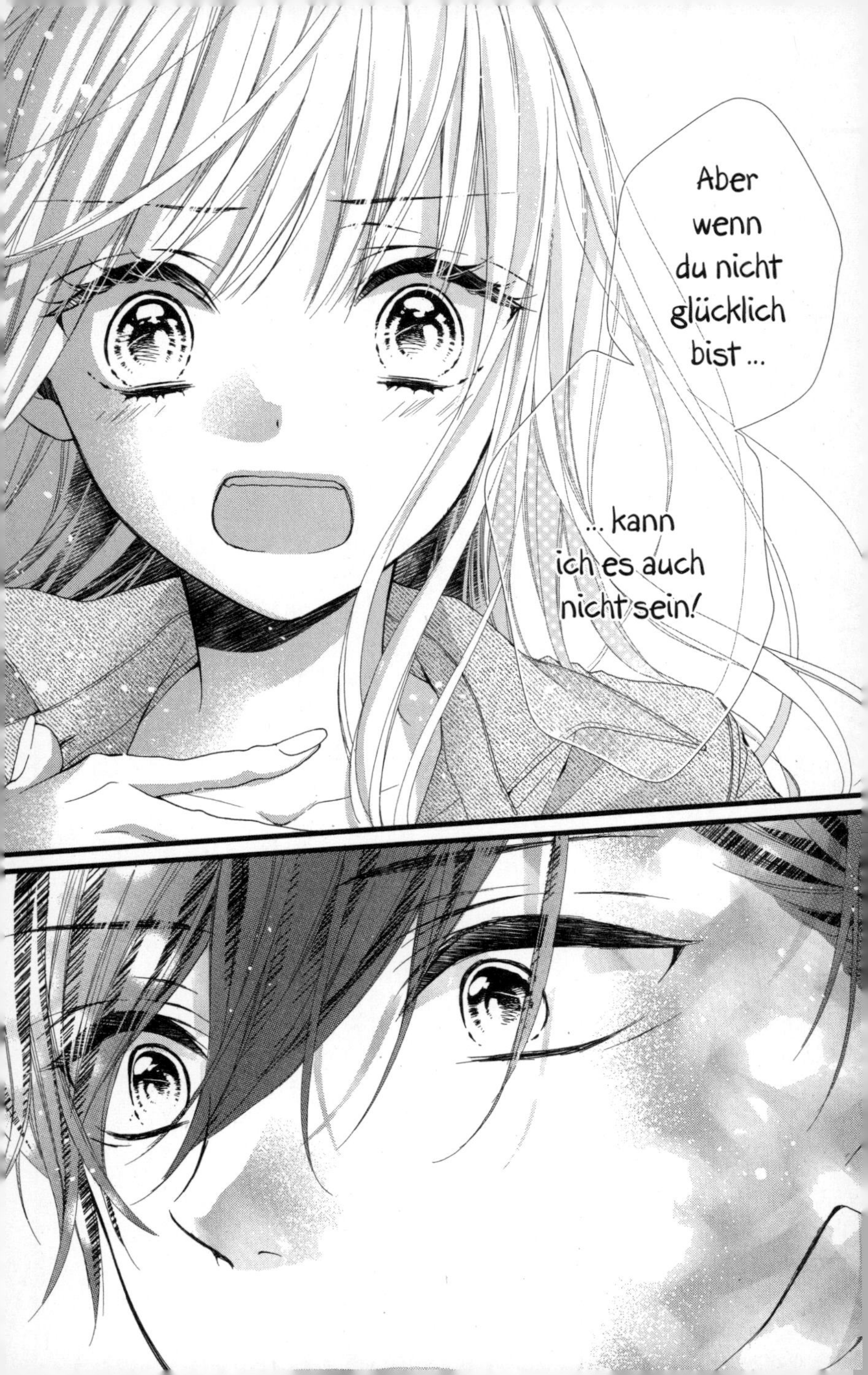
Aber wenn du nicht glücklich bist ...
... kann ich es auch nicht sein!

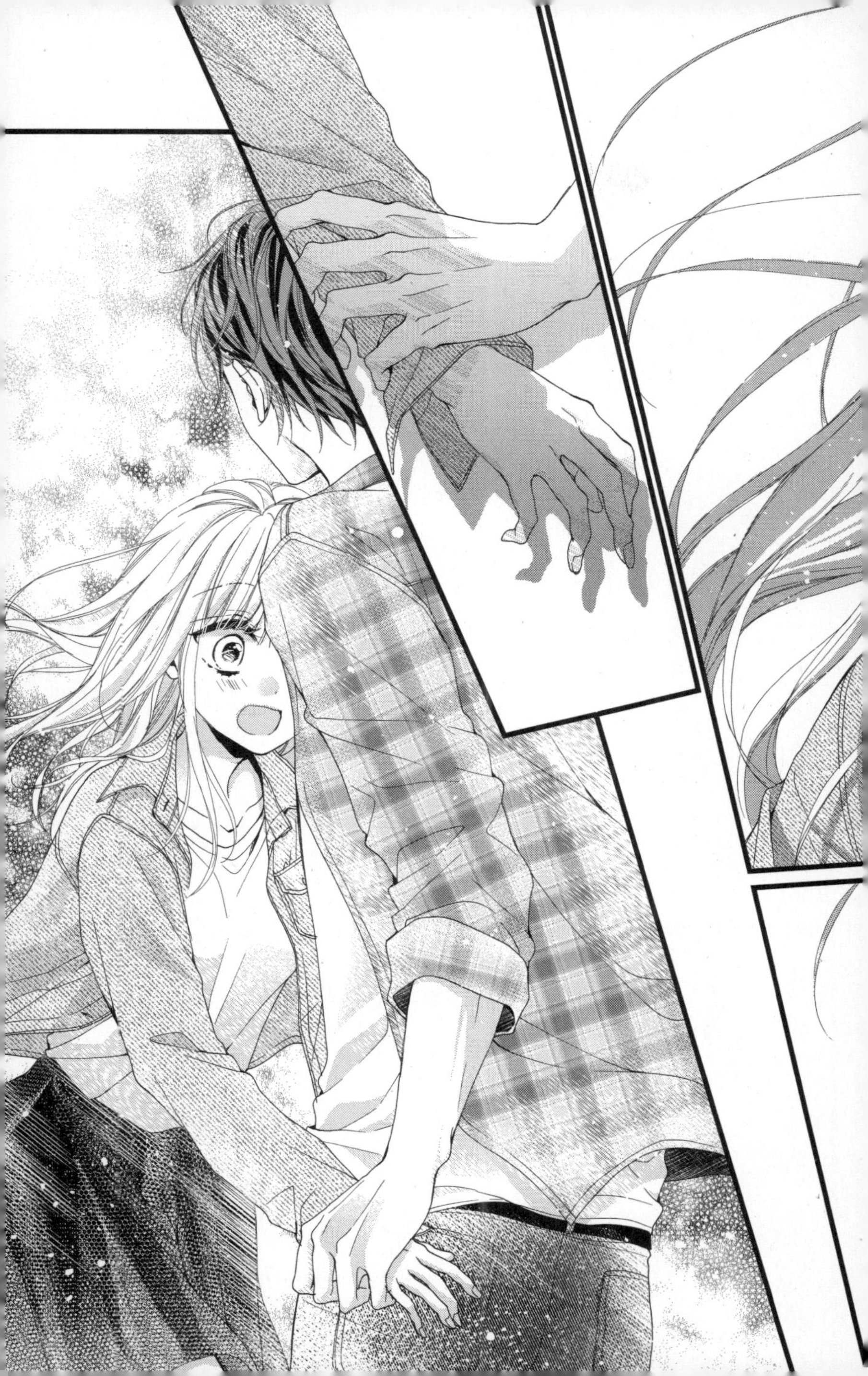

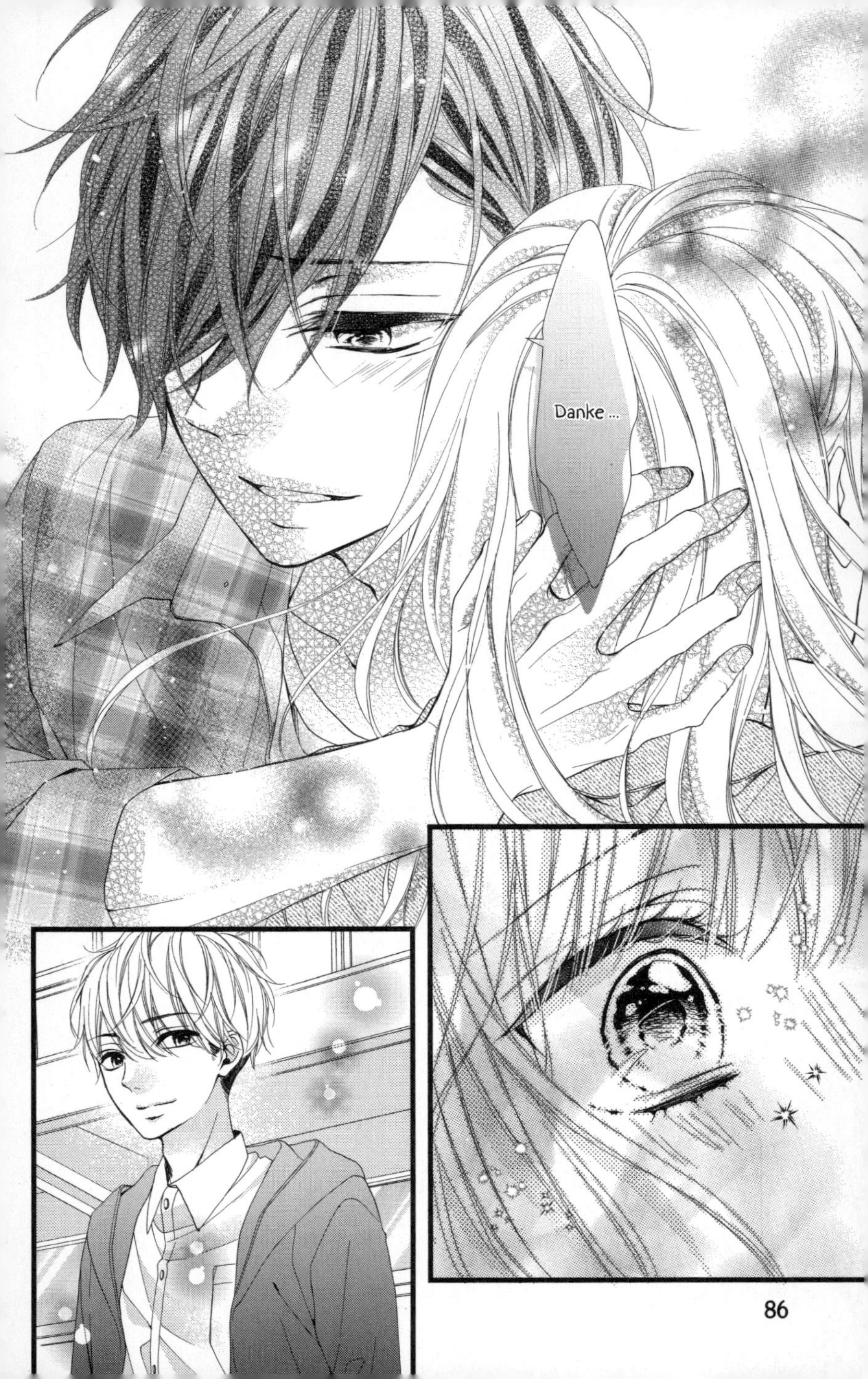
Danke ...

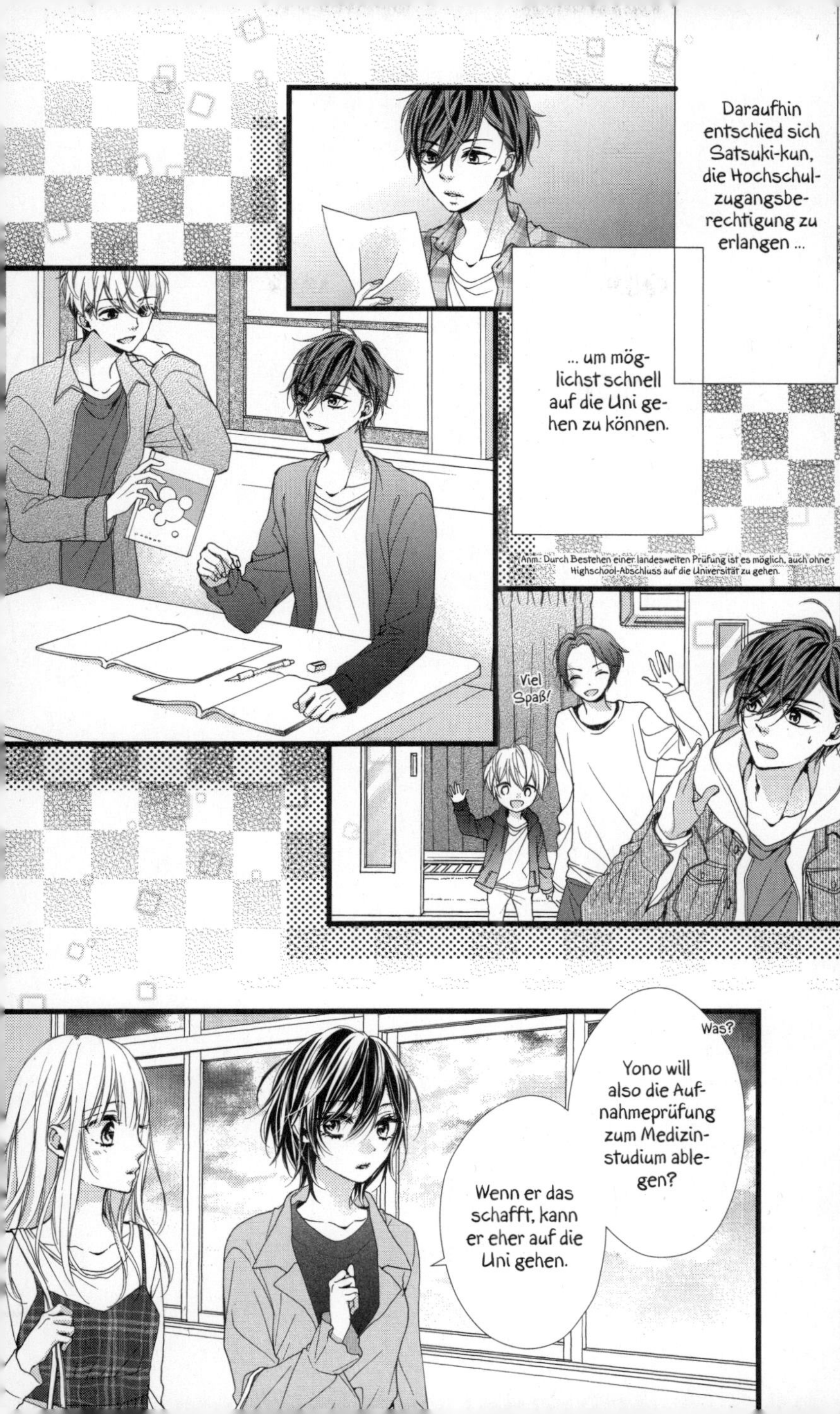
Daraufhin entschied sich Satsuki-kun, die Hochschulzugangsberechtigung zu erlangen ...
... um möglichst schnell auf die Uni gehen zu können.
Anm.: Durch Bestehen einer landesweiten Prüfung ist es möglich, auch ohne Highschool-Abschluss auf die Universität zu gehen.
Viel Spaß!
Was?
Yono will also die Aufnahmeprüfung zum Medizinstudium ablegen?
Wenn er das schafft, kann er eher auf die Uni gehen.

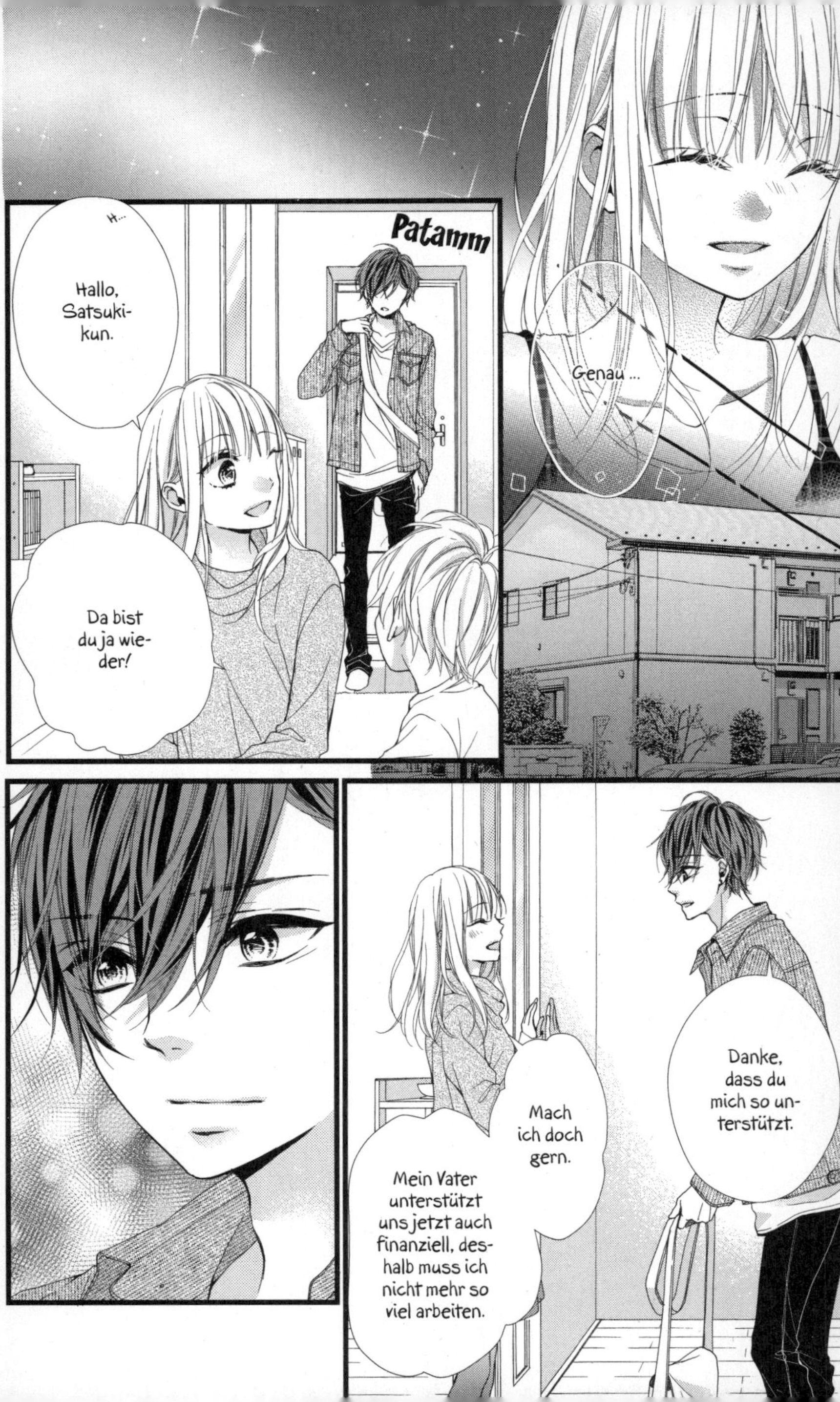
Genau ...
Patamm
H...
Hallo, Satsuki-kun.
Da bist du ja wieder!
Danke, dass du mich so unterstützt.
Mach ich doch gern.
Mein Vater unterstützt uns jetzt auch finanziell, deshalb muss ich nicht mehr so viel arbeiten.

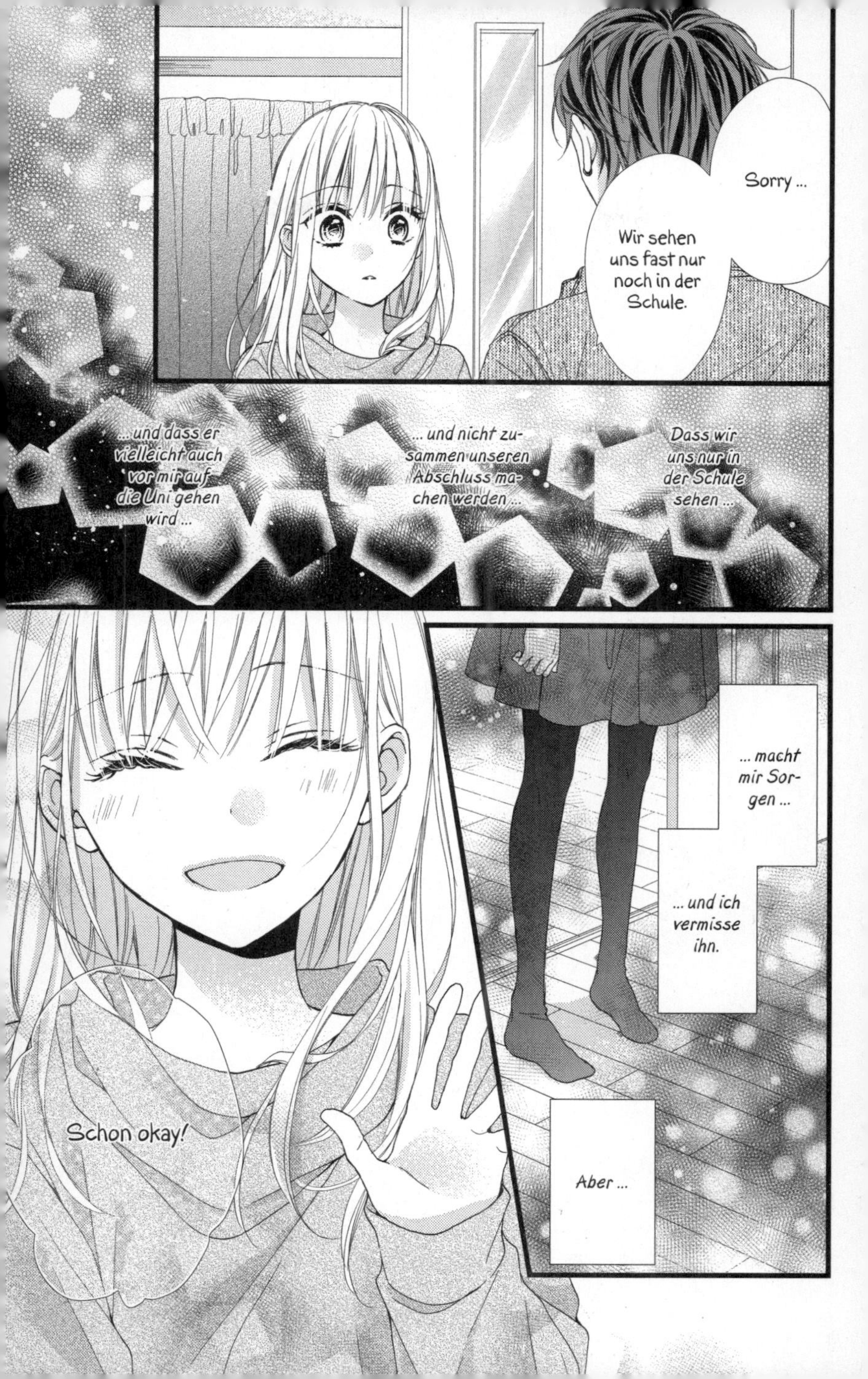
Sorry ...
Wir sehen uns fast nur noch in der Schule.
Dass wir uns nur in der Schule sehen ...
... und nicht zusammen unseren Abschluss machen werden ...
... und dass er vielleicht auch vor mir auf die Uni gehen wird ...
... macht mir Sorgen ...
... und ich vermisse ihn.
Aber ...
Schon okay!

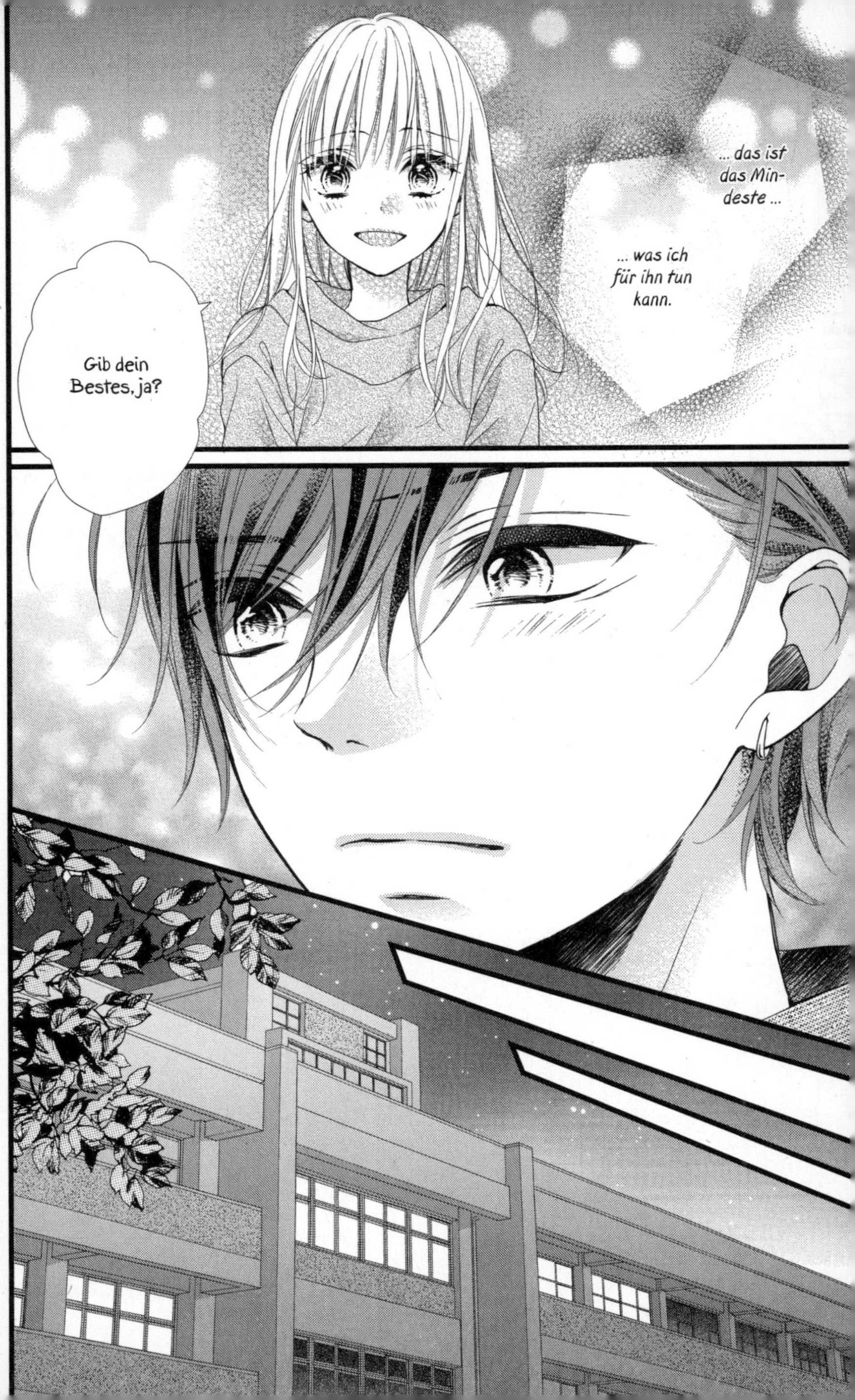
... das ist das Mindeste ...
... was ich für ihn tun kann.
Gib dein Bestes, ja?

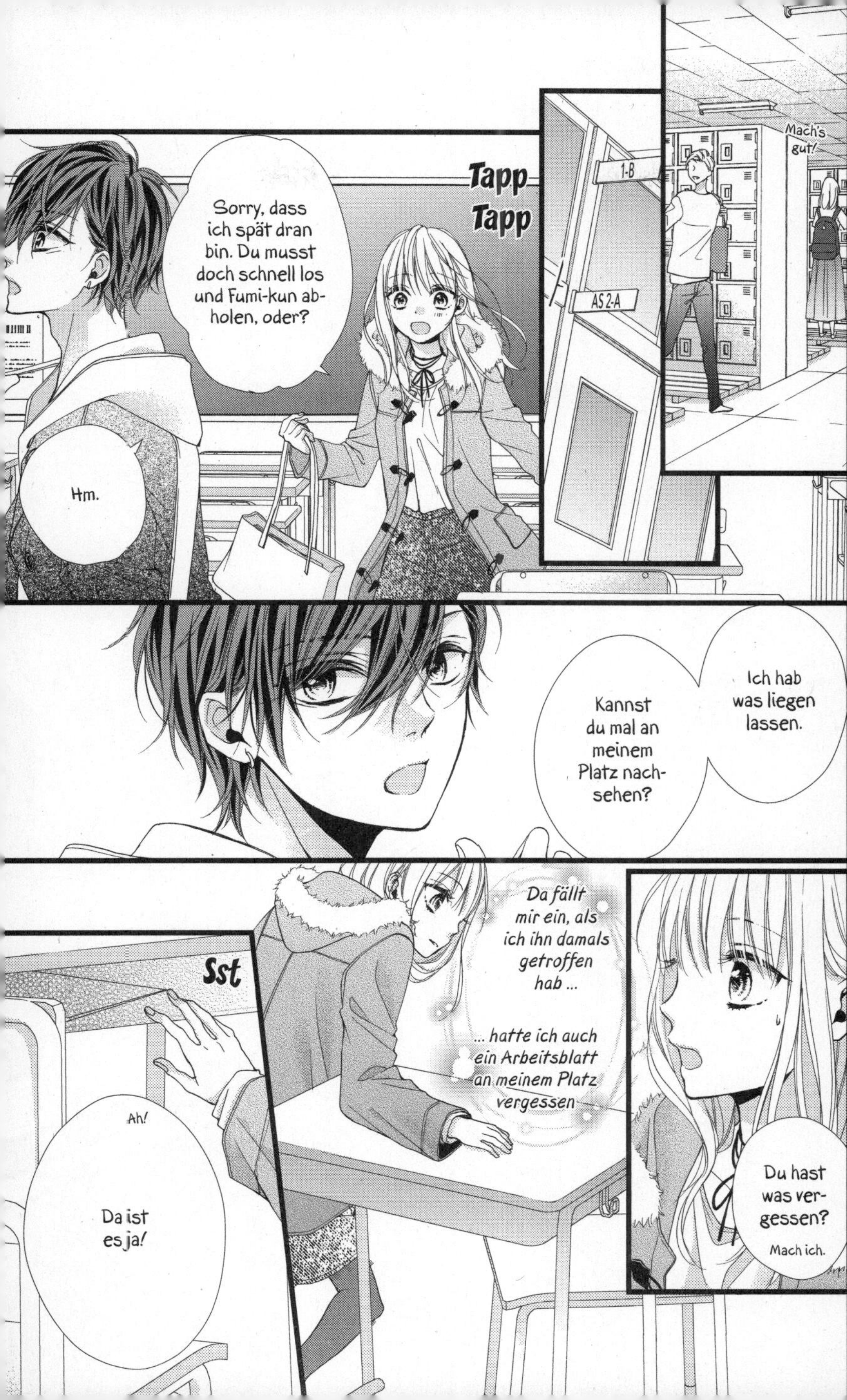

Mach's gut!
1-B
AS 2-A
Tapp
Tapp
Sorry, dass ich spät dran bin. Du musst doch schnell los und Fumi-kun abholen, oder?
Hm.
Ich hab was liegen lassen.
Kannst du mal an meinem Platz nachsehen?
Du hast was vergessen?
Mach ich.
Da fällt mir ein, als ich ihn damals getroffen hab ...
... hatte ich auch ein Arbeitsblatt an meinem Platz vergessen
Sst
Ah!
Da ist es ja!

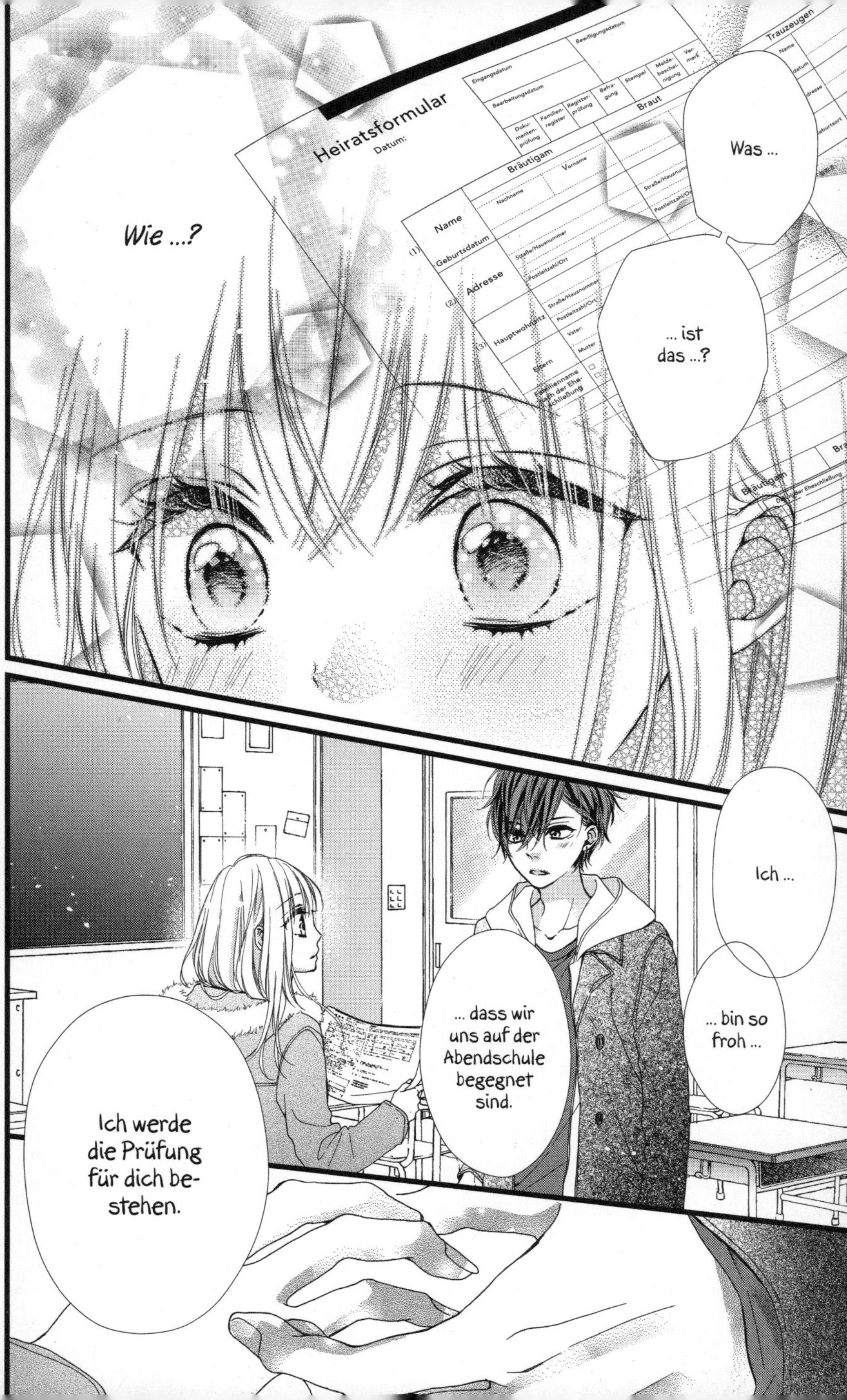
Heiratsformular
Datum:
Was ...
... ist das ...?
Wie ...?
Ich ...
... bin so froh ...
... dass wir uns auf der Abendschule begegnet sind.
Ich werde die Prüfung für dich be-stehen.

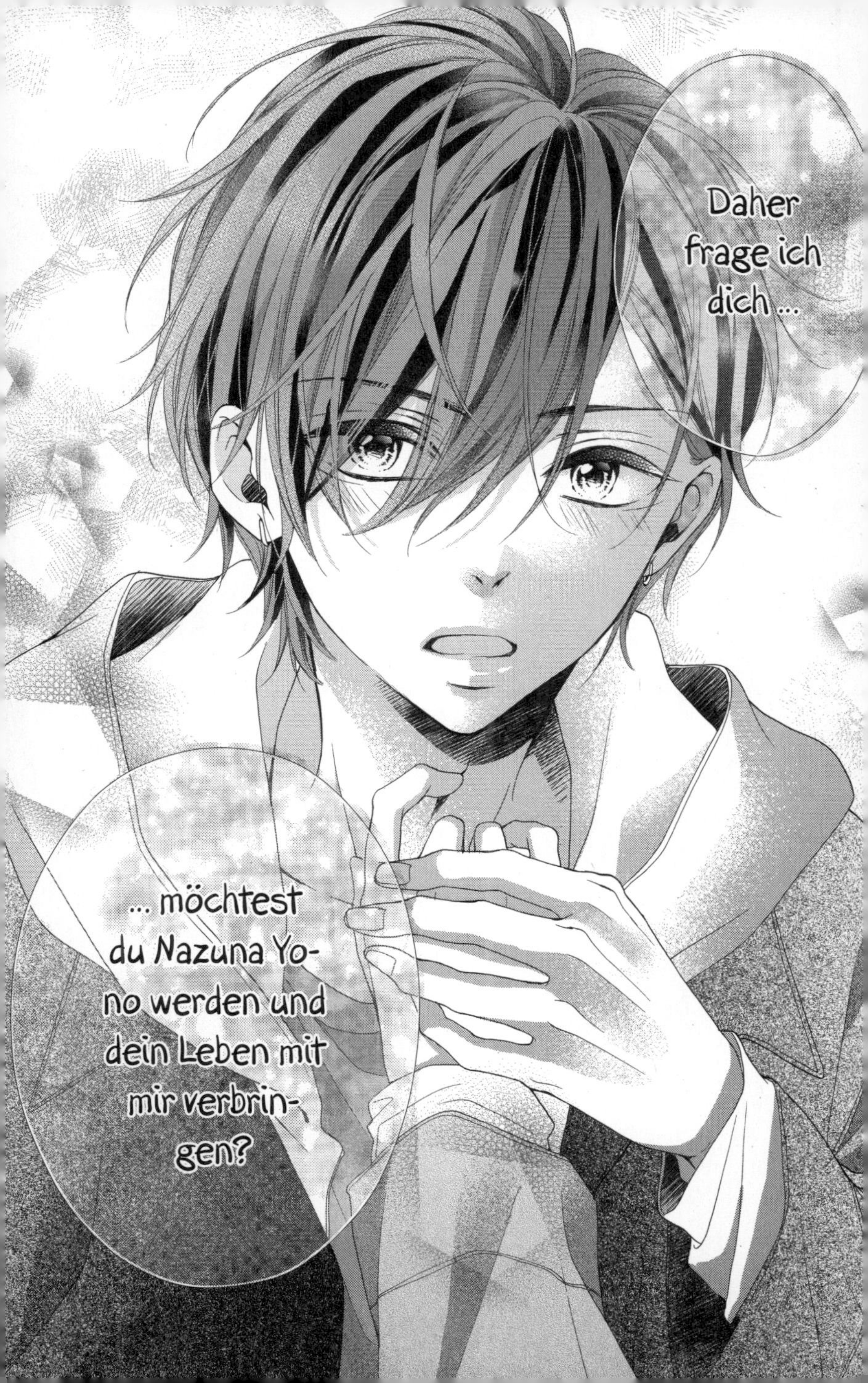
Daher frage ich dich ...
... möchtest du Nazuna Yo-no werden und dein Leben mit mir verbrin-gen?

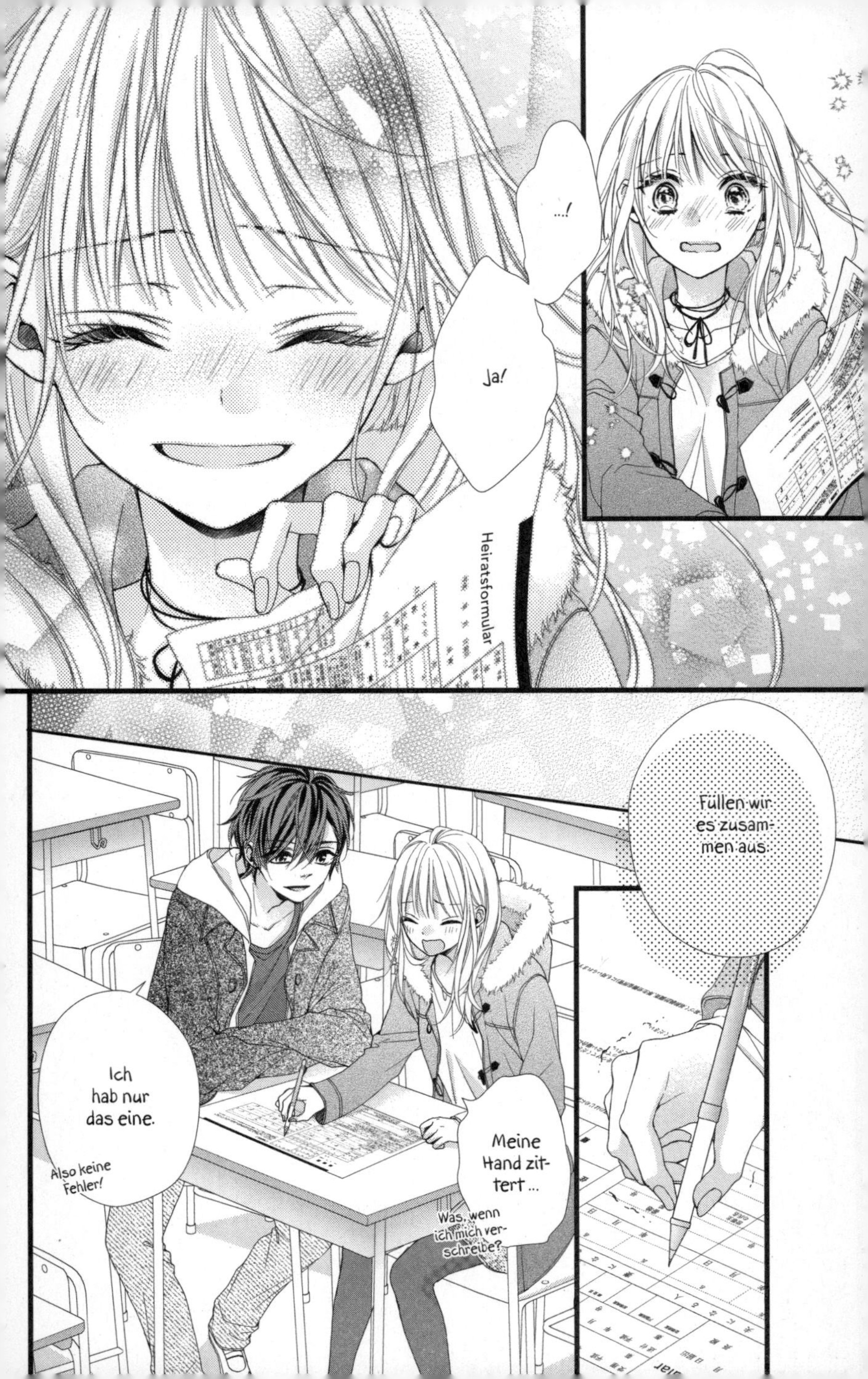
...!
Ja!
Heiratsformular
Füllen wir es zusammen aus.
Meine Hand zittert ...
Was, wenn ich mich verschreibe?
Ich hab nur das eine.
Also keine Fehler!

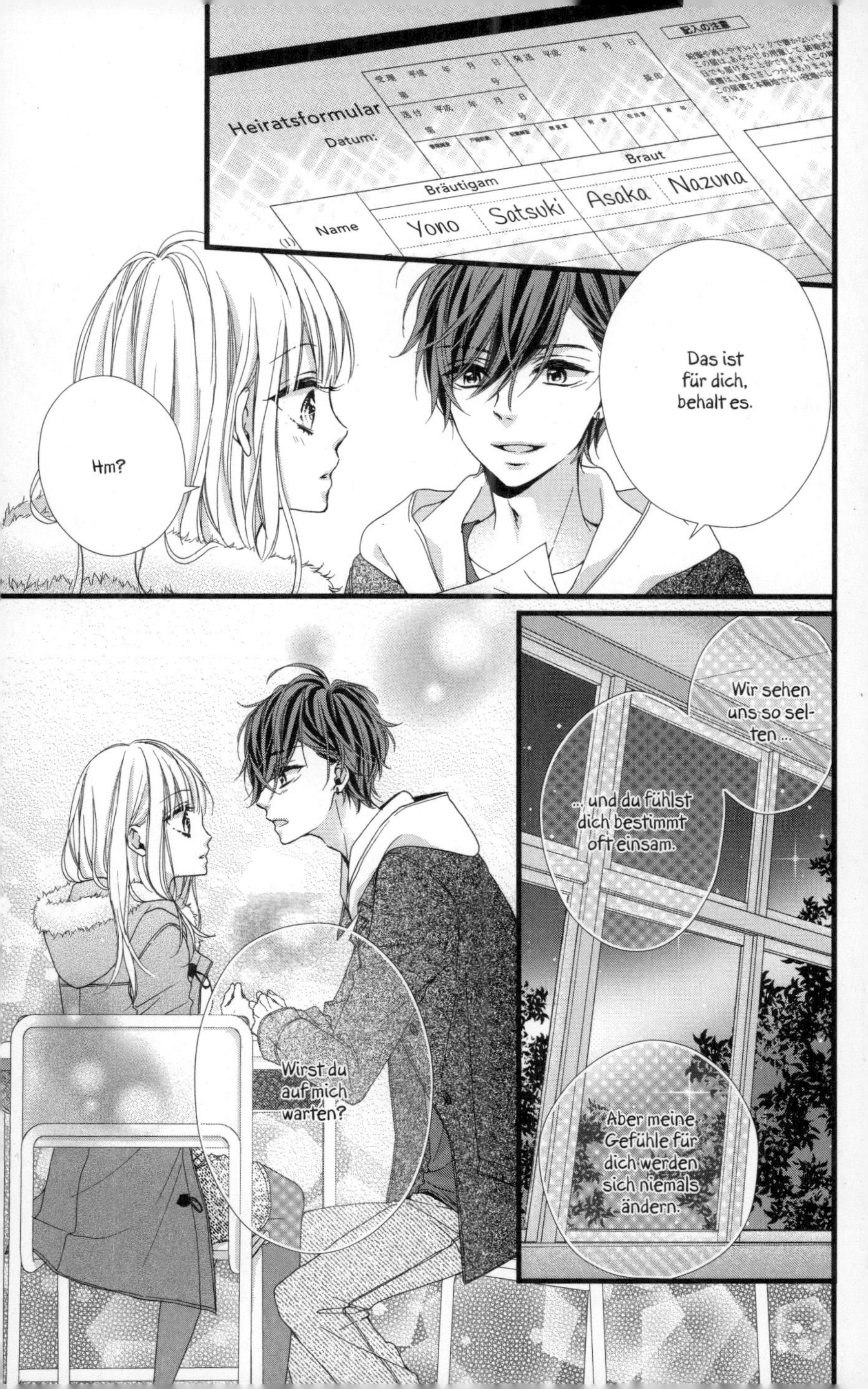
Heiratsformular
Datum:
Bräutigam
Braut
Name
Yono
Satsuki
Asaka
Nazuna
Das ist für dich, behalt es.
Hm?
Wir sehen uns so selten ...
... und du fühlst dich bestimmt oft einsam.
Aber meine Gefühle für dich werden sich niemals ändern.
Wirst du auf mich warten?

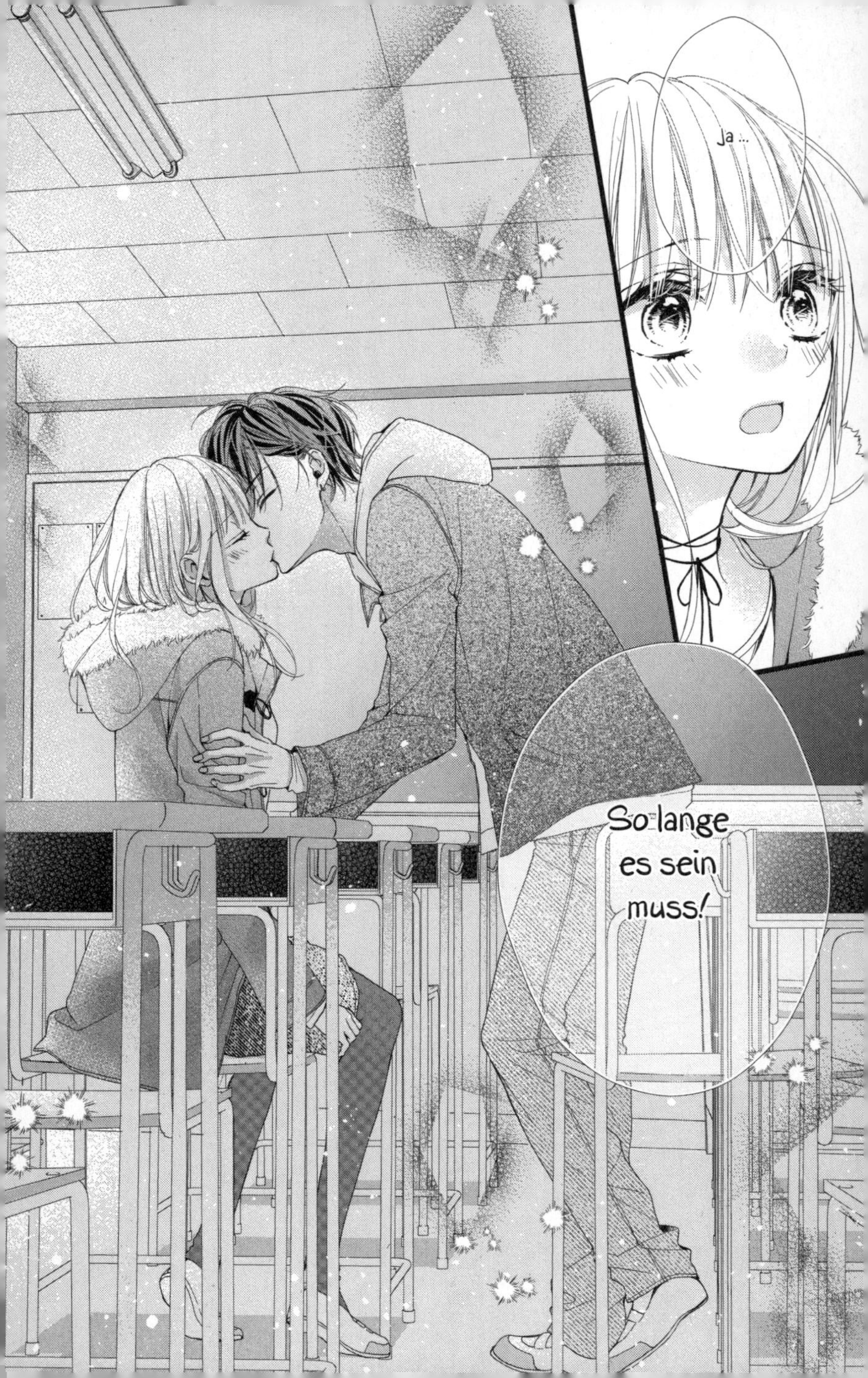
Ja ...
So lange
es sein
muss!

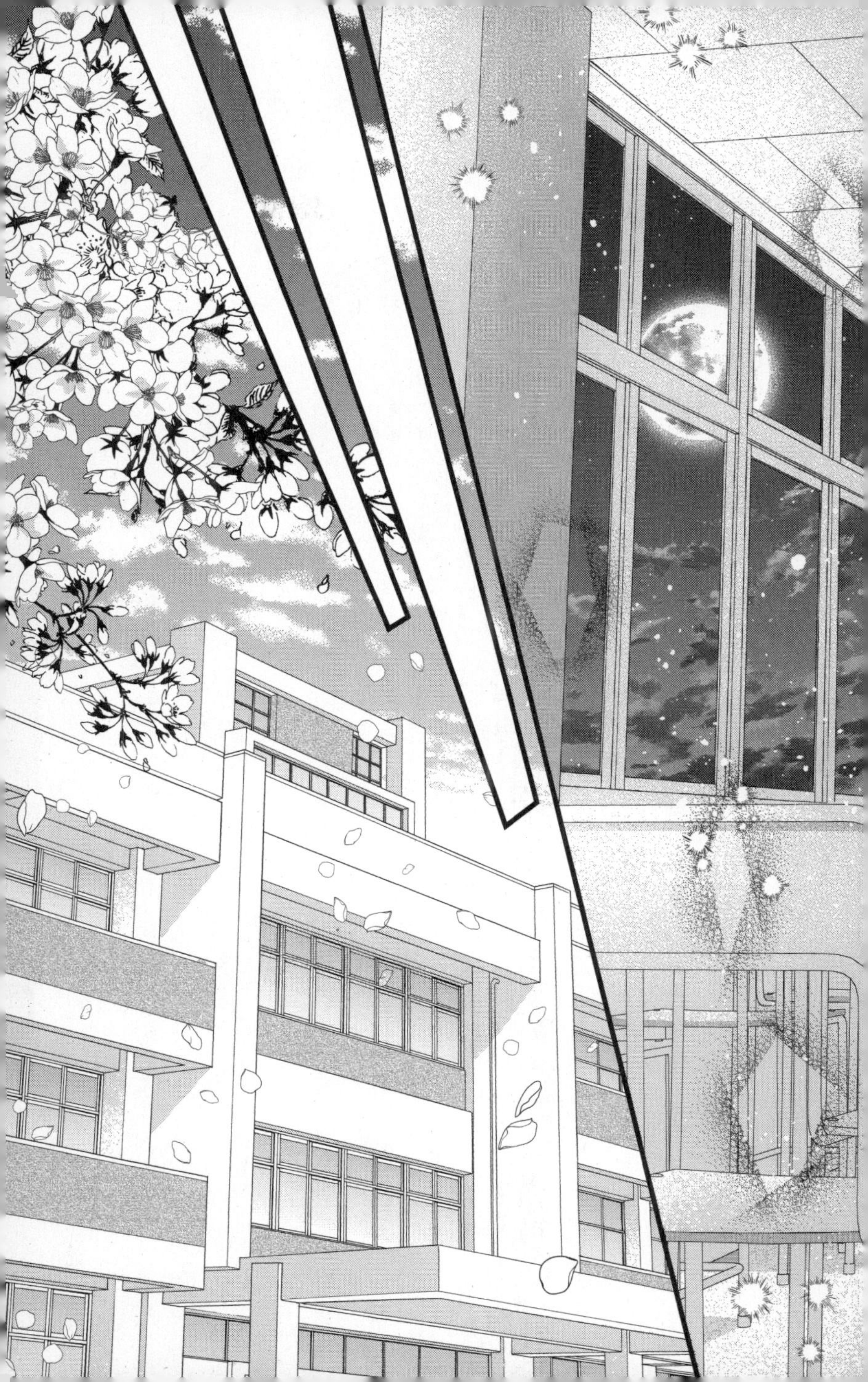

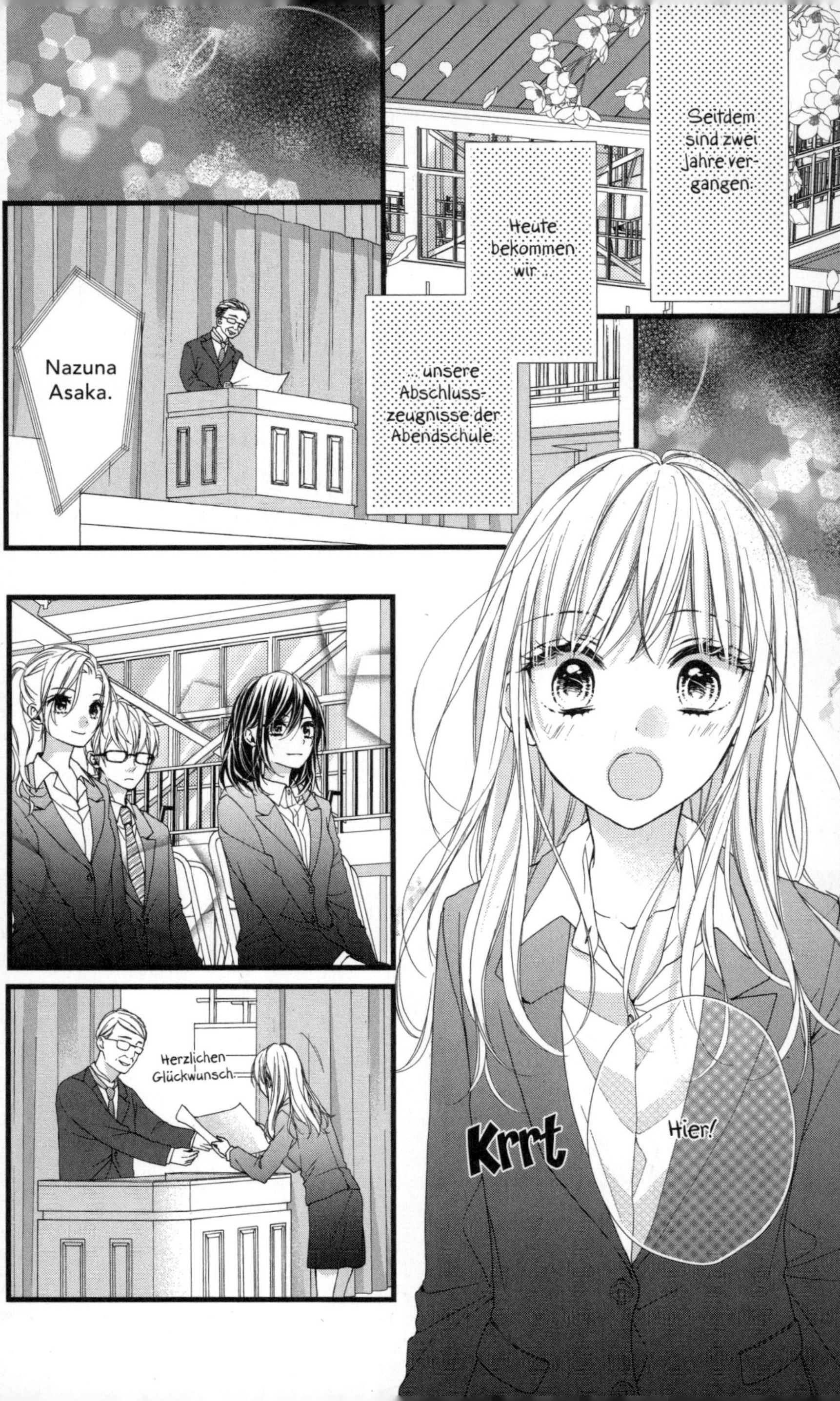
Seitdem sind zwei Jahre vergangen.
Heute bekommen wir ...
... unsere Abschlusszeugnisse der Abendschule.
Nazuna Asaka.
Krrt
Hier!
Herzlichen Glückwunsch.

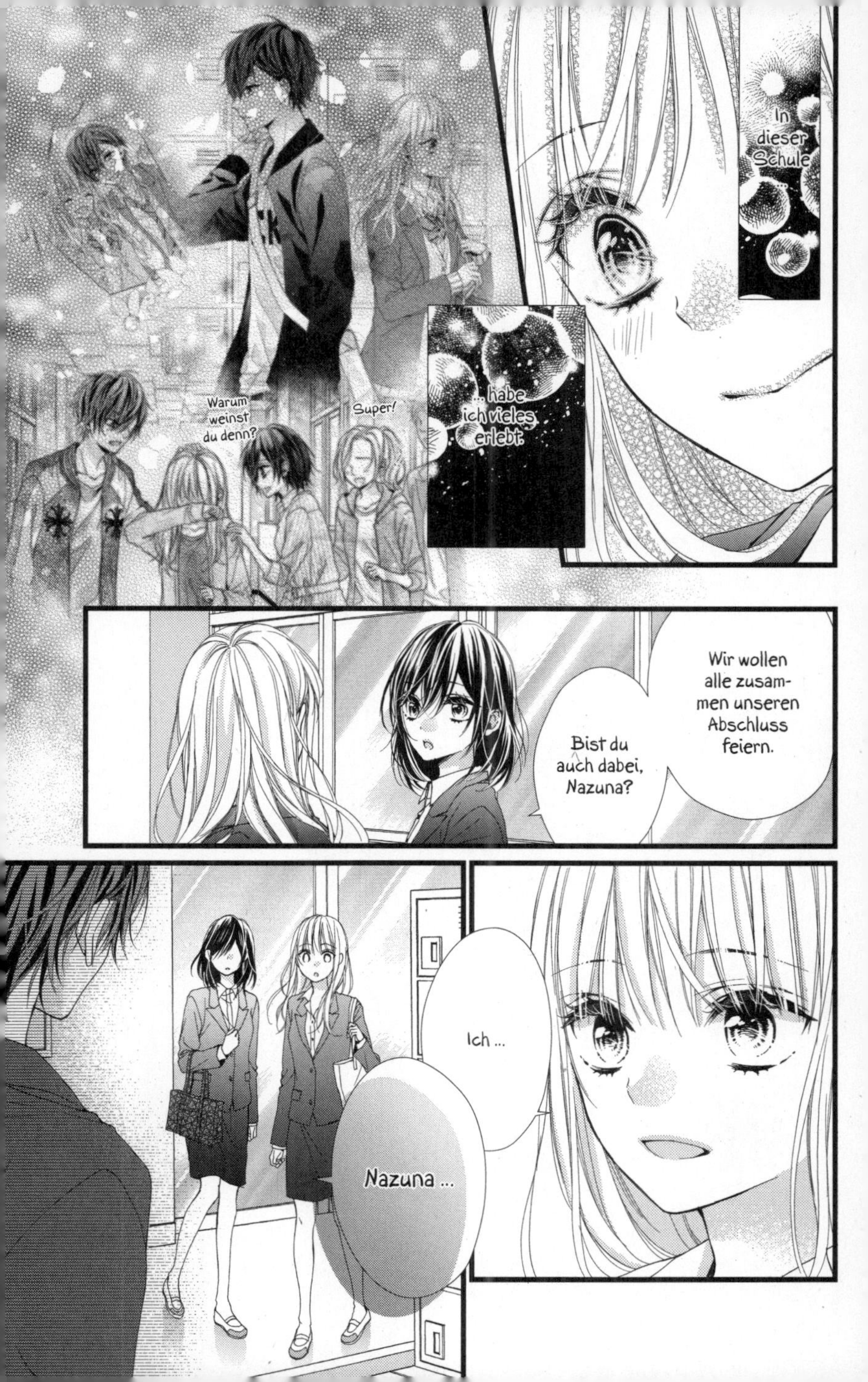
In dieser Schule ...
... habe ich vieles erlebt.
Super!
Warum weinst du denn?
Wir wollen alle zusammen unseren Abschluss feiern.
Bist du auch dabei, Nazuna?
Ich ...
Nazuna ...

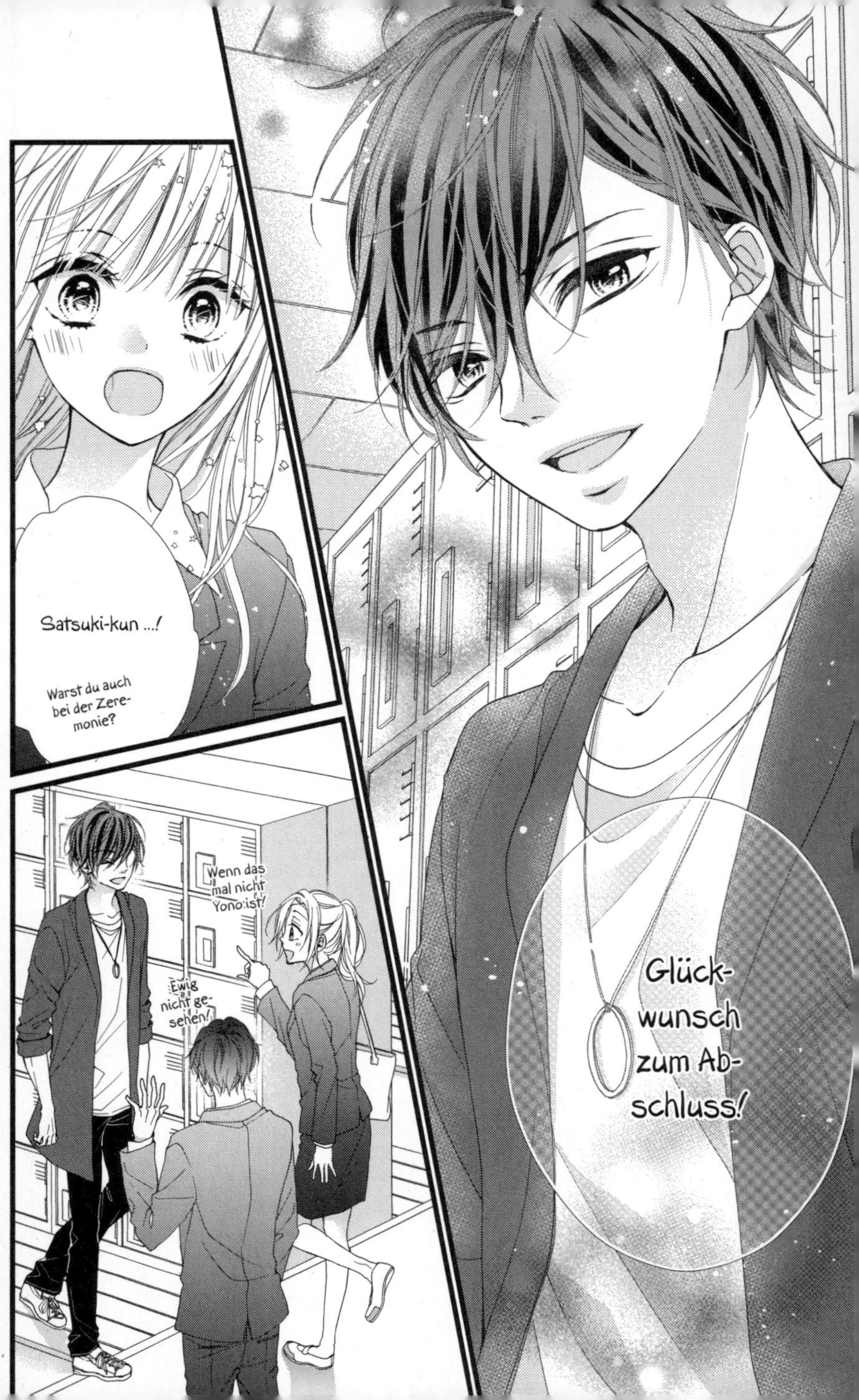
Glück-
wunsch
zum Ab-
schluss!
Satsuki-kun ...!
Warst du auch
bei der Zere-
monie?
Wenn das
mal nicht
Yono ist!
Ewig
nicht ge-
sehen!

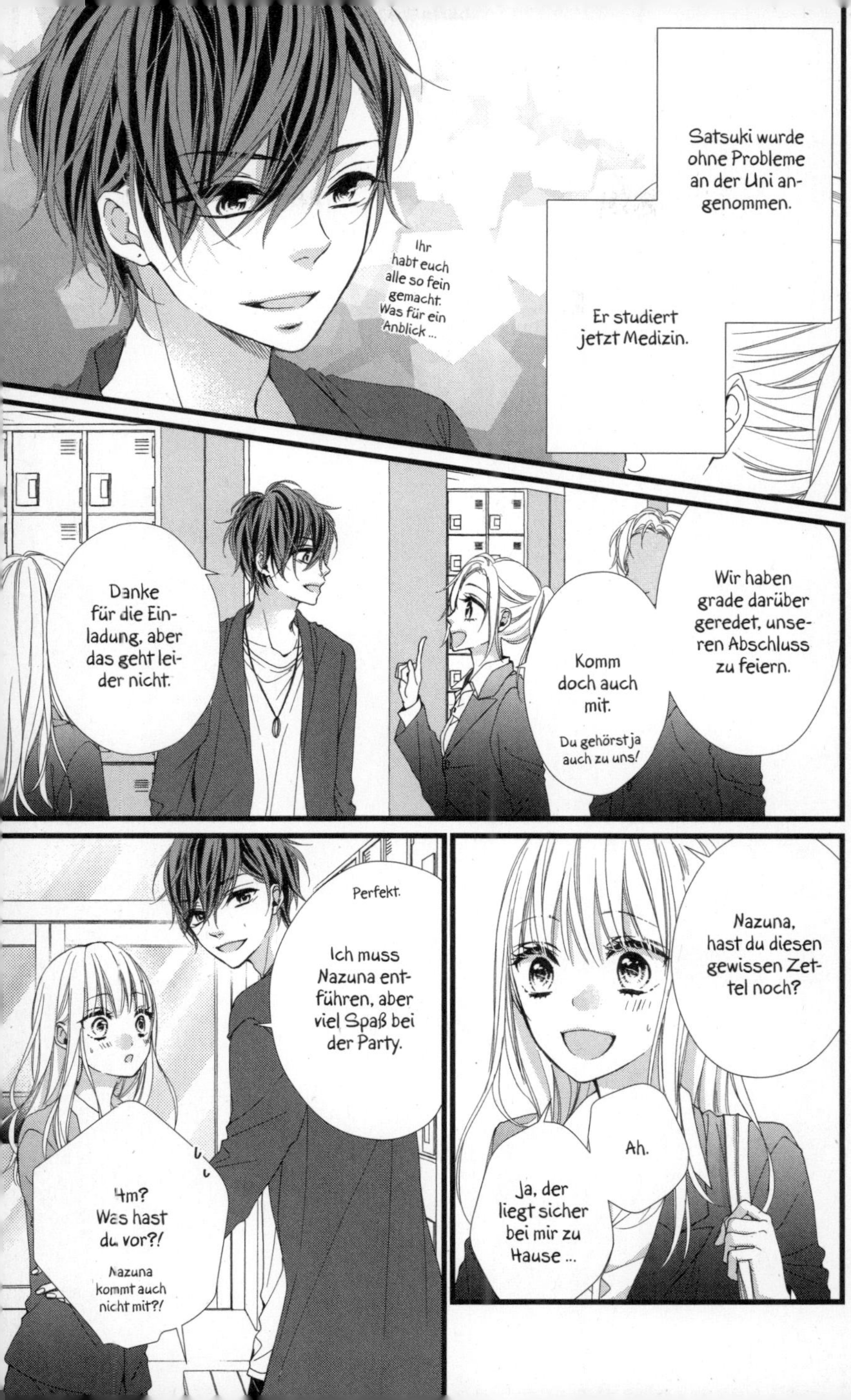
Satsuki wurde ohne Probleme an der Uni angenommen.
Er studiert jetzt Medizin.
Ihr habt euch alle so fein gemacht. Was für ein Anblick ...
Wir haben grade darüber geredet, unseren Abschluss zu feiern.
Komm doch auch mit.
Du gehörst ja auch zu uns!
Danke für die Einladung, aber das geht leider nicht.
Nazuna, hast du diesen gewissen Zettel noch?
Ah.
Ja, der liegt sicher bei mir zu Hause ...
Perfekt.
Ich muss Nazuna entführen, aber viel Spaß bei der Party.
Hm? Was hast du vor?!
Nazuna kommt auch nicht mit?!

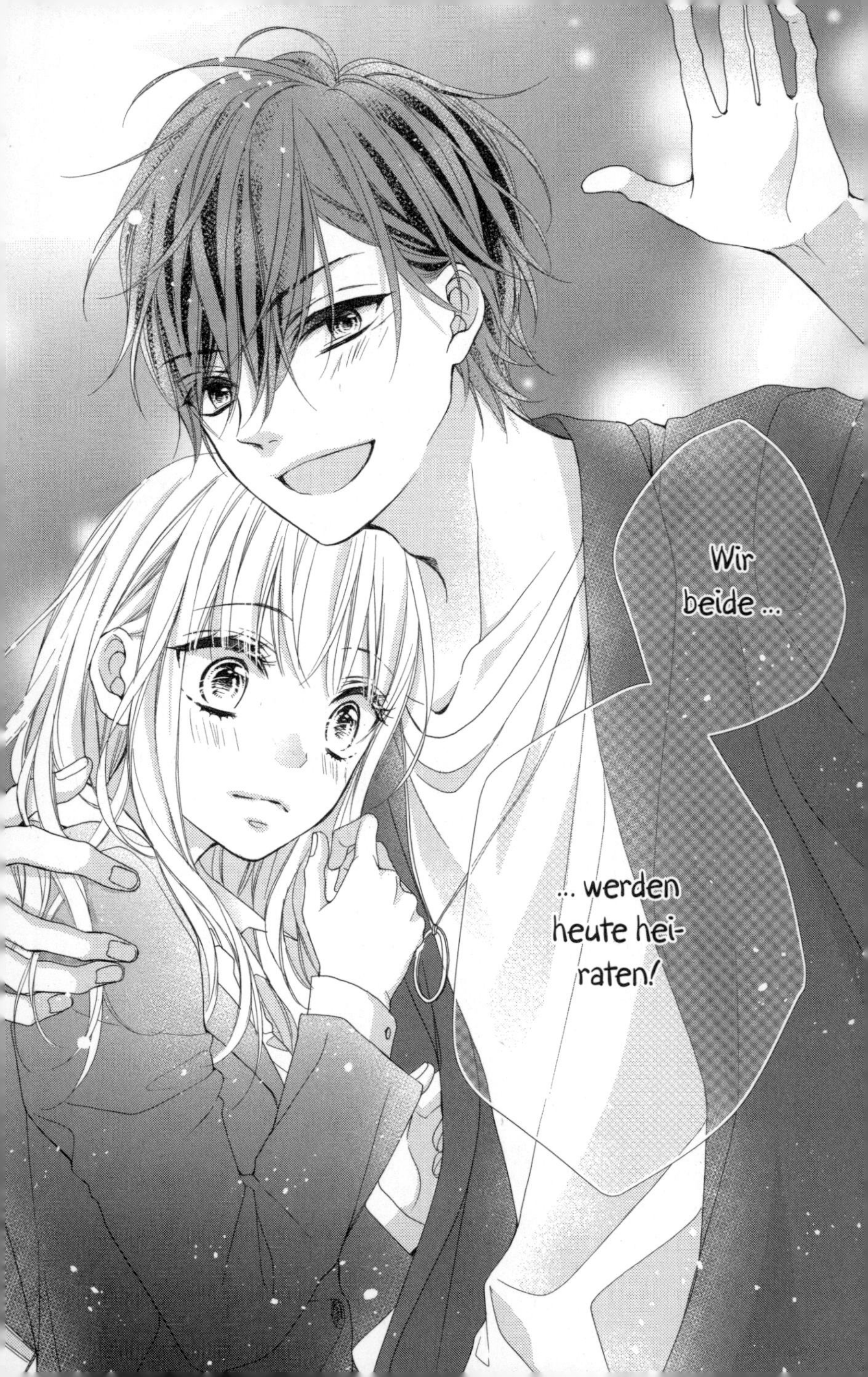
Wir
beide ...
... werden
heute hei-
raten!

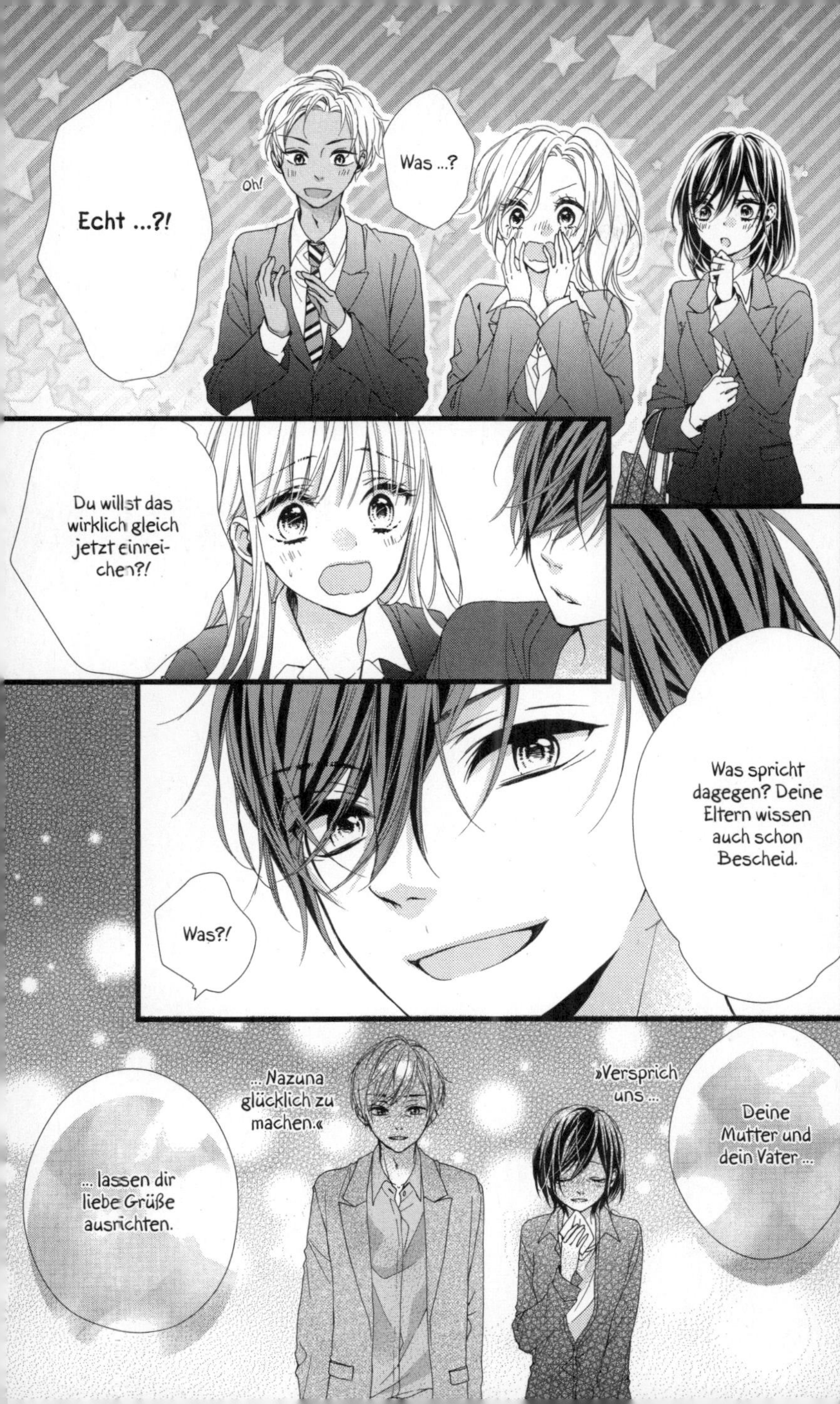
Was ...?
Oh!
Echt ...?!
Du willst das wirklich gleich jetzt einreichen?!
Was spricht dagegen? Deine Eltern wissen auch schon Bescheid.
Was?!
Deine Mutter und dein Vater ...
»Versprich uns ...
... Nazuna glücklich zu machen.«
... lassen dir liebe Grüße ausrichten.

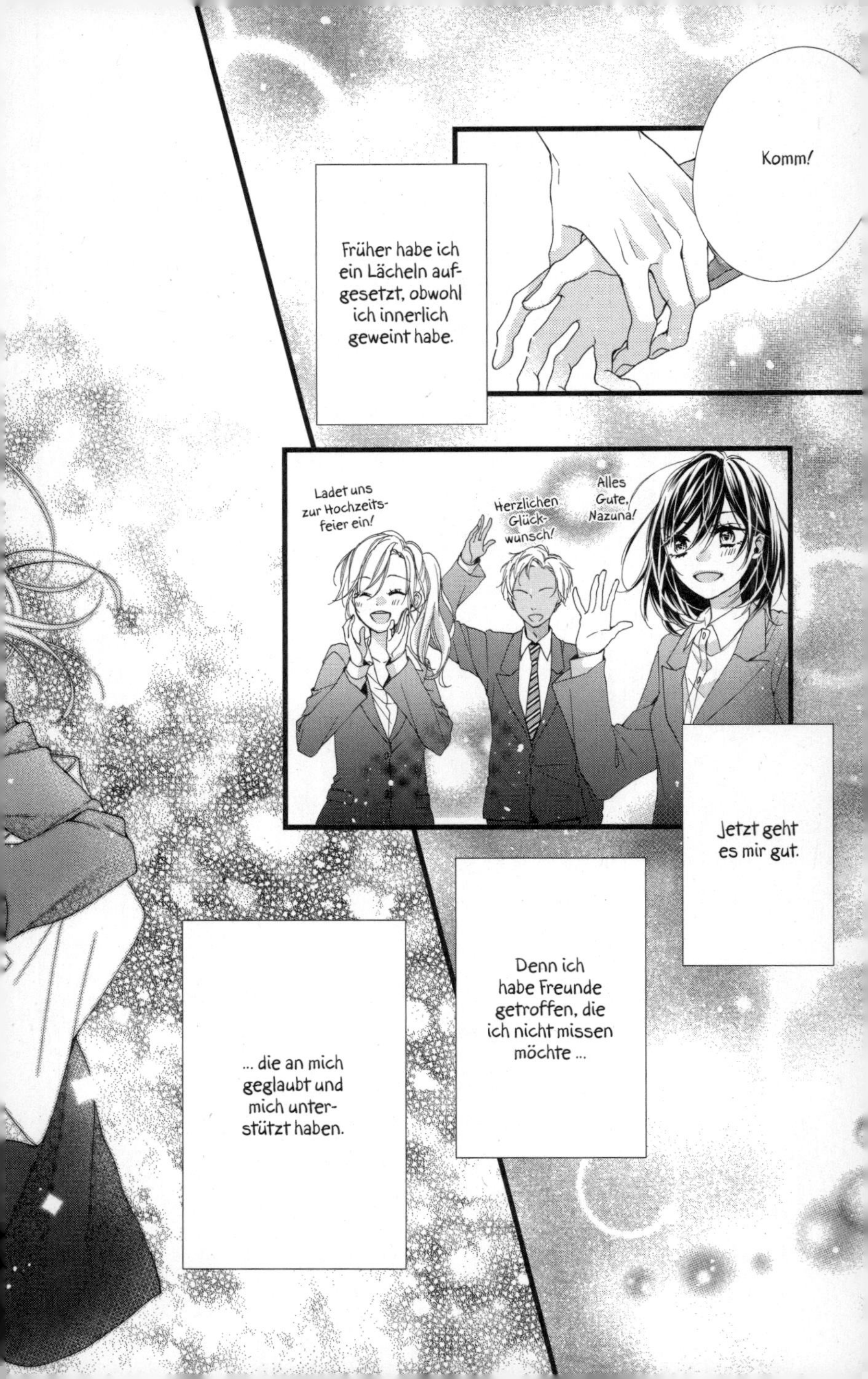
Komm!
Früher habe ich ein Lächeln aufgesetzt, obwohl ich innerlich geweint habe.
Alles Gute, Nazuna!
Herzlichen Glückwunsch!
Ladet uns zur Hochzeitsfeier ein!
Jetzt geht es mir gut.
Denn ich habe Freunde getroffen, die ich nicht missen möchte ...
... die an mich geglaubt und mich unterstützt haben.

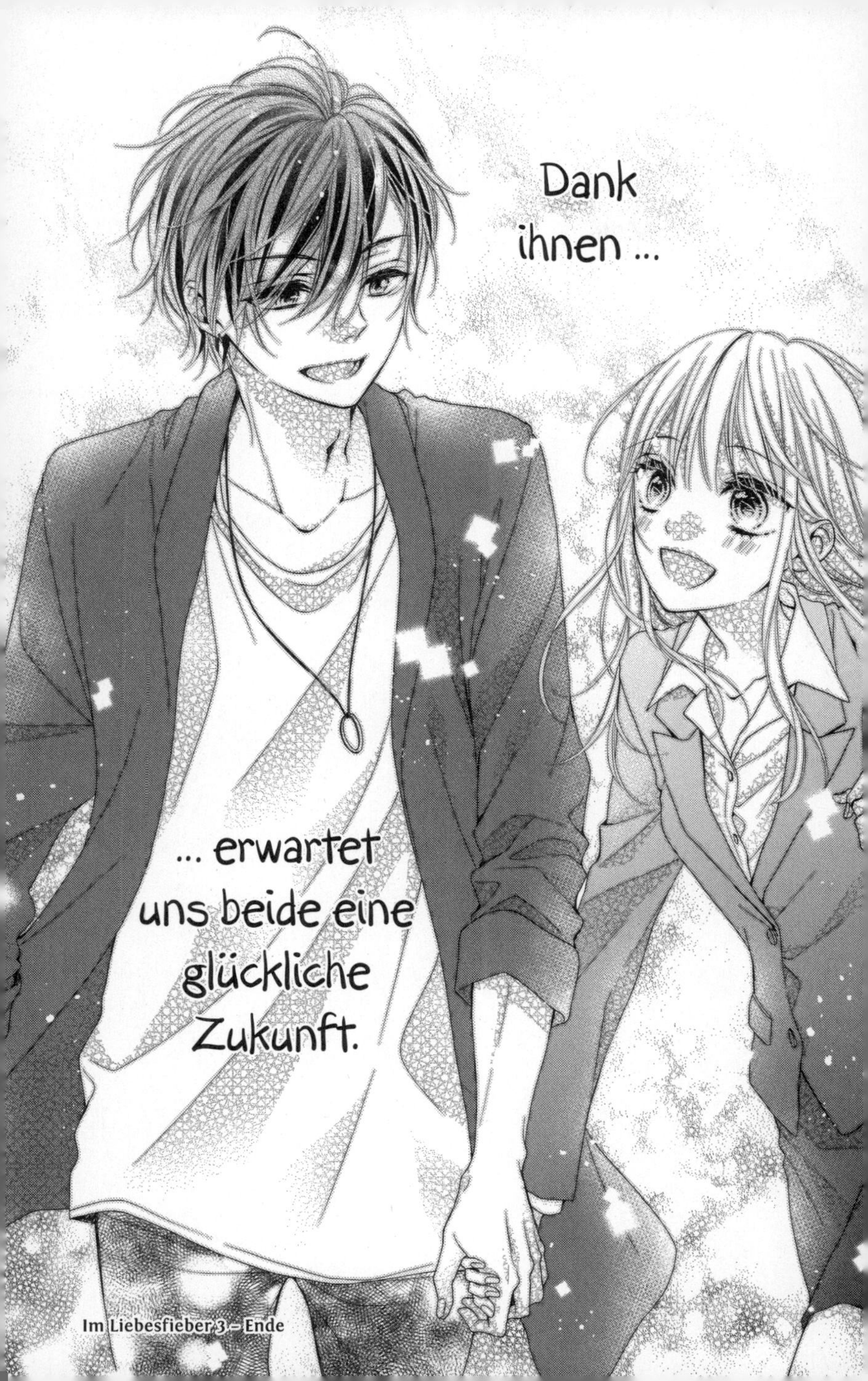
Dank ihnen ...
... erwartet uns beide eine glückliche Zukunft.
Im Liebesfieber 3 – Ende

Das ist der Abschlussband!

Ich möchte allen danken, die mich bis jetzt begleitet haben. Ursprünglich wollte ich die Geschichte eines Jungen auf der Abendschule und eines Mädchens im Ganztagsunterricht erzählen, aber dann musste ich mich entschieden und letztlich ist diese Geschichte dabei rausgekommen. Ich habe lange mit mir gerungen, weil der Beginn schon recht düster ist. Eigentlich wollte ich die Geschichte in einem Band abschließen, aber niemand hat mich daran gehindert, drei Bände zu füllen. Dafür bin ich sehr dankbar. Und ich hatte auch viel Spaß daran, für die Verlags-Con Goodies wie bunte Spruchkarten und Prints vorzubereiten. (; ᴗ ;)

Ich bin nach wie vor keine herausragende Künstlerin, aber ich würde mich sehr freuen, wenn wir uns bei meinem nächsten Manga wiedersehen würden! ♡

2018, Marina Umezawa

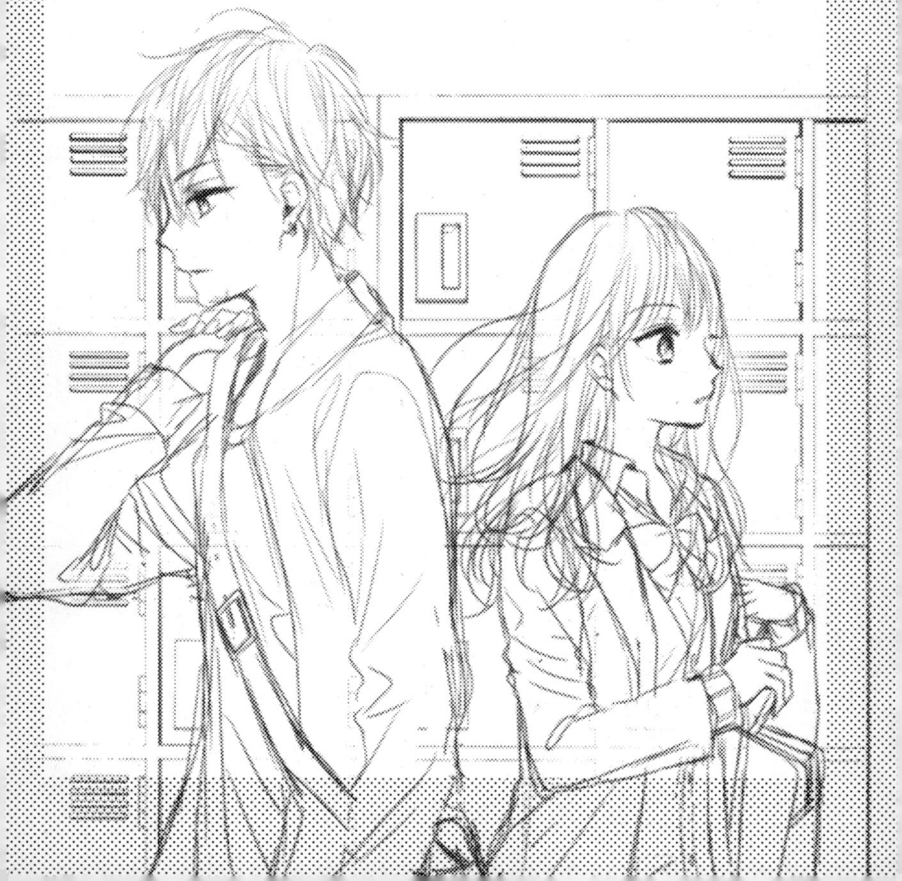

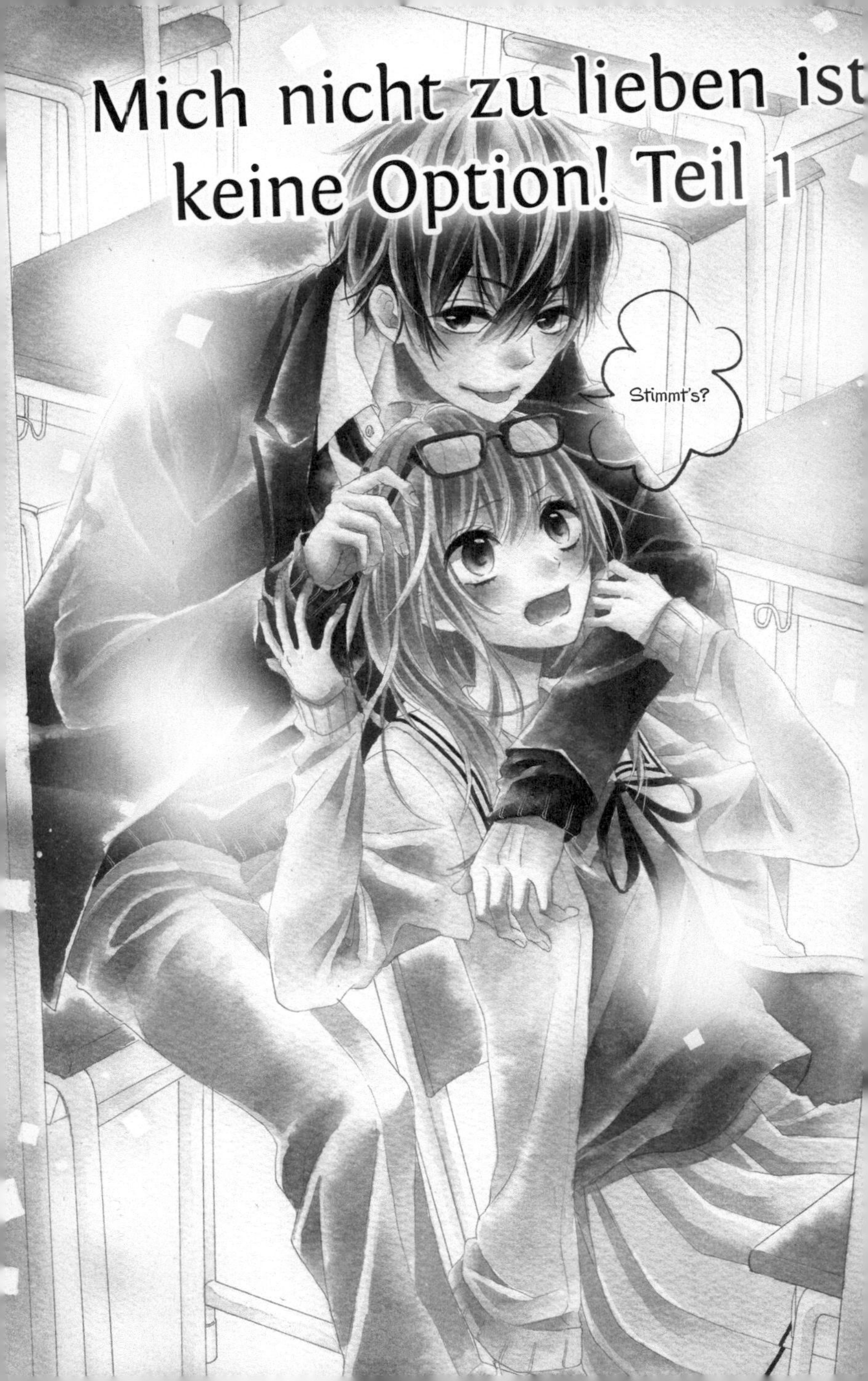
Mich nicht zu lieben ist keine Option! Teil 1
Stimmt's?

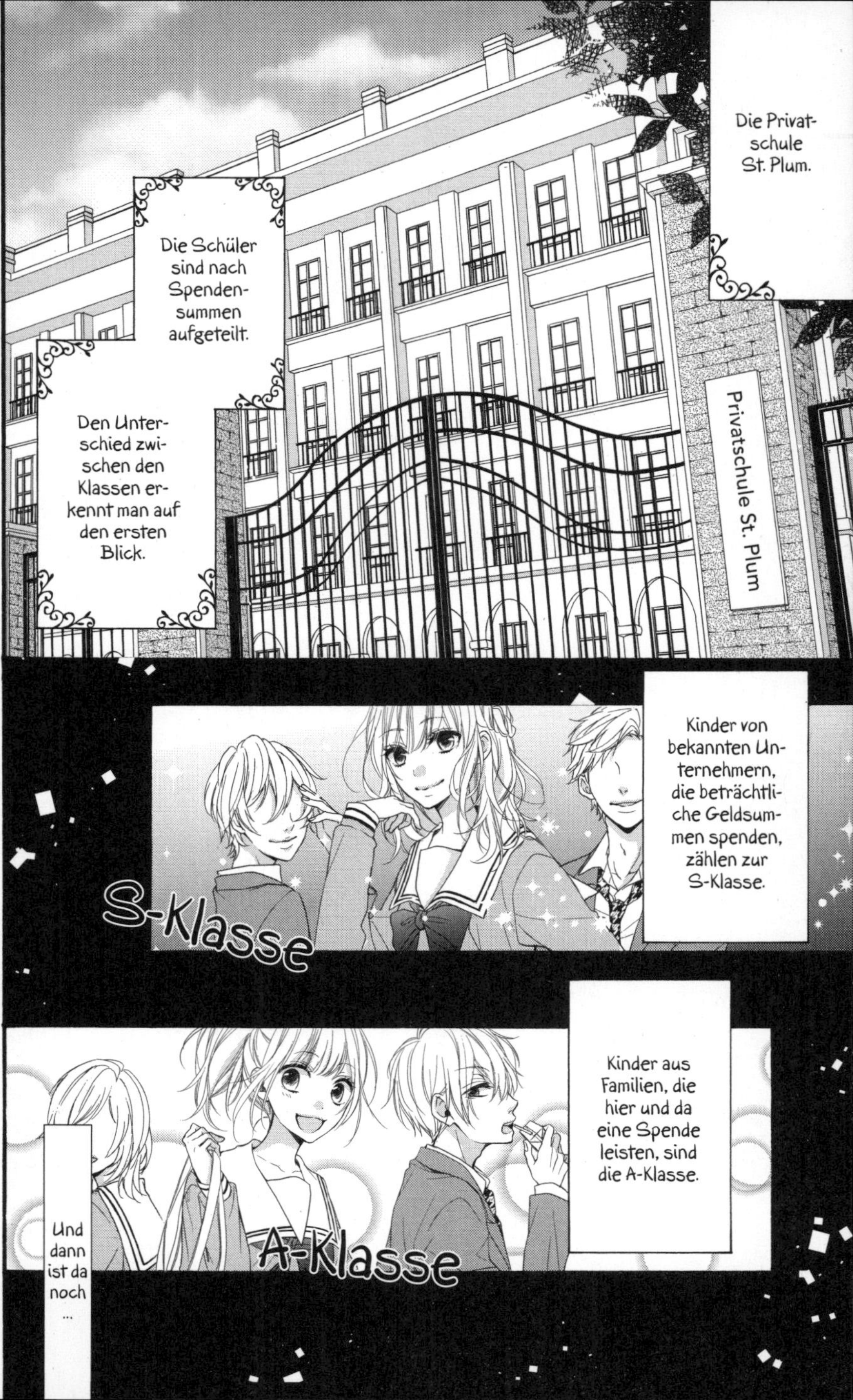
Die Privatschule St. Plum.
Privatschule St. Plum
Die Schüler sind nach Spendensummen aufgeteilt.
Den Unterschied zwischen den Klassen erkennt man auf den ersten Blick.
Kinder von bekannten Unternehmern, die beträchtliche Geldsummen spenden, zählen zur S-Klasse.
S-Klasse
Kinder aus Familien, die hier und da eine Spende leisten, sind die A-Klasse.
A-Klasse
Und dann ist da noch …

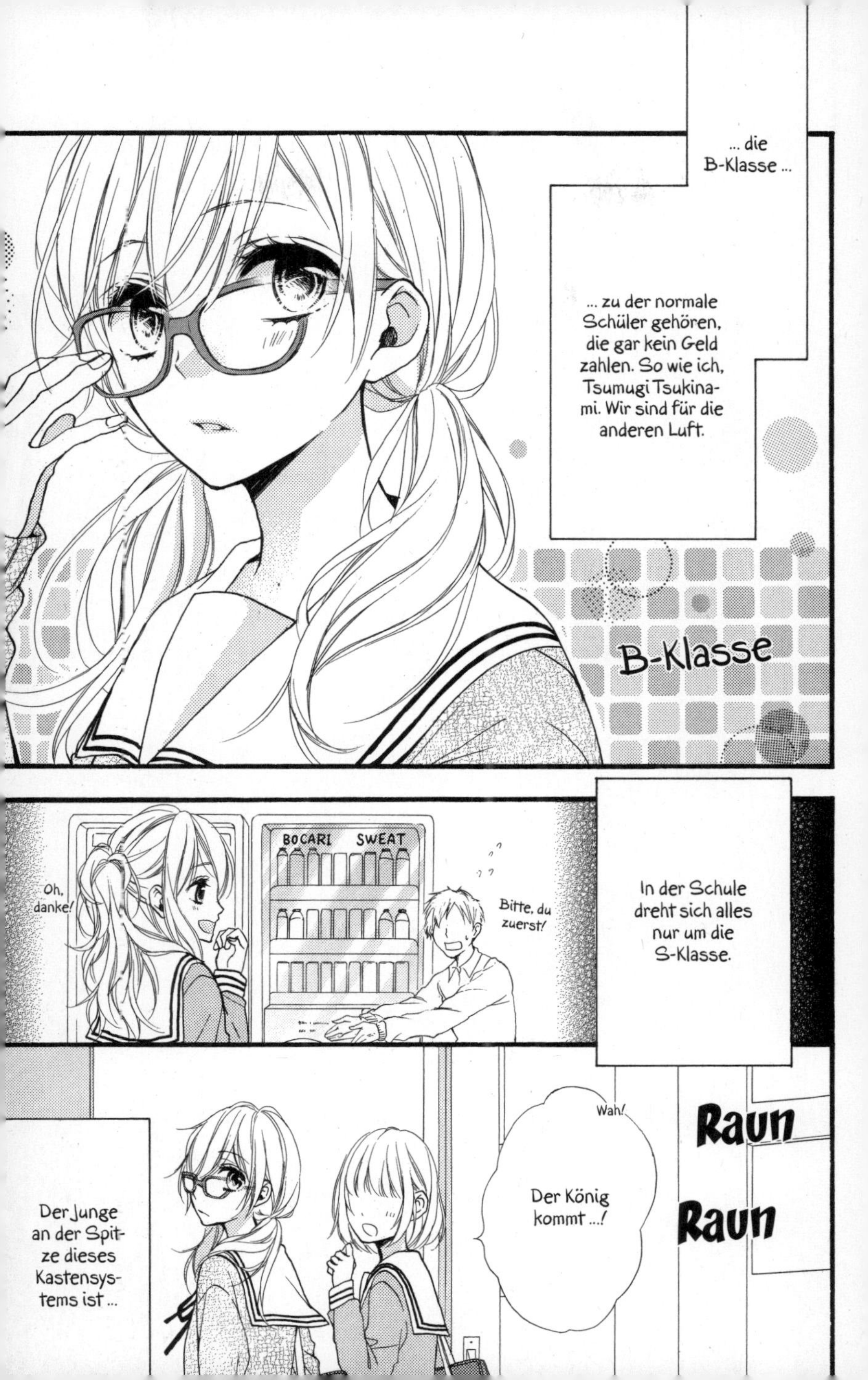
... die B-Klasse ...
... zu der normale Schüler gehören, die gar kein Geld zahlen. So wie ich, Tsumugi Tsukinami. Wir sind für die anderen Luft.
B-Klasse
In der Schule dreht sich alles nur um die S-Klasse.
Bitte, du zuerst!
Oh, danke!
BOCARI SWEAT
Raun
Raun
Wah!
Der König kommt ...!
Der Junge an der Spitze dieses Kastensystems ist ...

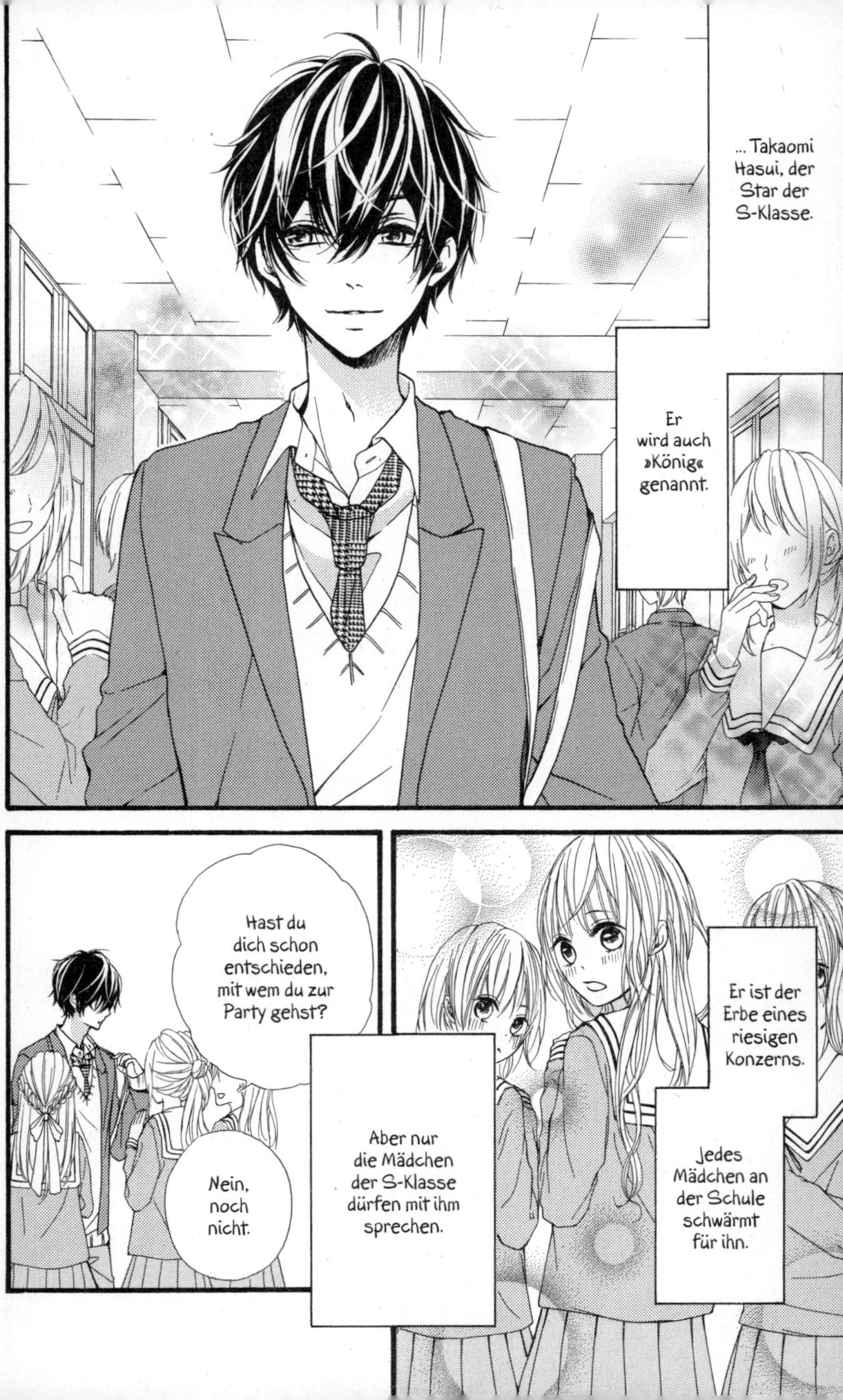

... Takaomi Hasui, der Star der S-Klasse.
Er wird auch »König« genannt.
Er ist der Erbe eines riesigen Konzerns.
Jedes Mädchen an der Schule schwärmt für ihn.
Aber nur die Mädchen der S-Klasse dürfen mit ihm sprechen.
Hast du dich schon entschieden, mit wem du zur Party gehst?
Nein, noch nicht.

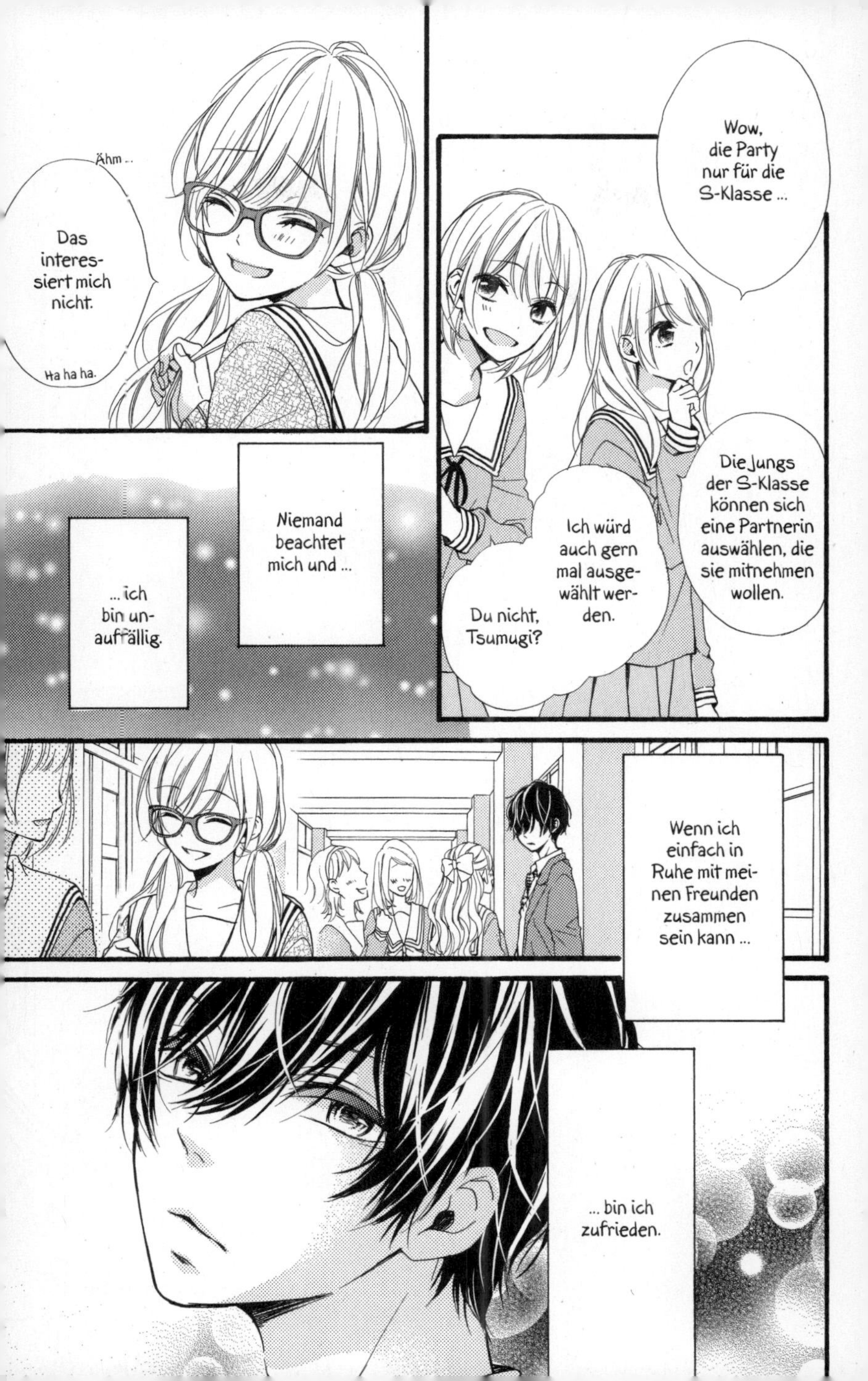
Wow, die Party nur für die S-Klasse ...
Die Jungs der S-Klasse können sich eine Partnerin auswählen, die sie mitnehmen wollen.
Ich würd auch gern mal ausgewählt werden.
Du nicht, Tsumugi?
Ähm ...
Das interessiert mich nicht.
Ha ha ha.
Niemand beachtet mich und ...
... ich bin unauffällig.
Wenn ich einfach in Ruhe mit meinen Freunden zusammen sein kann ...
... bin ich zufrieden.

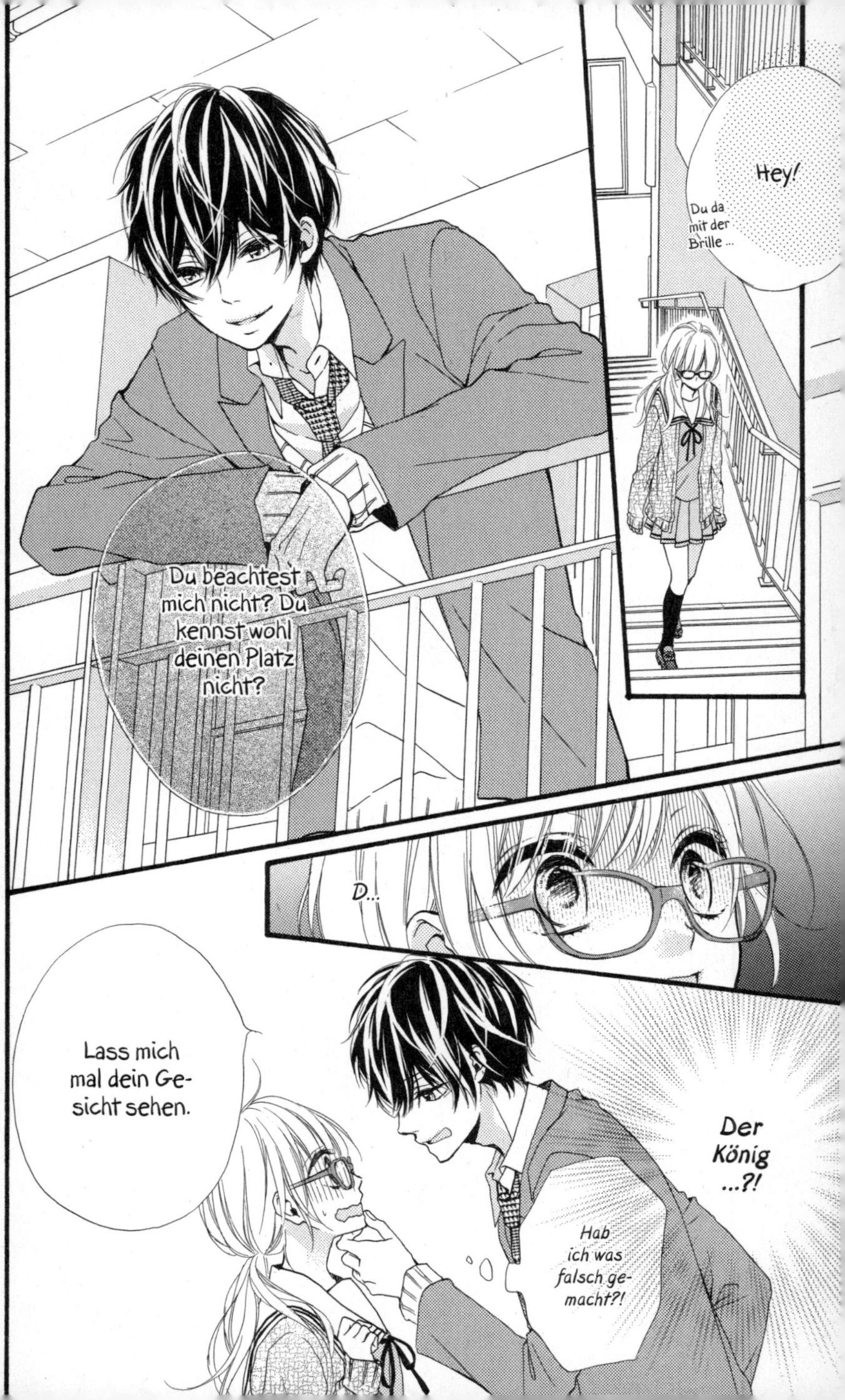
Hey!
Du da mit der Brille ...
Du beachtest mich nicht? Du kennst wohl deinen Platz nicht?
D...
Der König ...?!
Lass mich mal dein Gesicht sehen.
Hab ich was falsch gemacht?!

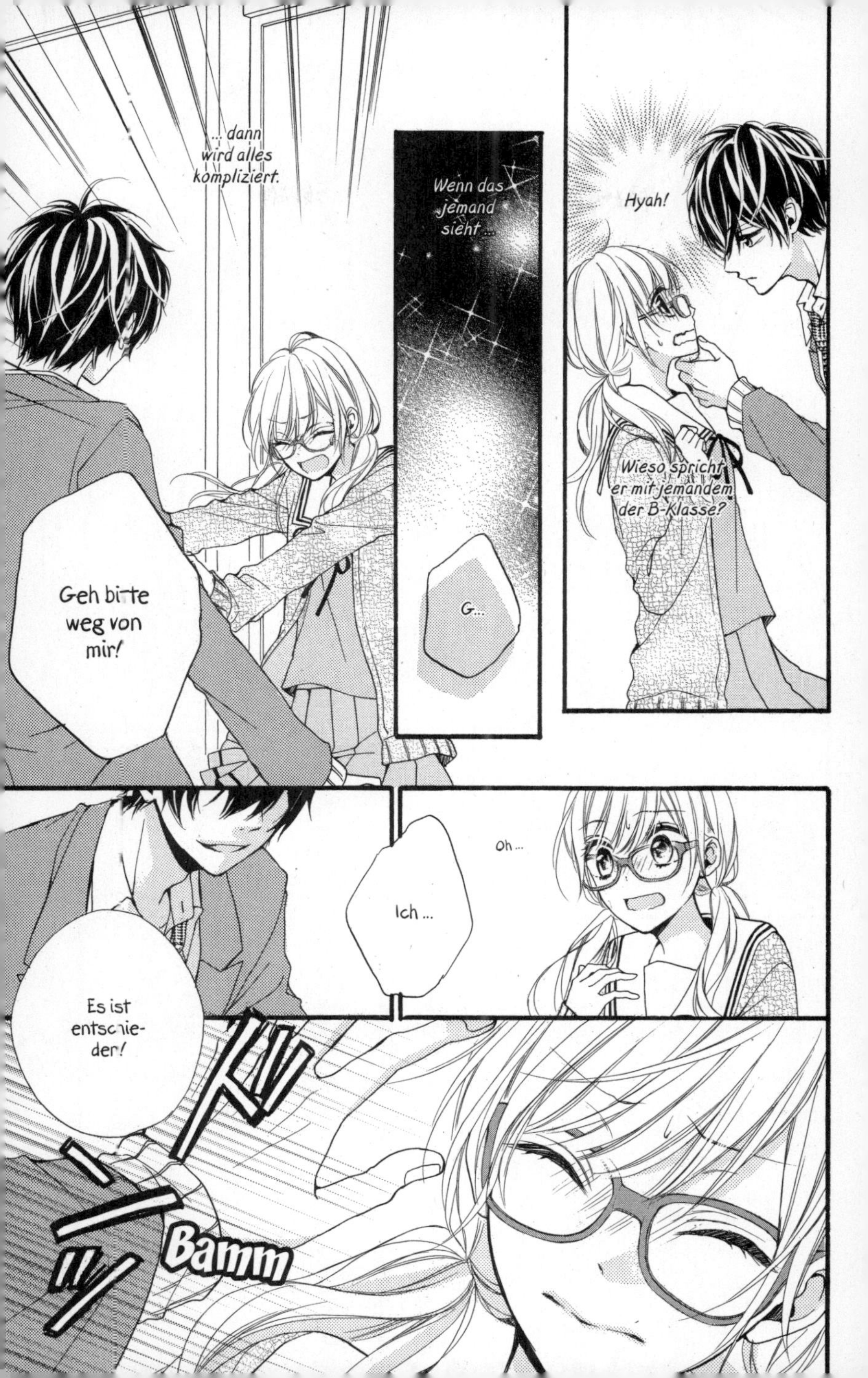
Hyah!
Wieso spricht er mit jemandem der B-Klasse?
Wenn das jemand sieht ...
G...
... dann wird alles kompliziert.
Geh bitte weg von mir!
Oh ...
Ich ...
Es ist entschieden!
Bamm

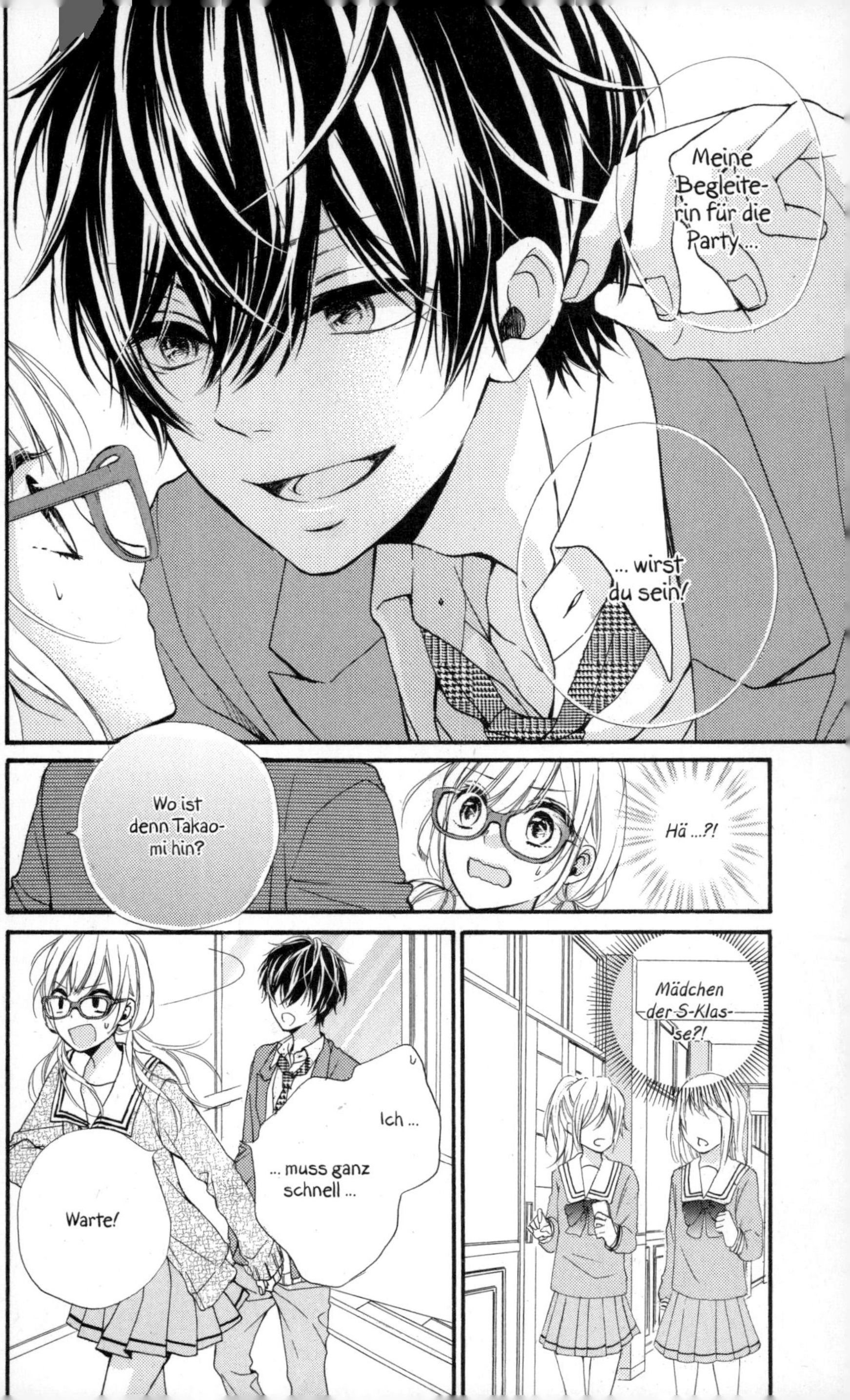
Meine Begleite-rin für die Party …
… wirst du sein!
Hä …?!
Wo ist denn Takao-mi hin?
Mädchen der S-Klas-se?!
Ich …
… muss ganz schnell …
Warte!

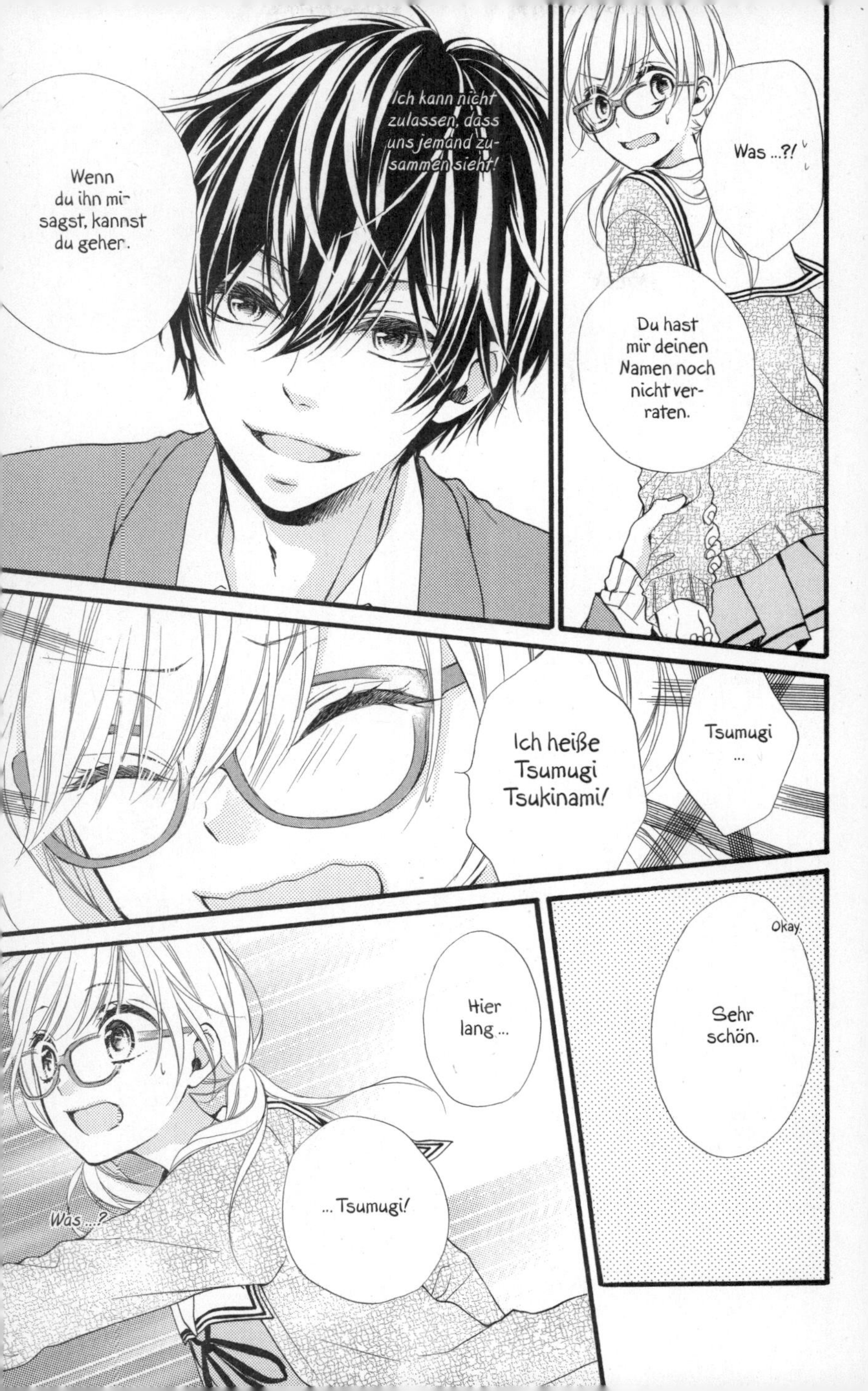
Was ...?!
Du hast mir deinen Namen noch nicht verraten.
Ich kann nicht zulassen, dass uns jemand zusammen sieht!
Wenn du ihn mi- sagst, kannst du geher.
Tsumugi ...
Ich heiße Tsumugi Tsukinami!
Okay.
Sehr schön.
Hier lang ...
... Tsumugi!
Was ...?

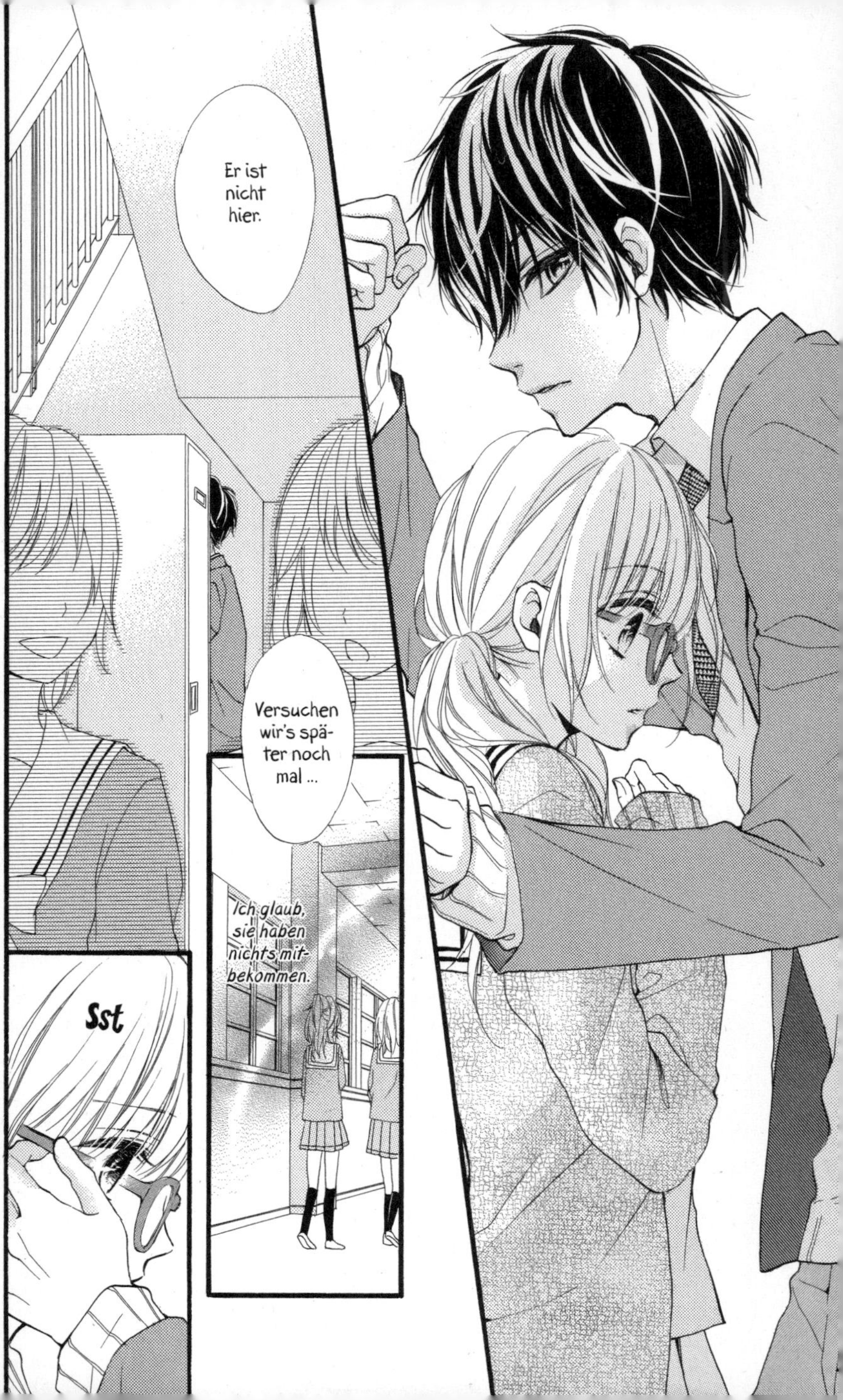
Er ist nicht hier.
Versuchen wir's später noch mal ...
Ich glaub, sie haben nichts mitbekommen.
Sst

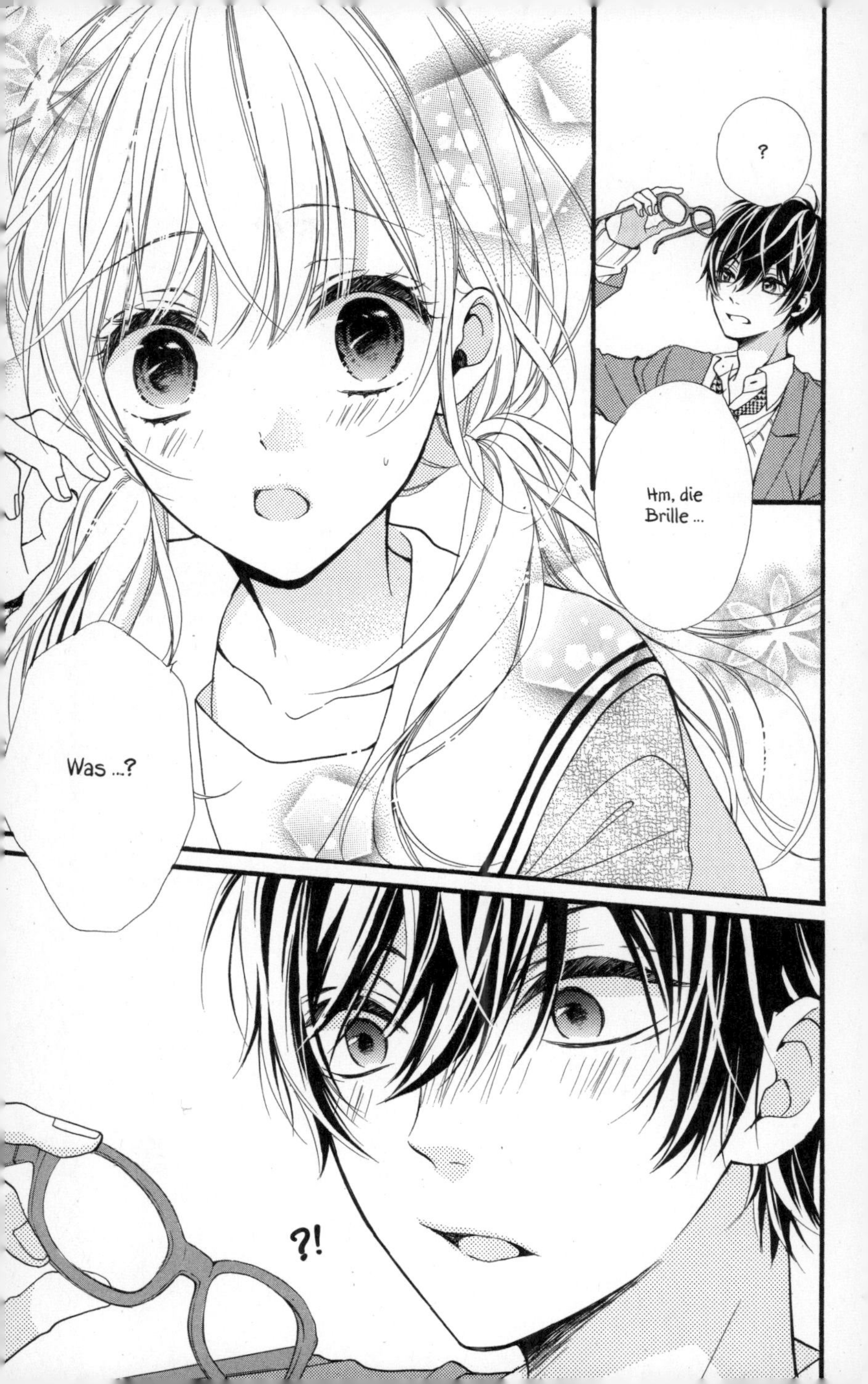
?
Hm, die Brille ...
Was ...?
?!

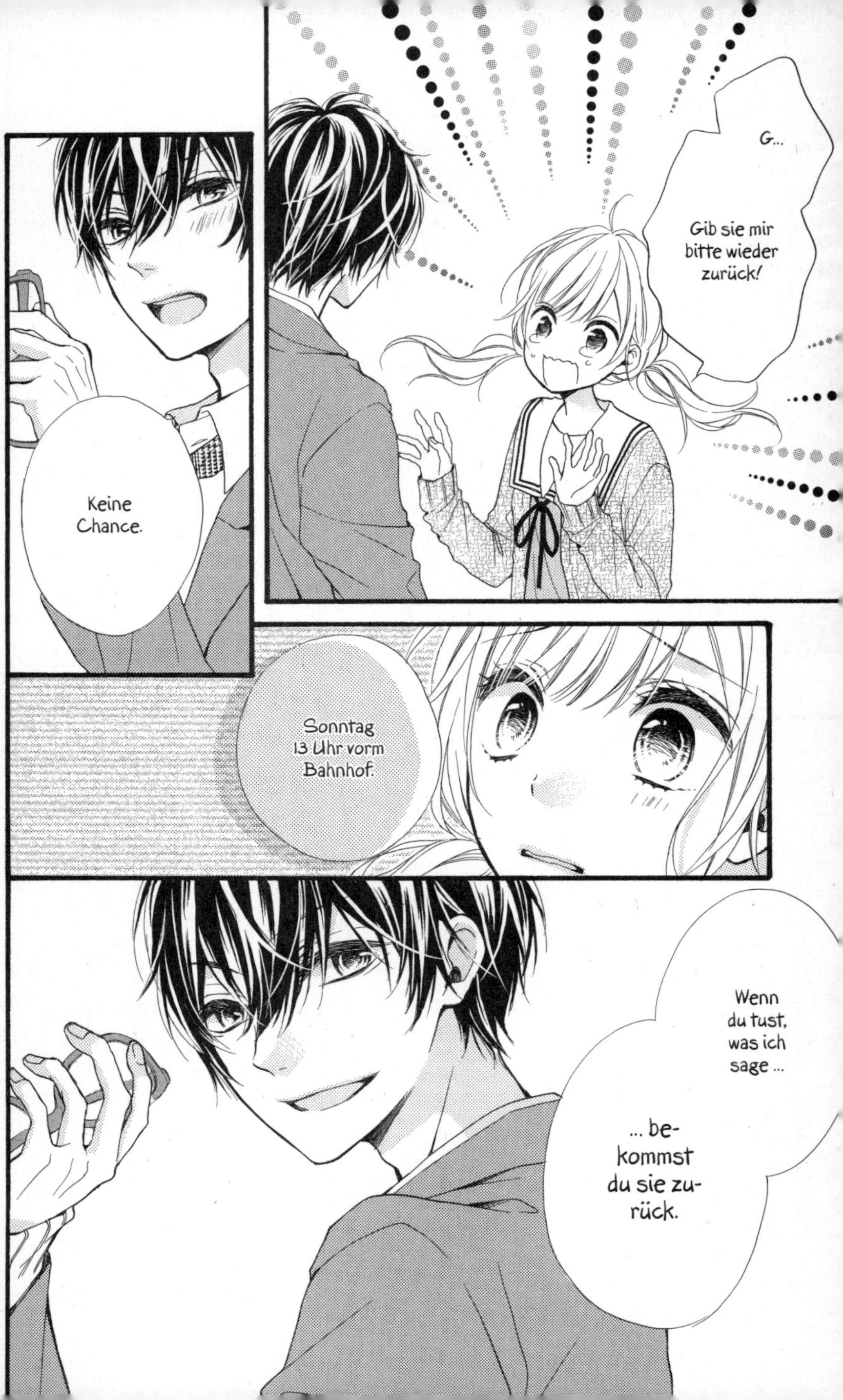
G…
Gib sie mir bitte wieder zurück!
Keine Chance.
Sonntag 13 Uhr vorm Bahnhof.
Wenn du tust, was ich sage …
… bekommst du sie zurück.

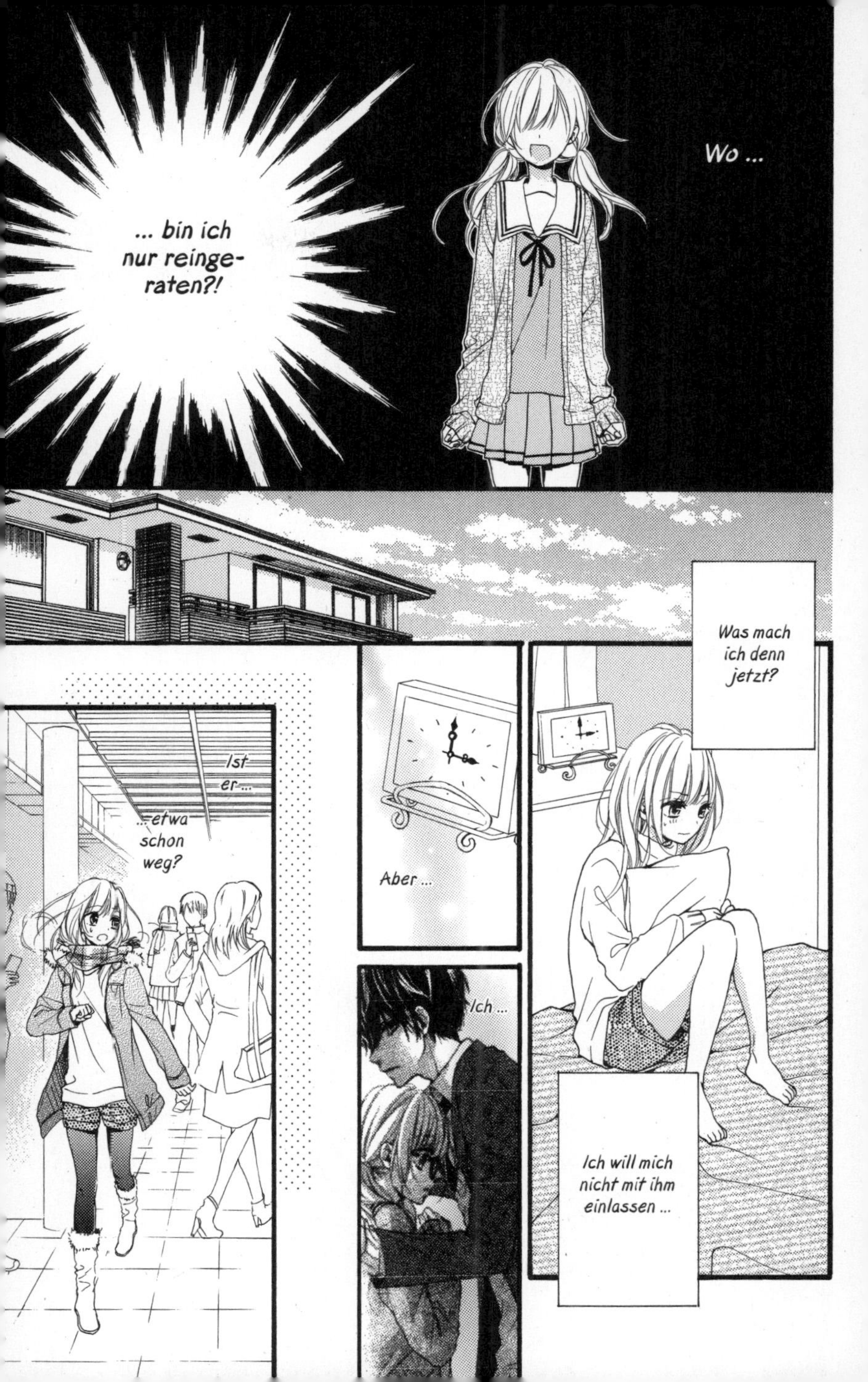
Wo ...
... bin ich nur reinge-raten?!
Was mach ich denn jetzt?
Aber ...
Ich will mich nicht mit ihm einlassen ...
Ich ...
Ist er...
...etwa schon weg?

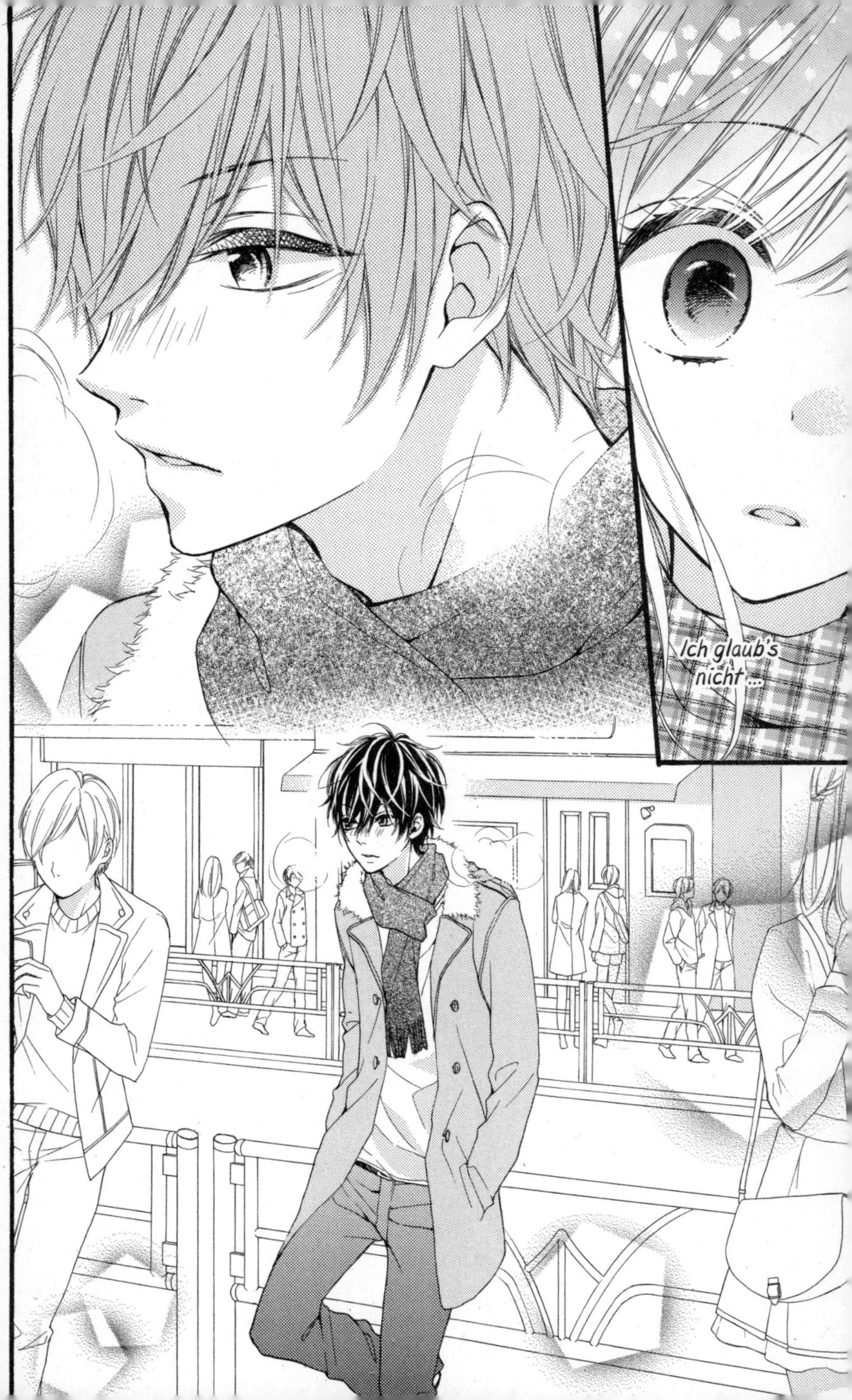
Ich glaub's nicht ...

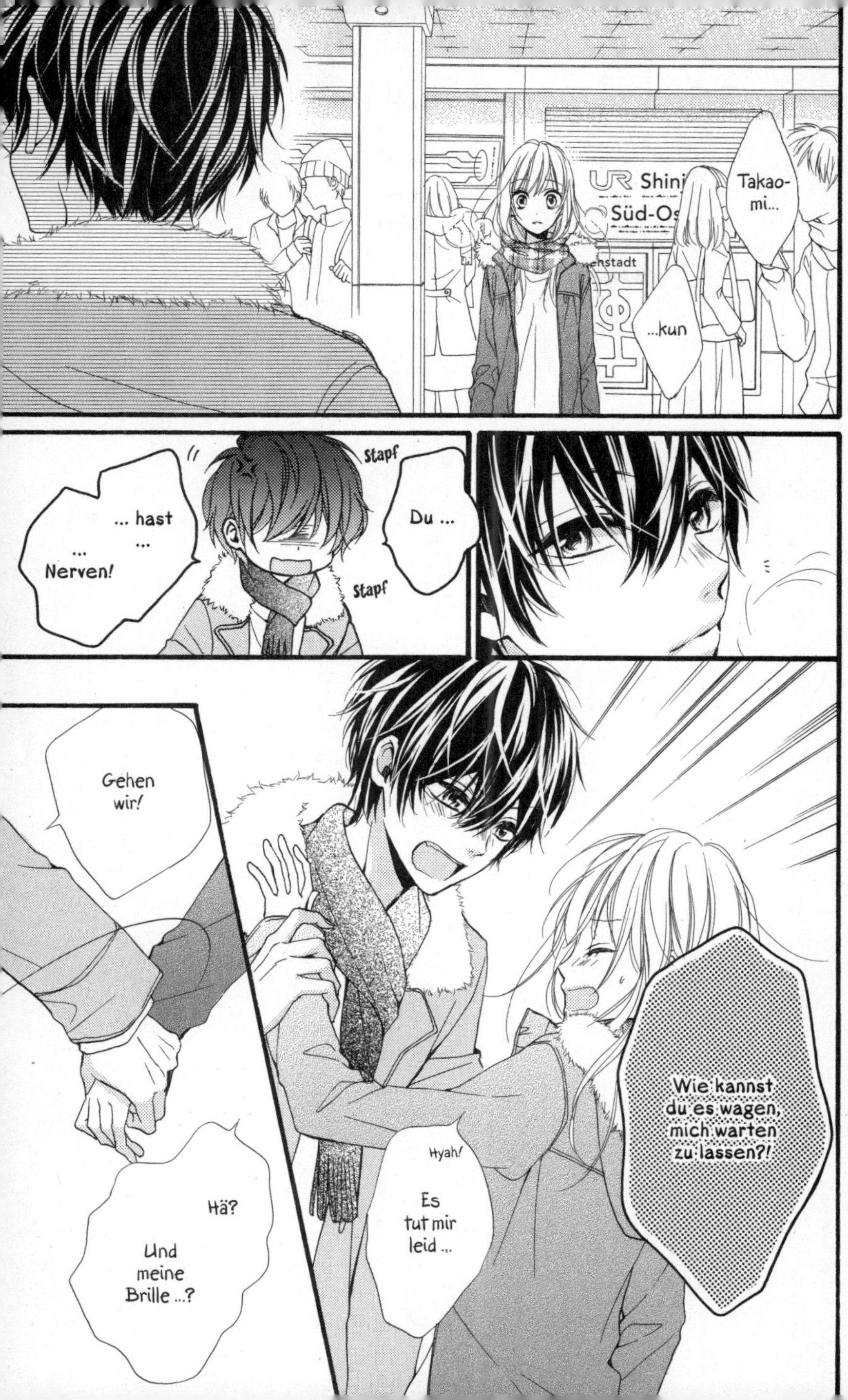
Takao-mi...
...kun
Du ...
Stapf
Stapf
... hast ... ... Nerven!
Wie kannst du es wagen, mich warten zu lassen?!
Hyah!
Es tut mir leid ...
Gehen wir!
Hä?
Und meine Brille ...?

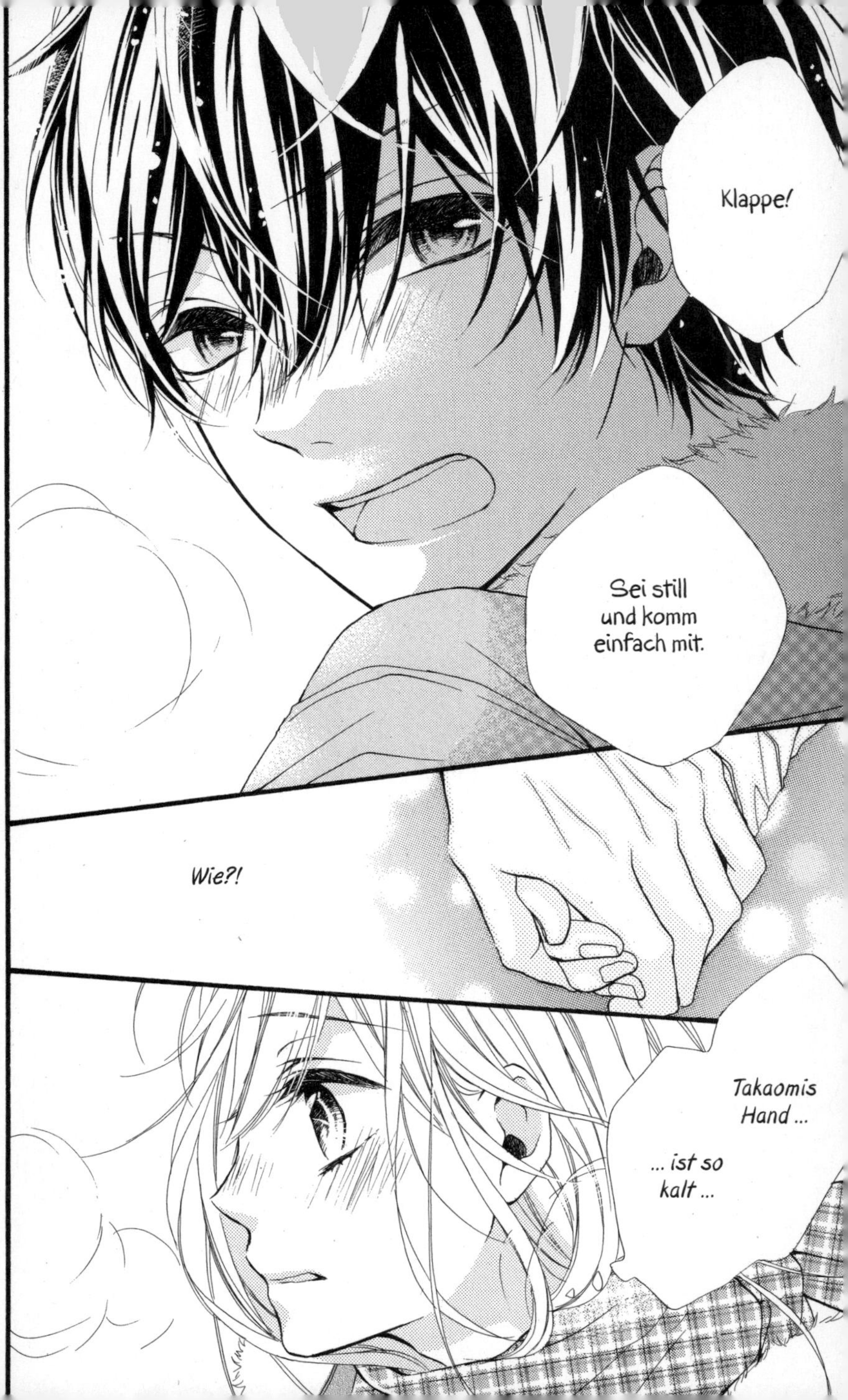
Klappe!
Sei still und komm einfach mit.
Wie?!
Takaomis Hand ...
... ist so kalt ...

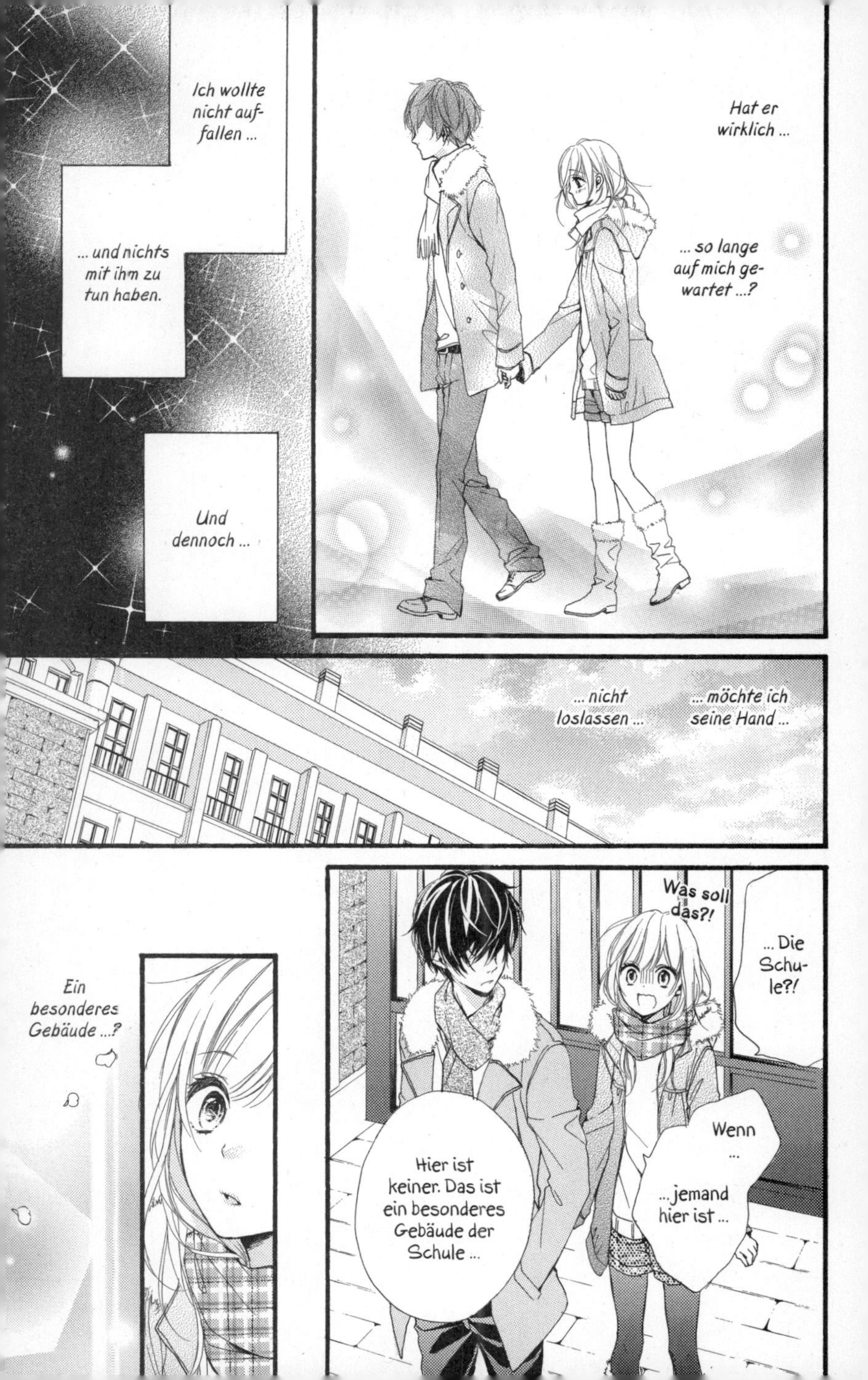
Hat er wirklich ...
... so lange auf mich gewartet ...?
Ich wollte nicht auffallen ...
... und nichts mit ihm zu tun haben.
Und dennoch ...
... möchte ich seine Hand ...
... nicht loslassen ...
... Die Schule?!
Was soll das?!
Wenn ...
...jemand hier ist ...
Hier ist keiner. Das ist ein besonderes Gebäude der Schule ...
Ein besonderes Gebäude ...?

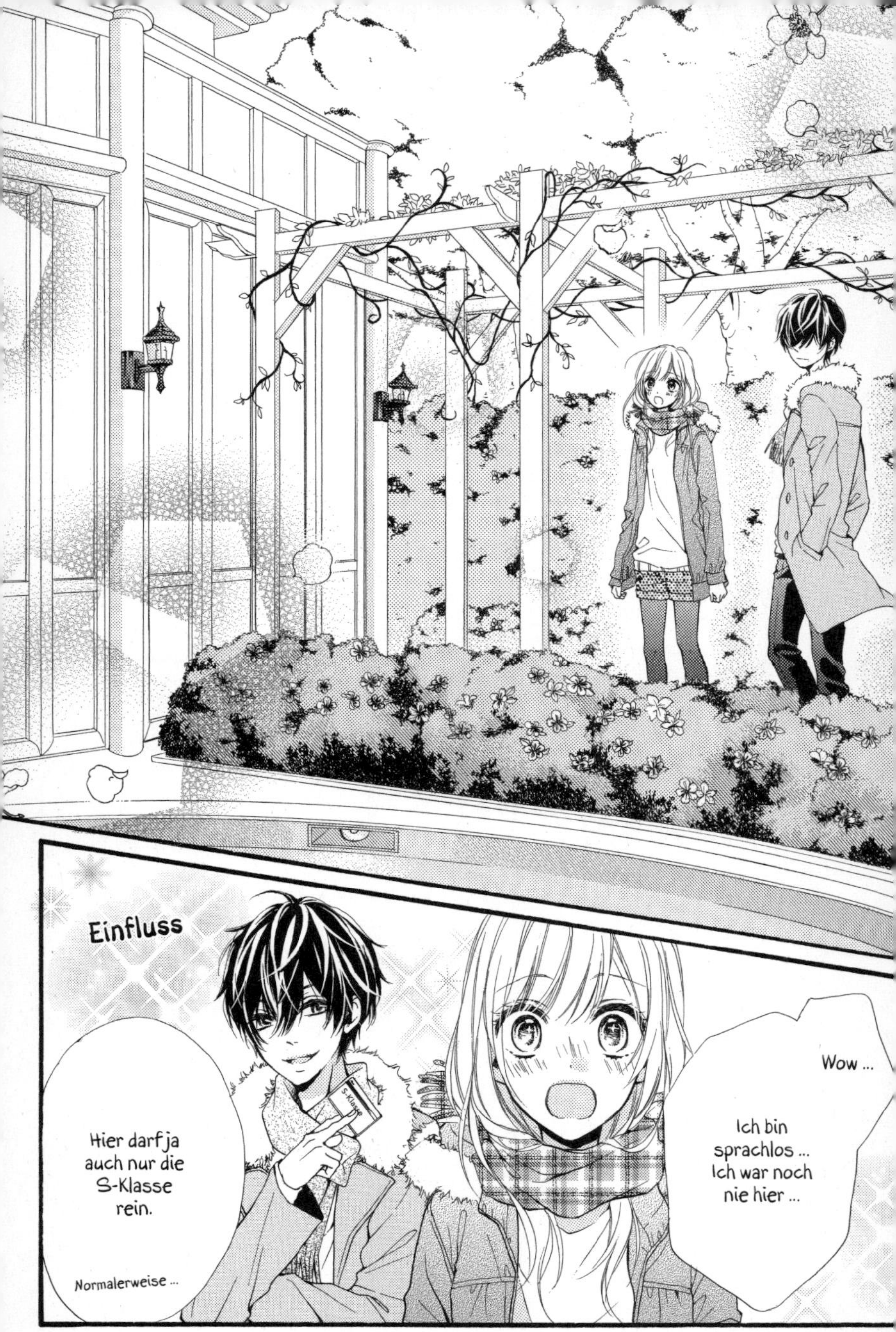
Wow ...
Ich bin sprachlos ... Ich war noch nie hier ...
Einfluss
Hier darf ja auch nur die S-Klasse rein.
Normalerweise ...

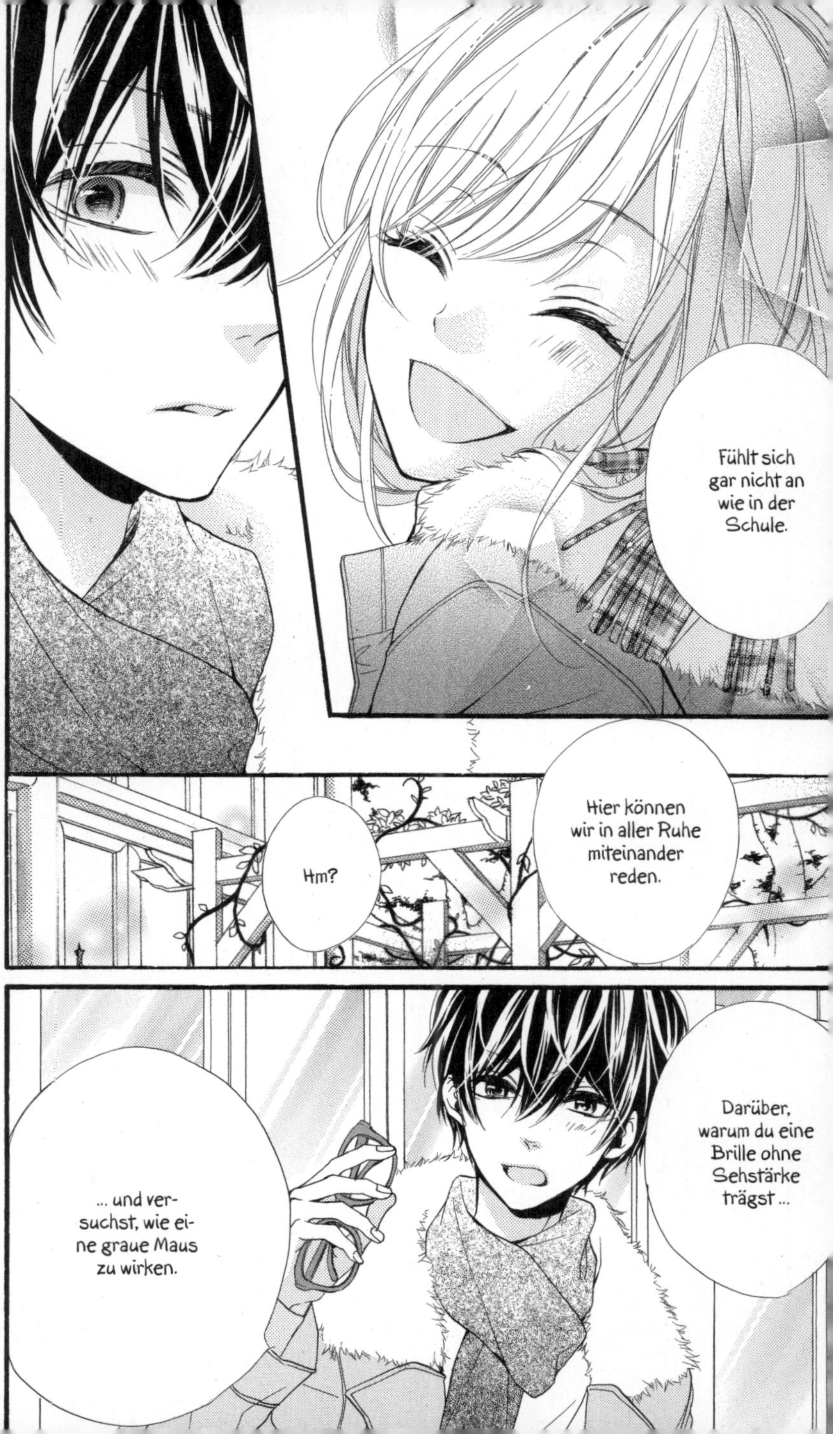
Fühlt sich gar nicht an wie in der Schule.
Hier können wir in aller Ruhe miteinander reden.
Hm?
Darüber, warum du eine Brille ohne Sehstärke trägst …
… und versuchst, wie eine graue Maus zu wirken.

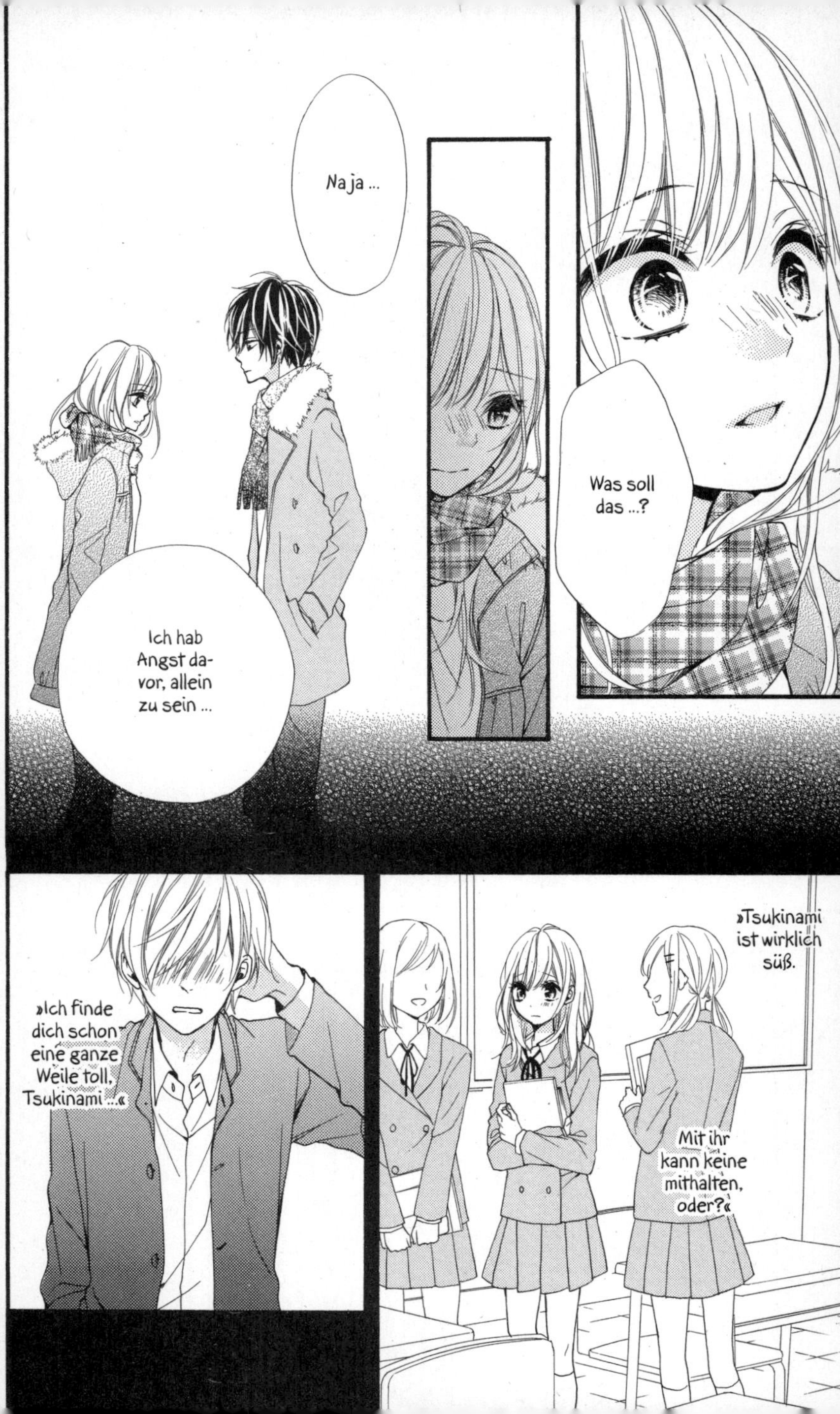
Was soll das ...?
Na ja ...
Ich hab Angst davor, allein zu sein ...
»Tsukinami ist wirklich süß.
Mit ihr kann keine mithalten, oder?«
»Ich finde dich schon eine ganze Weile toll, Tsukinami ...«

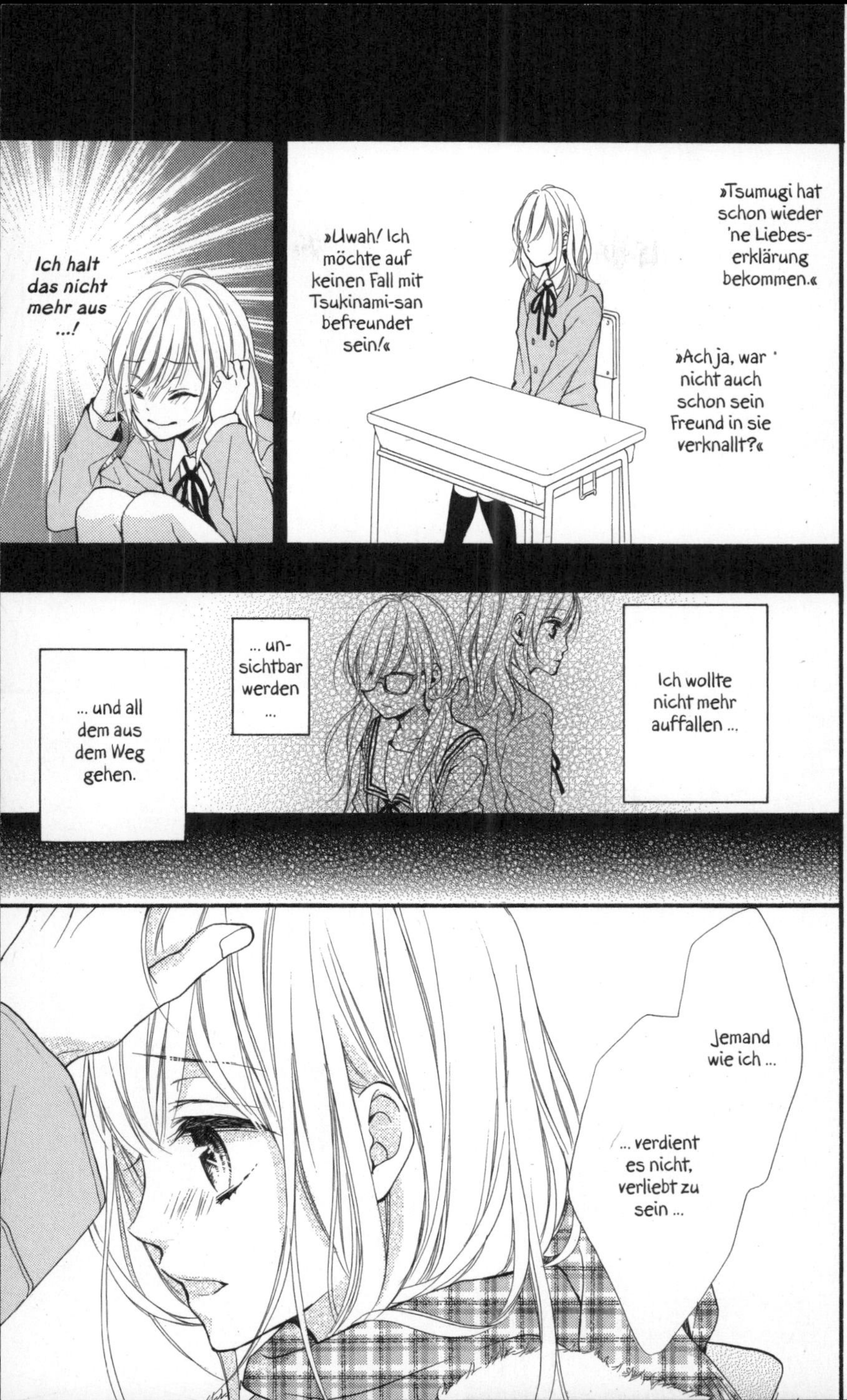
»Tsumugi hat schon wieder 'ne Liebeserklärung bekommen.«
»Ach ja, war nicht auch schon sein Freund in sie verknallt?«
»Uwah! Ich möchte auf keinen Fall mit Tsukinami-san befreundet sein!«
Ich halt das nicht mehr aus ...!
Ich wollte nicht mehr auffallen ...
... unsichtbar werden ...
... und all dem aus dem Weg gehen.
Jemand wie ich ...
... verdient es nicht, verliebt zu sein ...

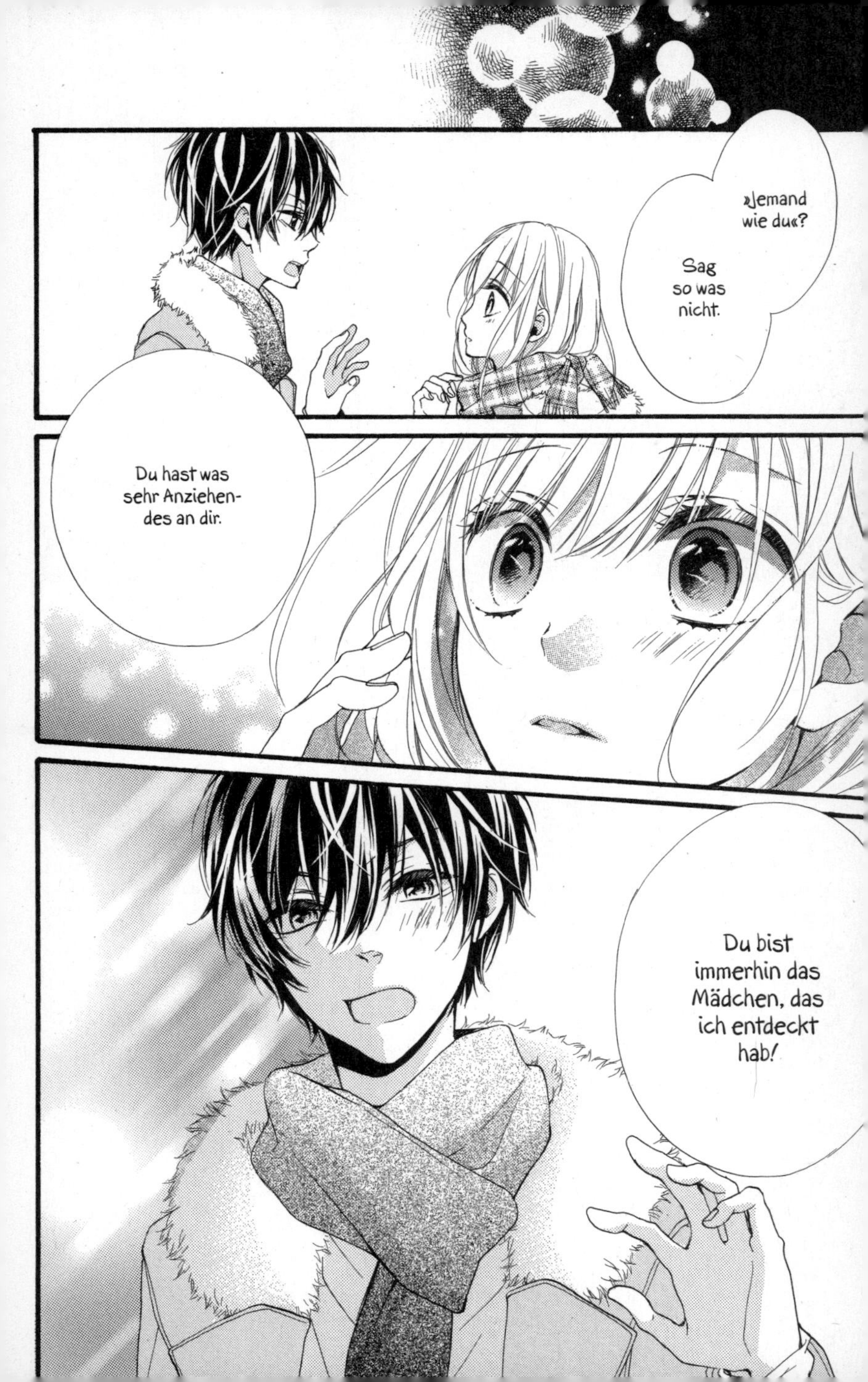
»Jemand wie du«?
Sag so was nicht.
Du hast was sehr Anziehendes an dir.
Du bist immerhin das Mädchen, das ich entdeckt hab!

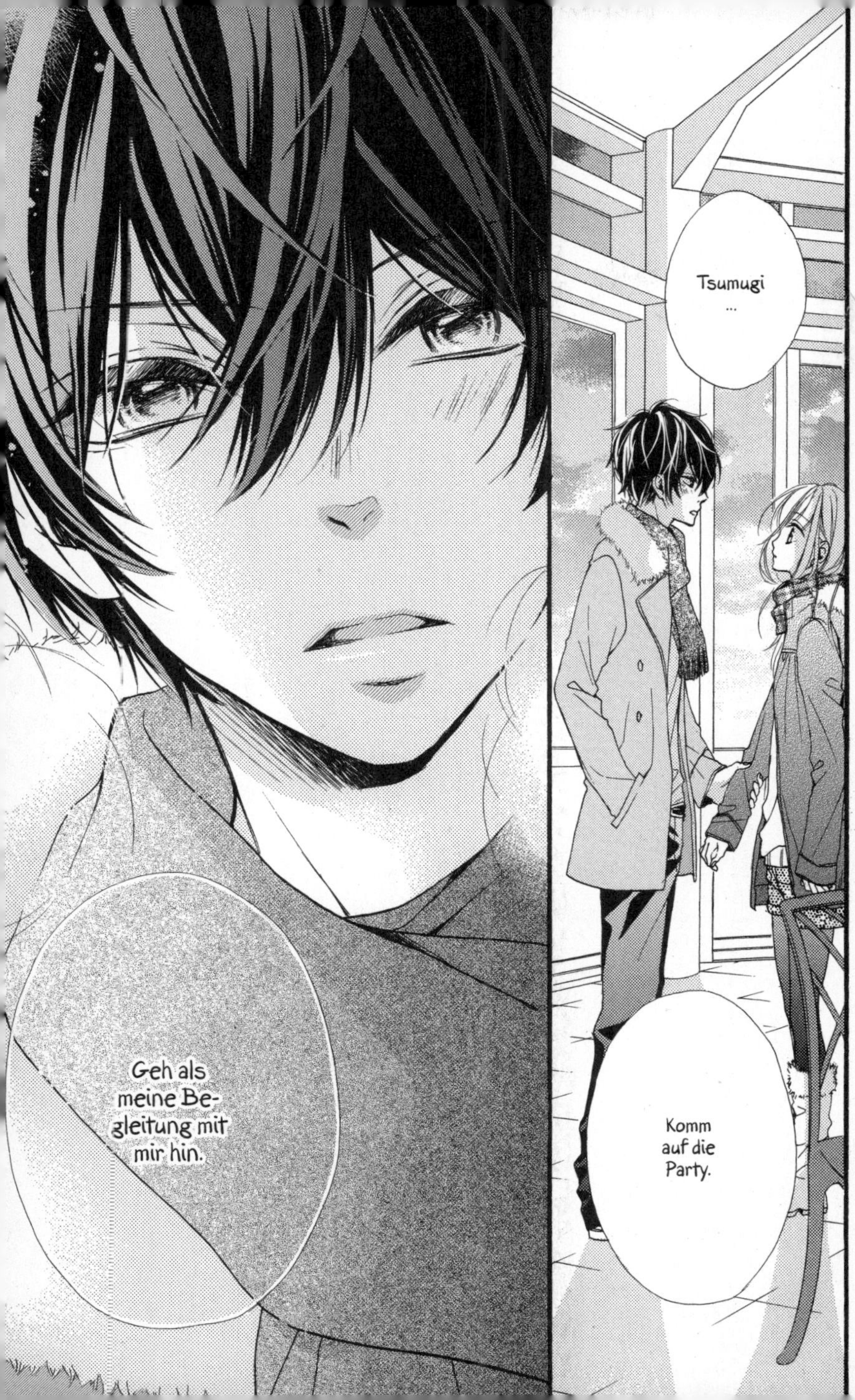
Tsumugi ...
Komm auf die Party.
Geh als meine Begleitung mit mir hin.

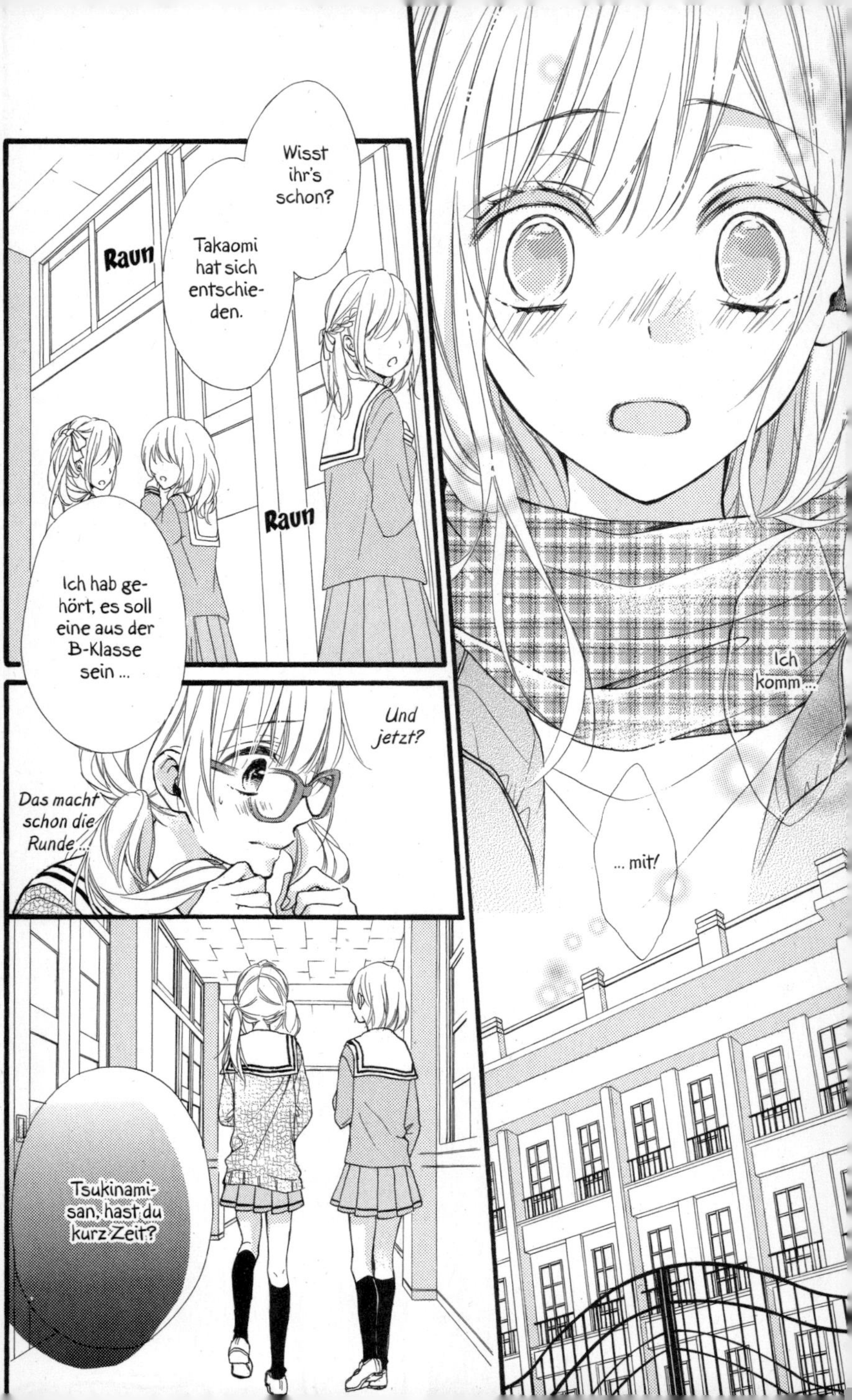

Wisst ihr's schon?
Raun
Takaomi hat sich entschie-den.
Raun
Ich hab ge-hört, es soll eine aus der B-Klasse sein …
Und jetzt?
Das macht schon die Runde …
Tsukinami-san, hast du kurz Zeit?
Ich komm …
… mit!

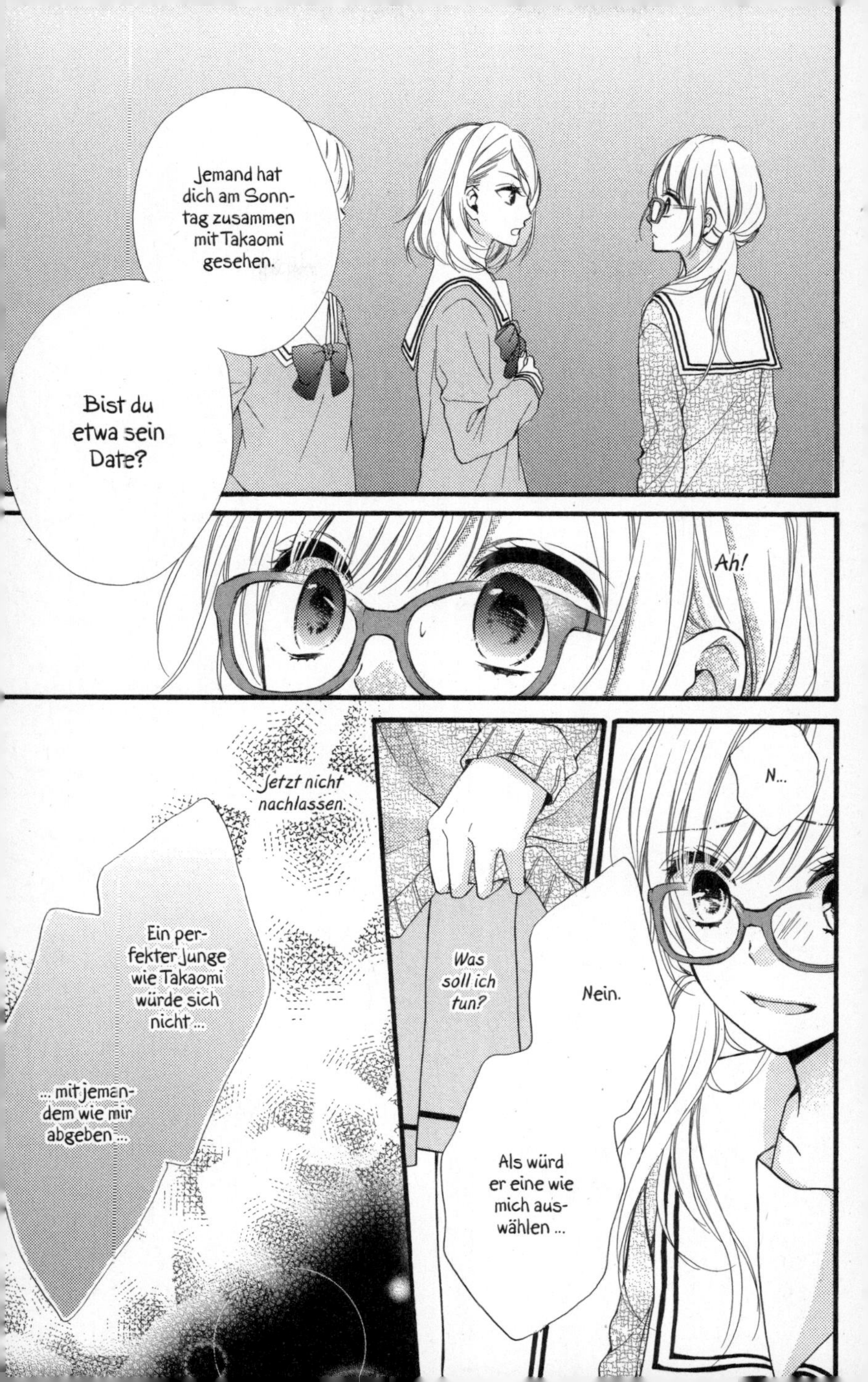

Jemand hat dich am Sonntag zusammen mit Takaomi gesehen.
Bist du etwa sein Date?
Ah!
N...
Jetzt nicht nachlassen.
Nein.
Was soll ich tun?
Ein perfekter Junge wie Takaomi würde sich nicht ...
... mit jemandem wie mir abgeben ...
Als würd er eine wie mich auswählen ...

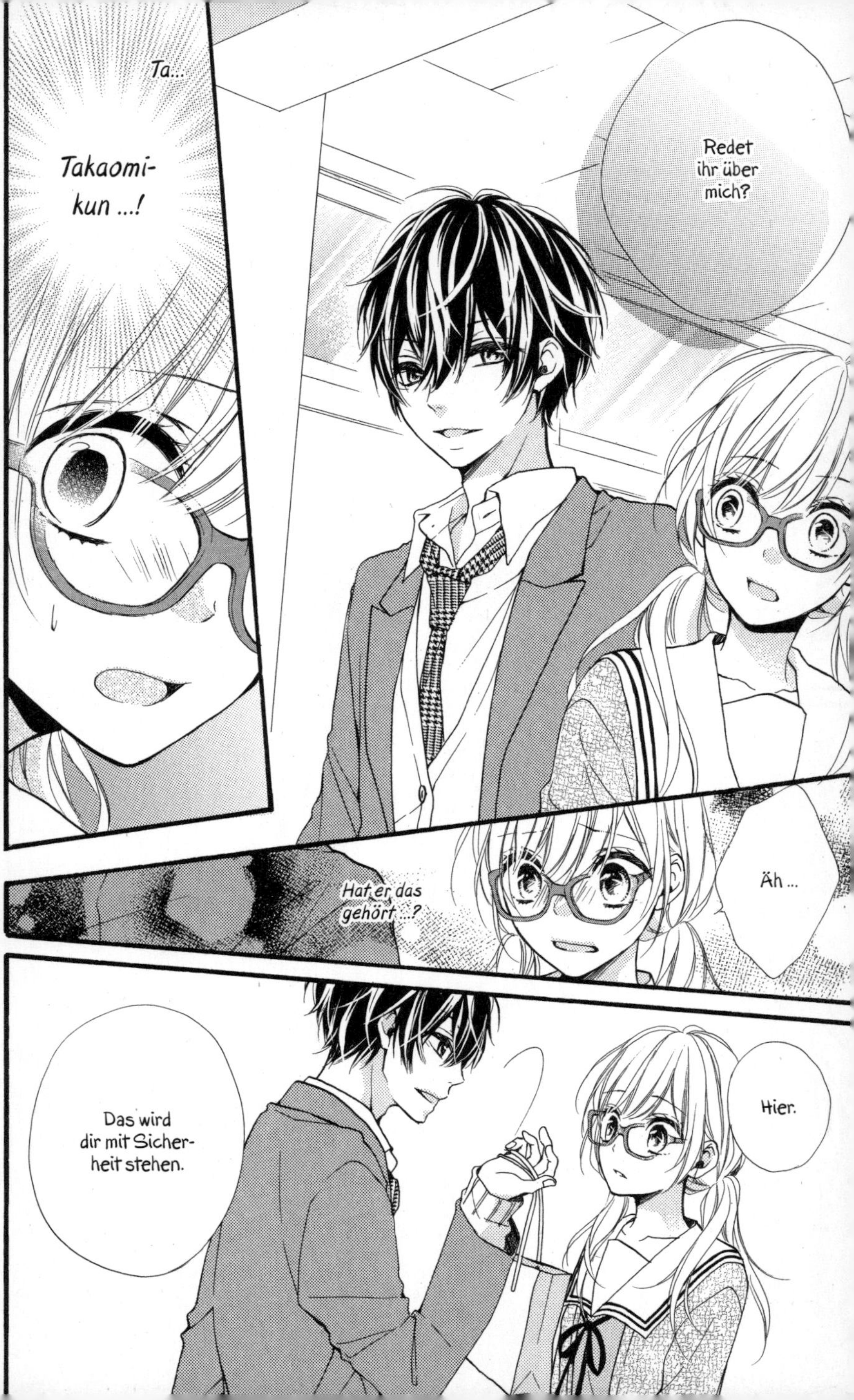
Redet ihr über mich?
Ta...
Takaomi-kun ...!
Äh ...
Hat er das gehört ...?
Hier.
Das wird dir mit Sicherheit stehen.

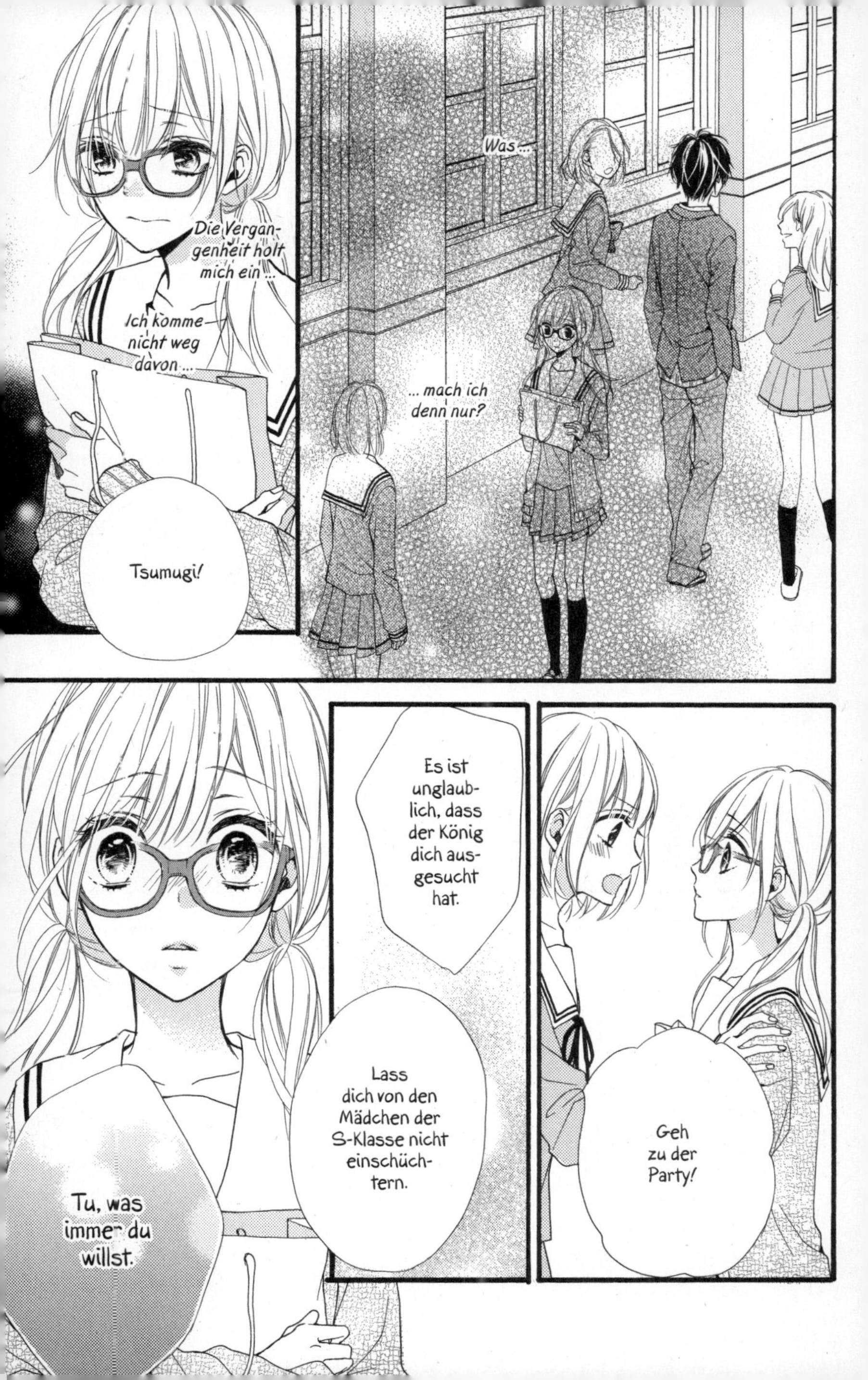

Was ...
... mach ich denn nur?
Die Vergangenheit holt mich ein ...
Ich komme nicht weg davon ...
Tsumugi!
Geh zu der Party!
Es ist unglaublich, dass der König dich ausgesucht hat.
Lass dich von den Mädchen der S-Klasse nicht einschüchtern.
Tu, was immer du willst.

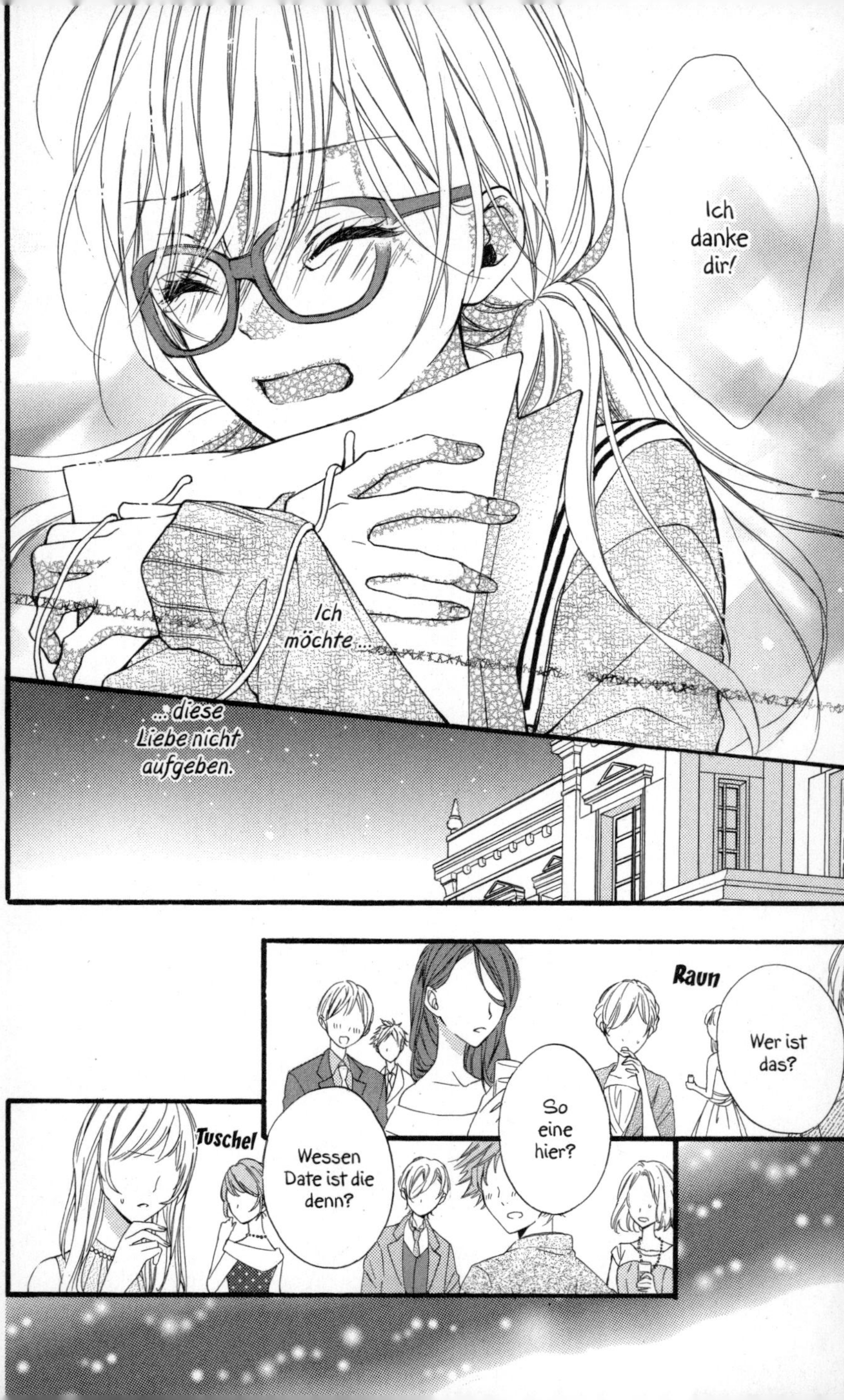
Ich danke dir!
Ich möchte ...
... diese Liebe nicht aufgeben.
Raun
Wer ist das?
So eine hier?
Tuschel
Wessen Date ist die denn?

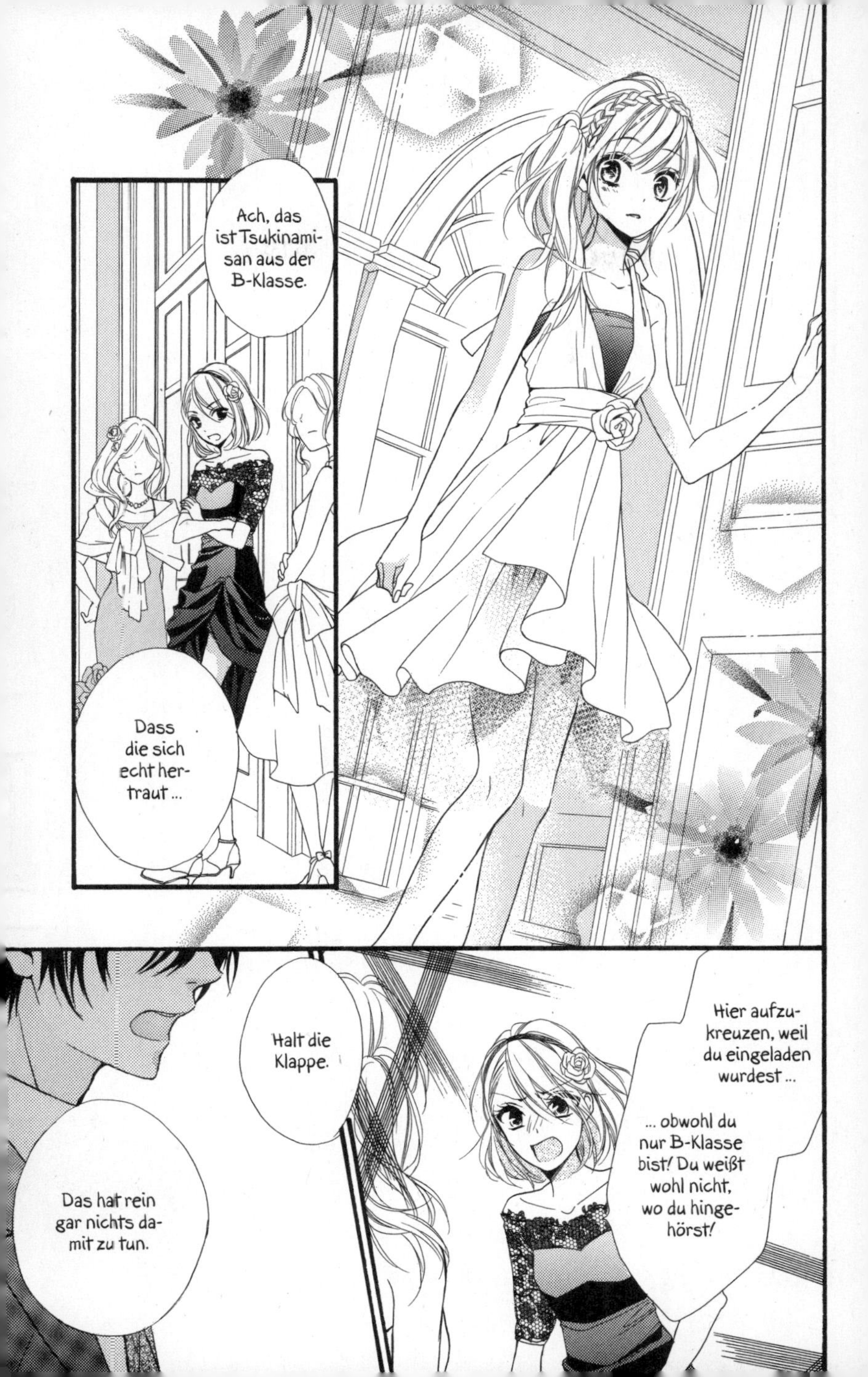

Ach, das ist Tsukinami-san aus der B-Klasse.
Dass die sich echt her-traut ...
Hier aufzu-kreuzen, weil du eingeladen wurdest ...
... obwohl du nur B-Klasse bist! Du weißt wohl nicht, wo du hinge-hörst!
Halt die Klappe.
Das hat rein gar nichts da-mit zu tun.

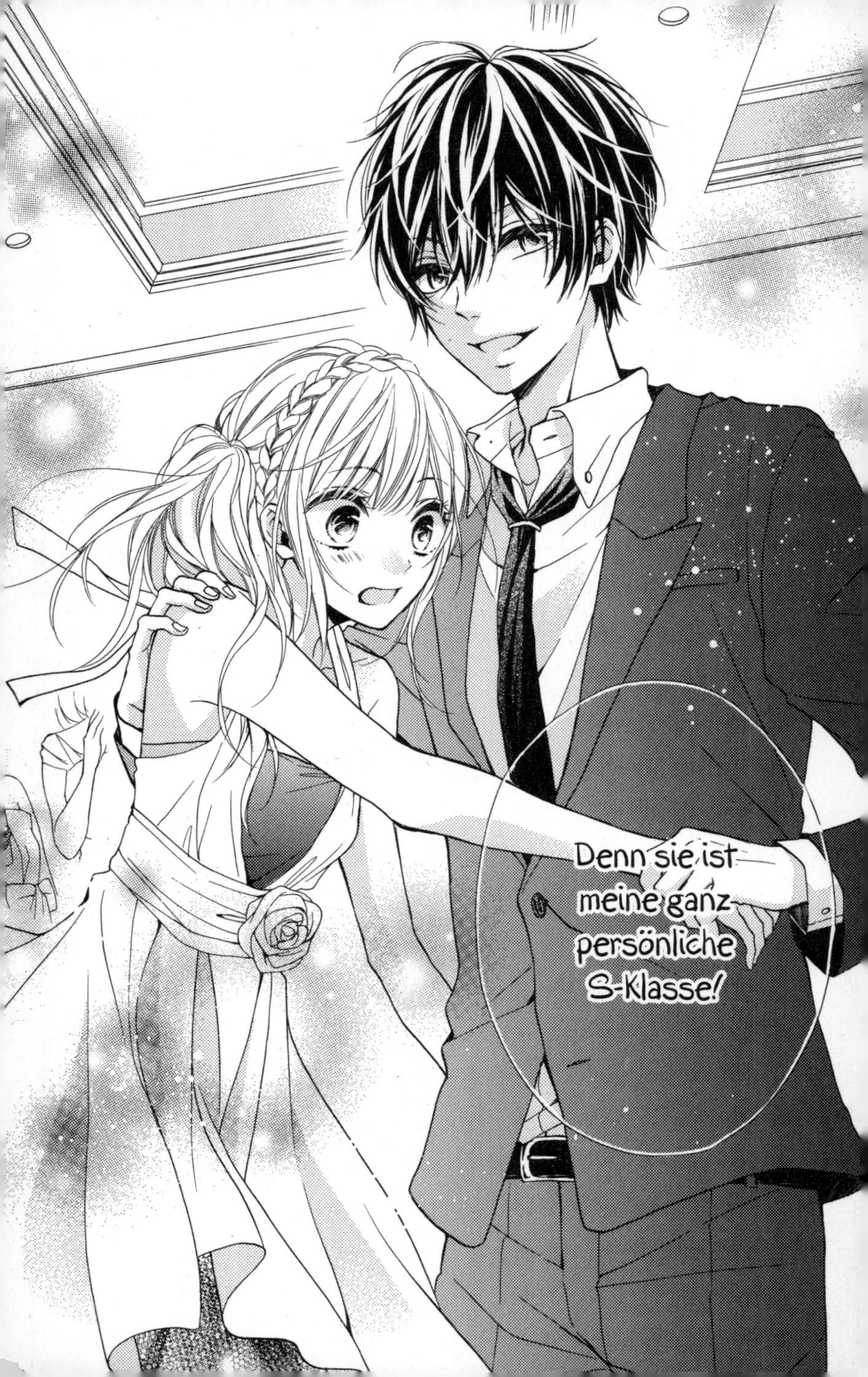
Denn sie ist
meine ganz
persönliche
S-Klasse!

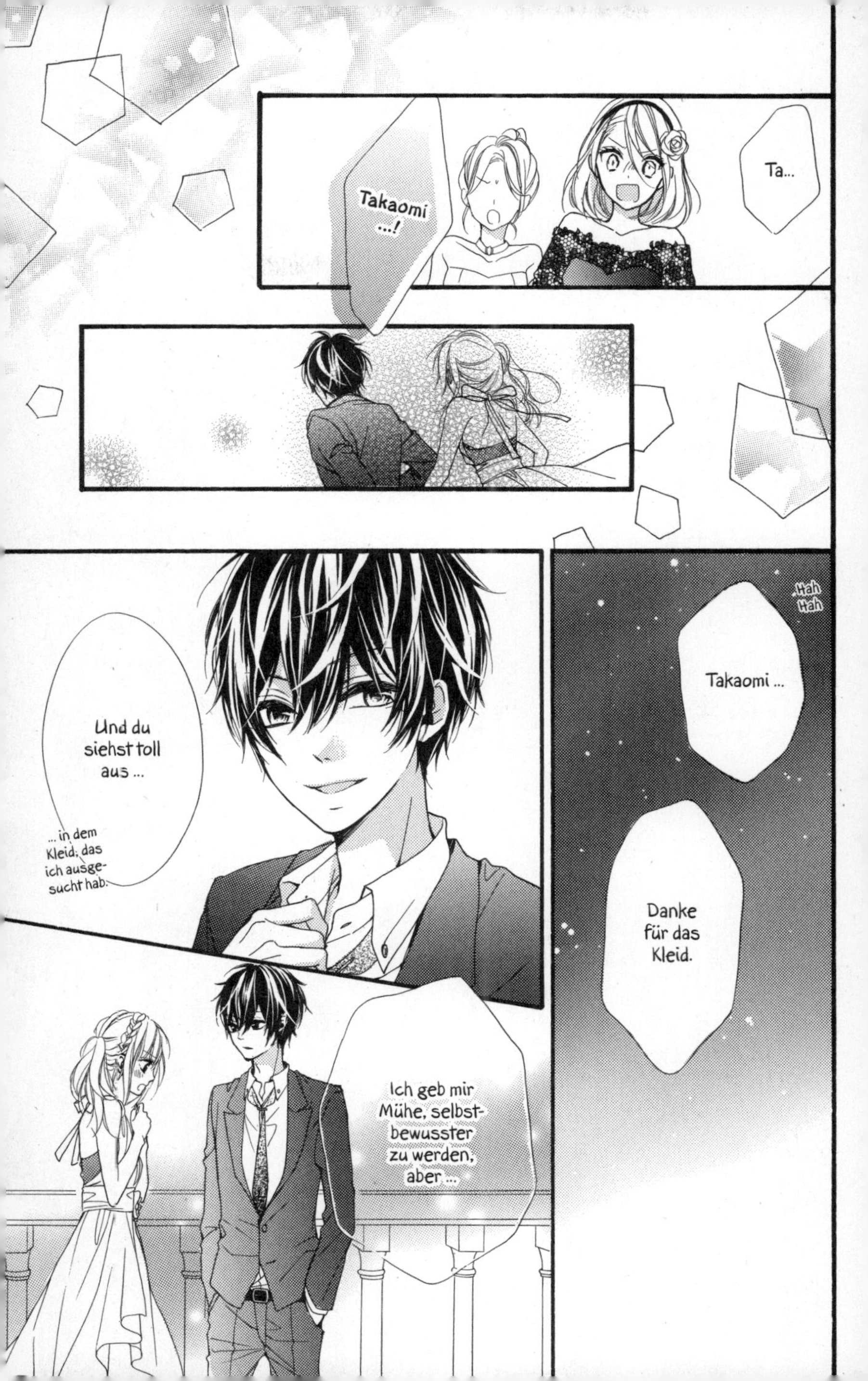
Ta...
Takaomi ...!
Hah Hah
Takaomi ...
Danke für das Kleid.
Und du siehst toll aus ...
... in dem Kleid, das ich ausgesucht hab.
Ich geb mir Mühe, selbstbewusster zu werden, aber ...

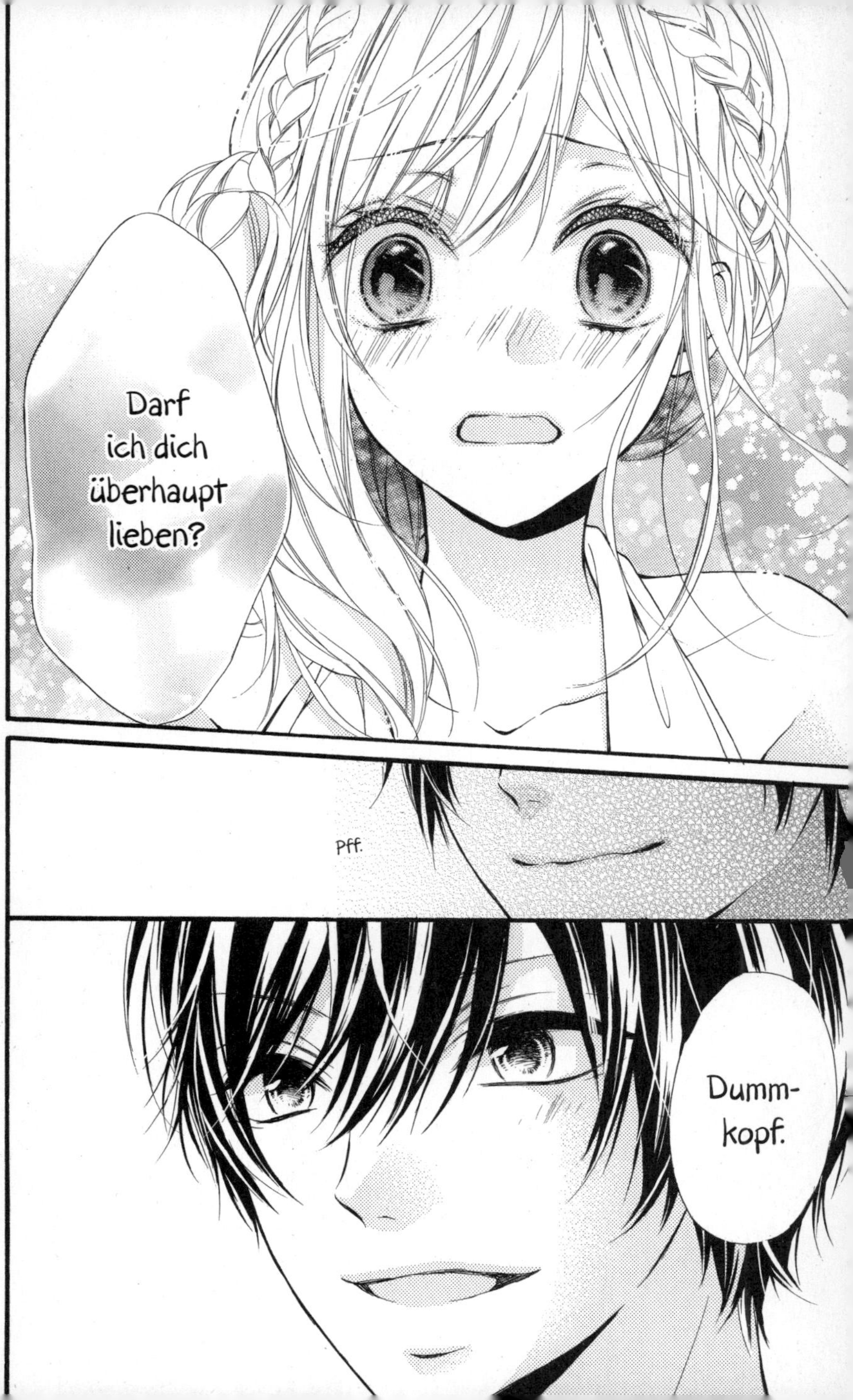
Darf ich dich überhaupt lieben?
Pff.
Dumm-kopf.

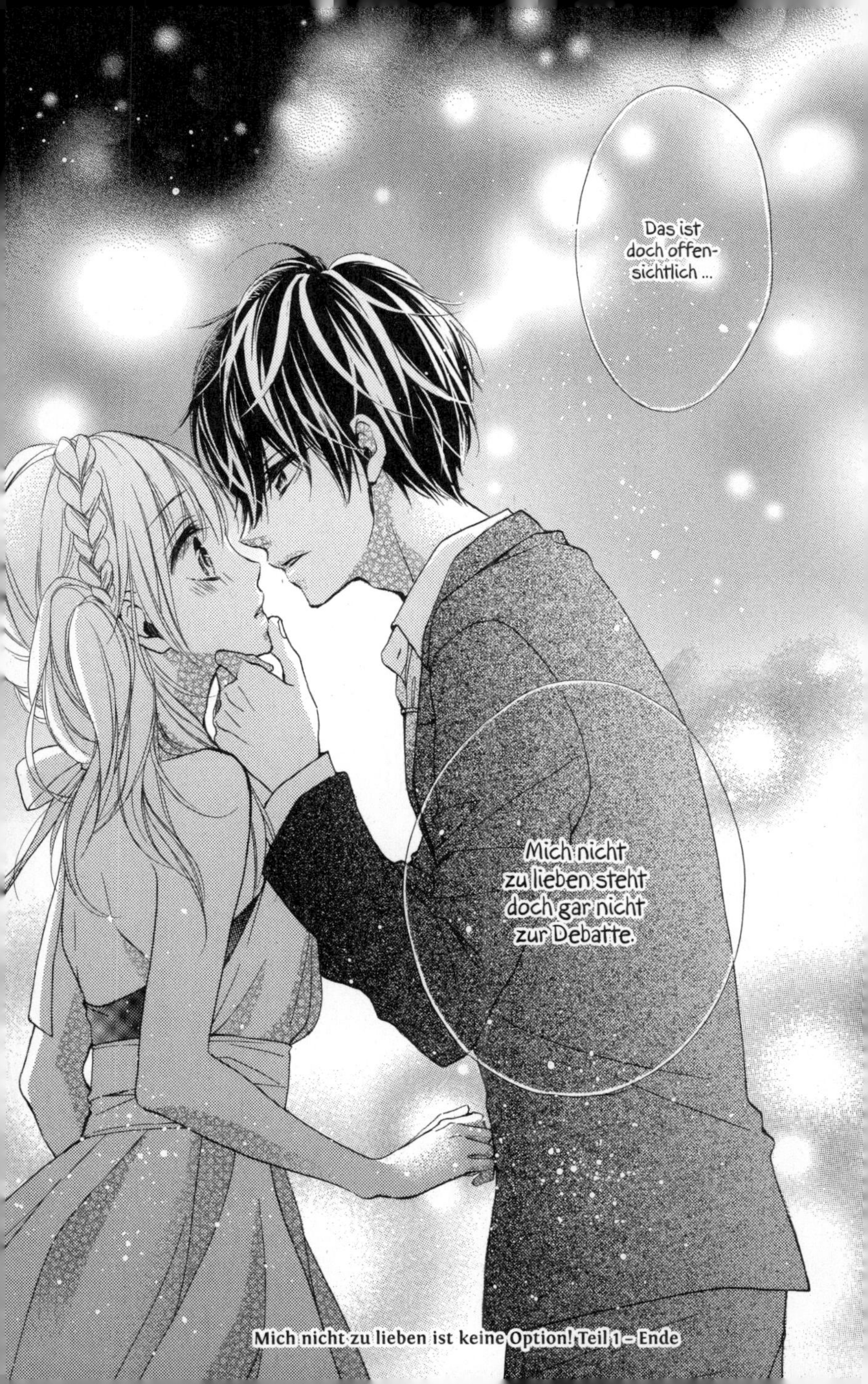


Mich nicht zu lieben ist keine Option! Teil 1 – Ende

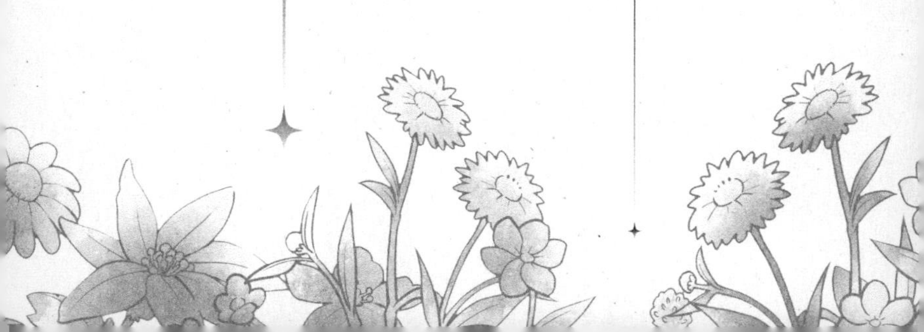

# Mich nicht zu lieben ist keine Option! Teil 2

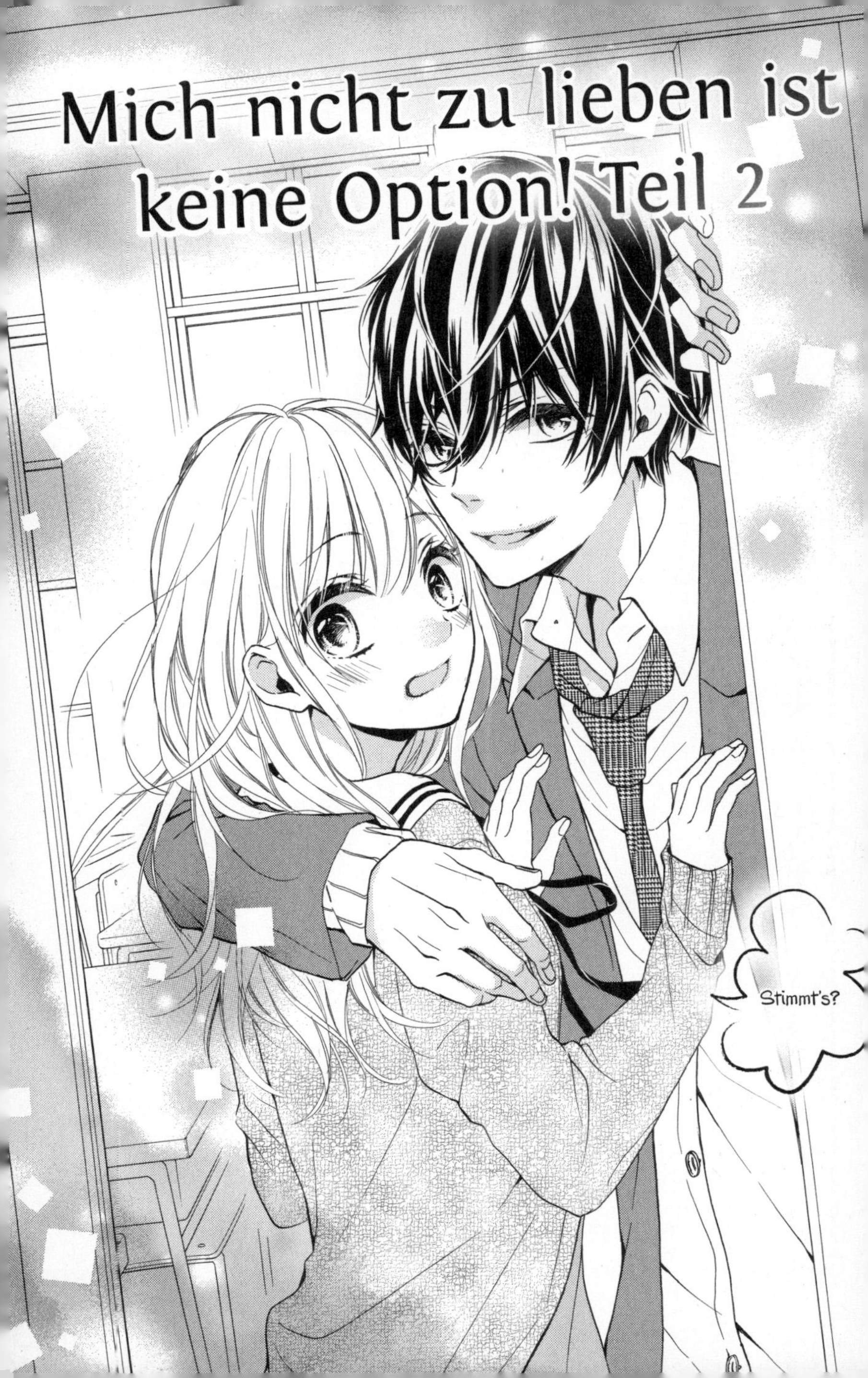

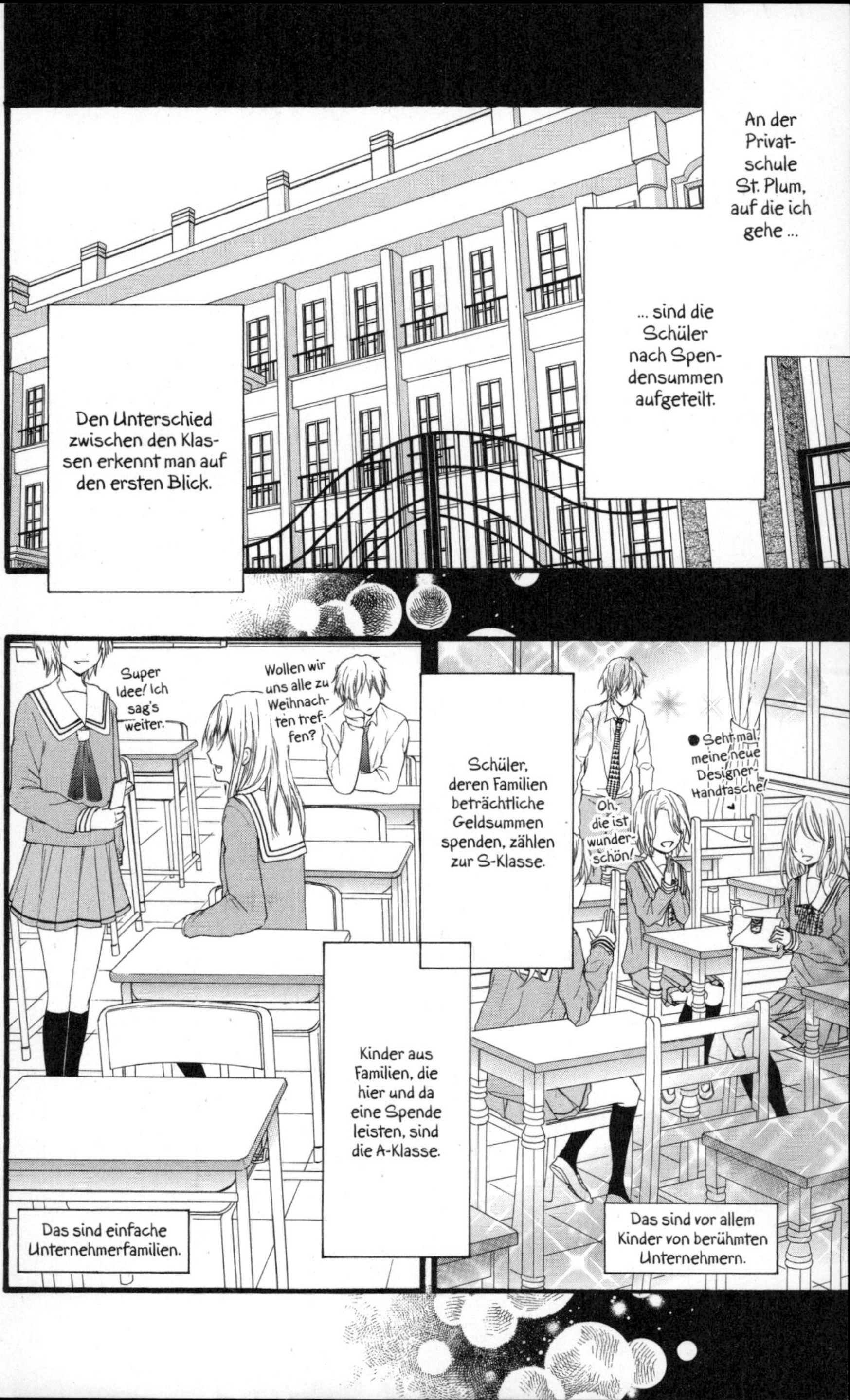

An der Privatschule St. Plum, auf die ich gehe ...
... sind die Schüler nach Spendensummen aufgeteilt.
Den Unterschied zwischen den Klassen erkennt man auf den ersten Blick.
Schüler, deren Familien beträchtliche Geldsummen spenden, zählen zur S-Klasse.
Seht mal, meine neue Designer-Handtasche!
Oh, die ist wunderschön!
Das sind vor allem Kinder von berühmten Unternehmern.
Kinder aus Familien, die hier und da eine Spende leisten, sind die A-Klasse.
Wollen wir uns alle zu Weihnachten treffen?
Super Idee! Ich sag's weiter.
Das sind einfache Unternehmerfamilien.

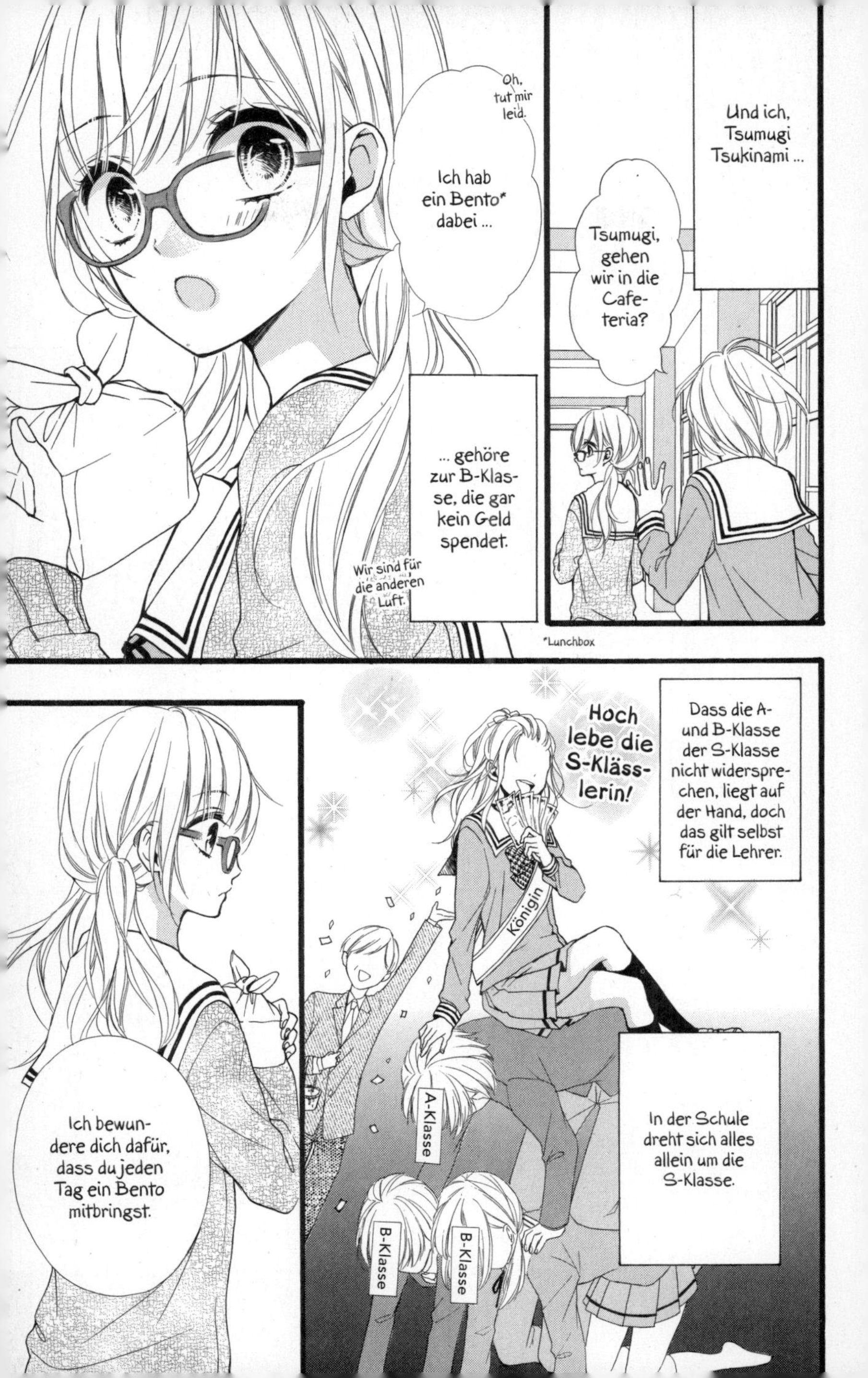
Und ich, Tsumugi Tsukinami ...
Tsumugi, gehen wir in die Cafeteria?
Oh, tut mir leid.
Ich hab ein Bento* dabei ...
... gehöre zur B-Klasse, die gar kein Geld spendet.
Wir sind für die anderen Luft.
Dass die A- und B-Klasse der S-Klasse nicht widersprechen, liegt auf der Hand, doch das gilt selbst für die Lehrer.
Hoch lebe die S-Klässlerin!
Königin
A-Klasse
B-Klasse
B-Klasse
In der Schule dreht sich alles allein um die S-Klasse.
Ich bewundere dich dafür, dass du jeden Tag ein Bento mitbringst.

*Lunchbox

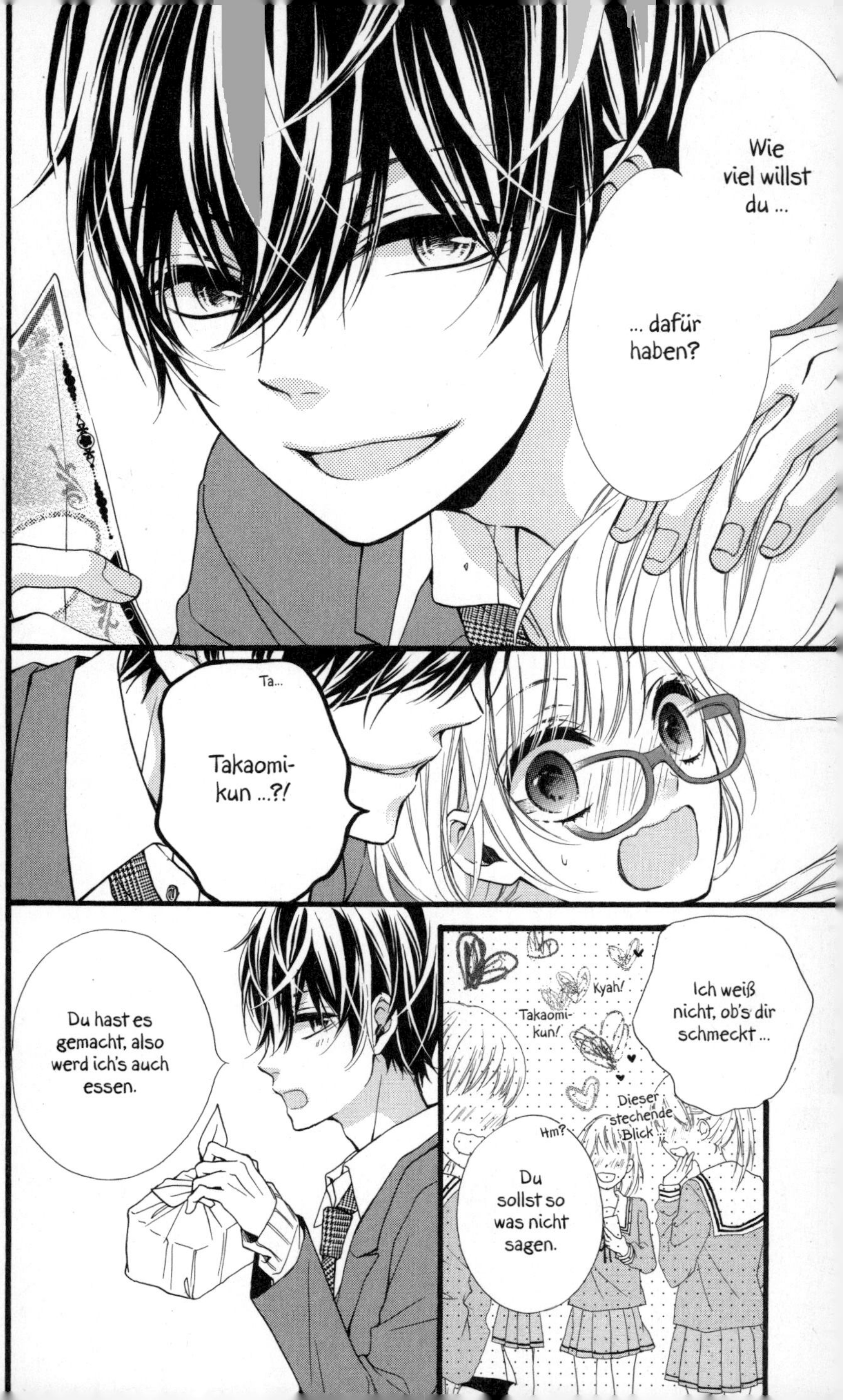
Wie viel willst du ...
... dafür haben?
Ta...
Takaomi-kun ...?!
Ich weiß nicht, ob's dir schmeckt ...
Kyah!
Takaomi-kun!
Dieser stechende Blick ...
Hm?
Du sollst so was nicht sagen.
Du hast es gemacht, also werd ich's auch essen.

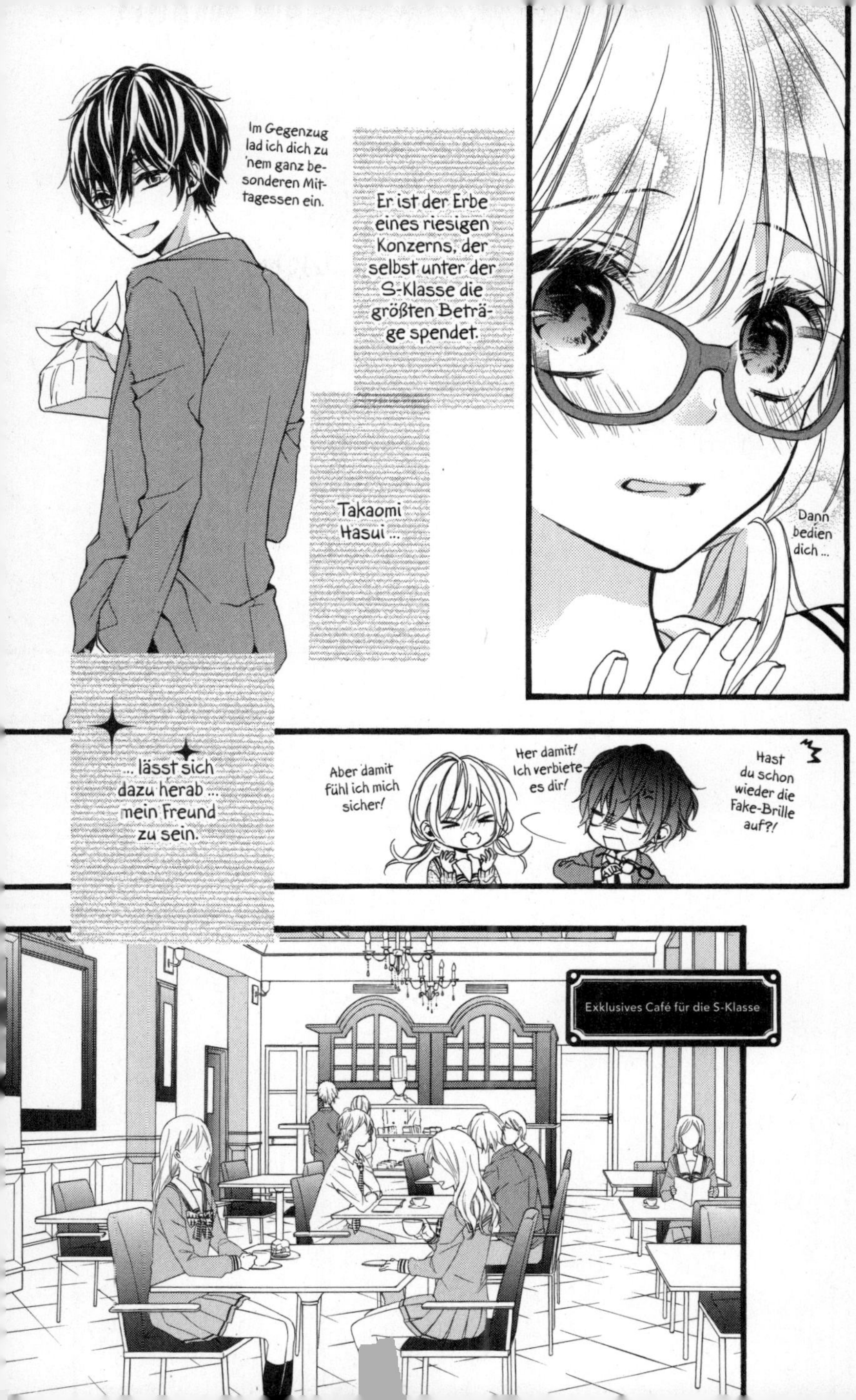
Dann bedien dich ...
Im Gegenzug lad ich dich zu 'nem ganz besonderen Mittagessen ein.
Er ist der Erbe eines riesigen Konzerns, der selbst unter der S-Klasse die größten Beträge spendet.
Takaomi Hasui ...
... lässt sich dazu herab ... mein Freund zu sein.
Hast du schon wieder die Fake-Brille auf?!
Her damit! Ich verbiete es dir!
Aber damit fühl ich mich sicher!
Exklusives Café für die S-Klasse

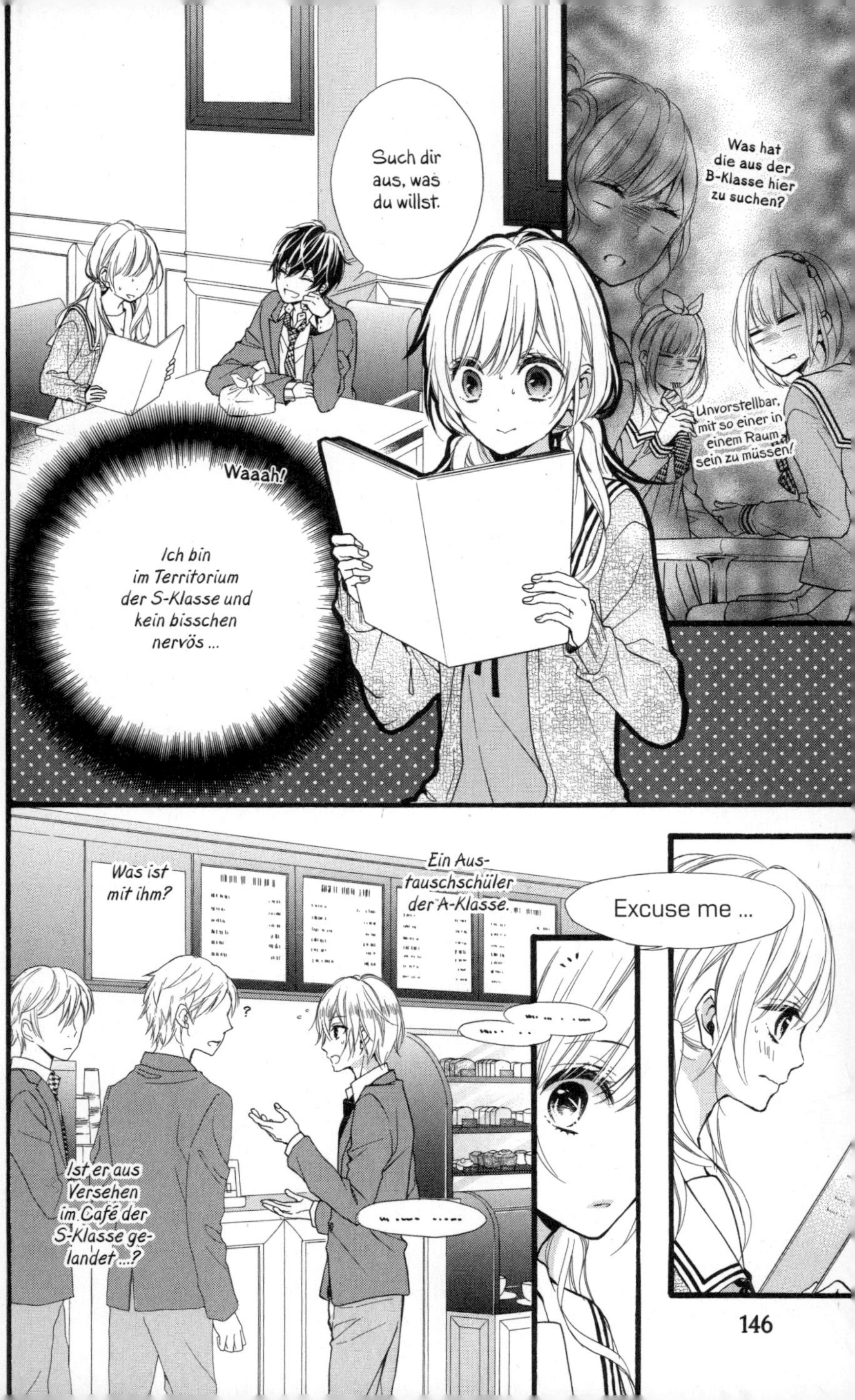
Was hat die aus der B-Klasse hier zu suchen?
Unvorstellbar, mit so einer in einem Raum sein zu müssen!
Such dir aus, was du willst.
Waaah!
Ich bin im Territorium der S-Klasse und kein bisschen nervös ...
Excuse me ...
Ein Austauschschüler der A-Klasse.
Was ist mit ihm?
Ist er aus Versehen im Café der S-Klasse gelandet ...?

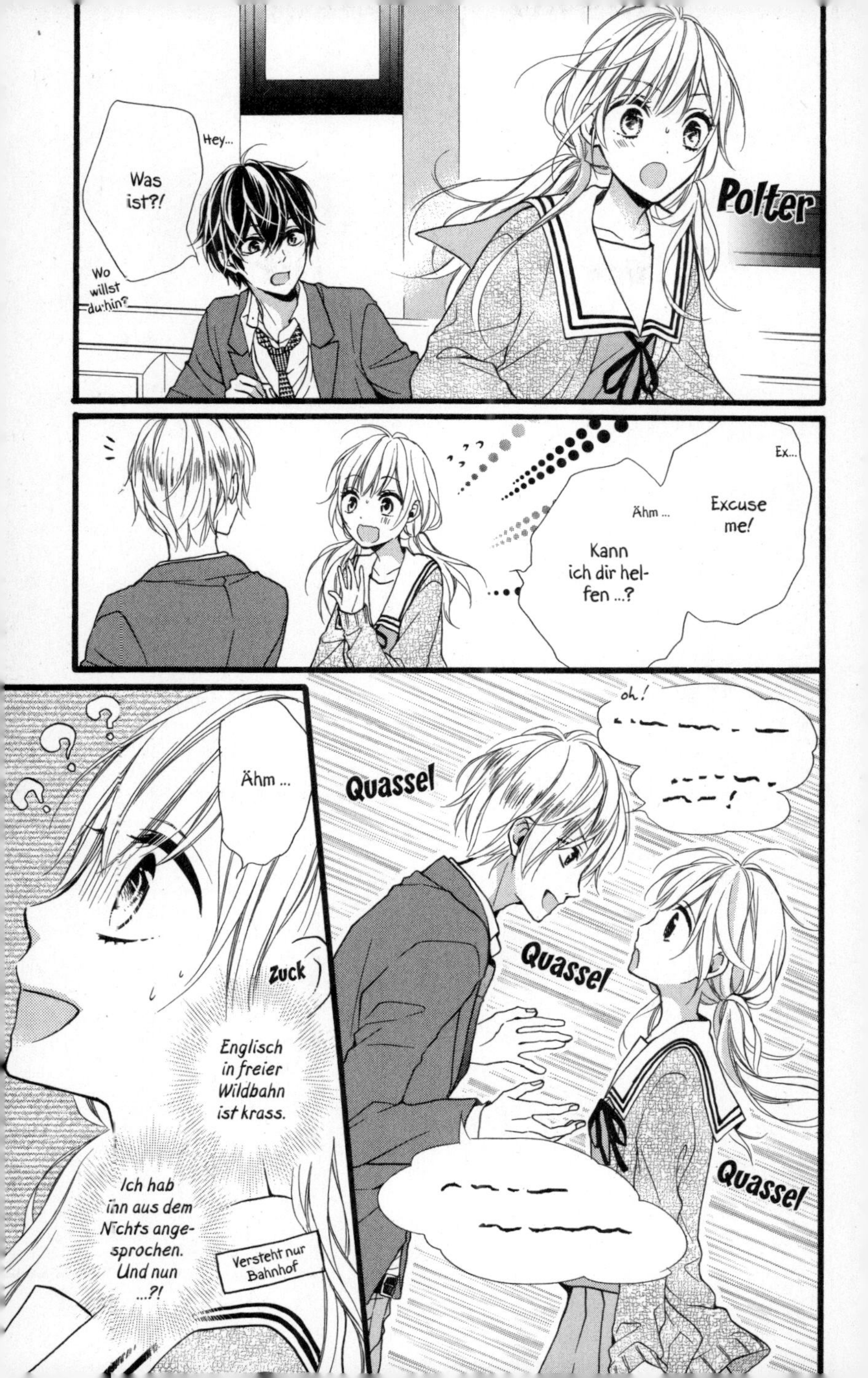
Polter
Hey...
Was ist?!
Wo willst du hin?
Ex...
Excuse me!
Ähm ...
Kann ich dir hel-fen ...?
oh!
Quassel
Quassel
Quassel
Ähm ...
Zuck
Englisch in freier Wildbahn ist krass.
Ich hab ihn aus dem Nichts ange-sprochen. Und nun ...?!
Versteht nur Bahnhof

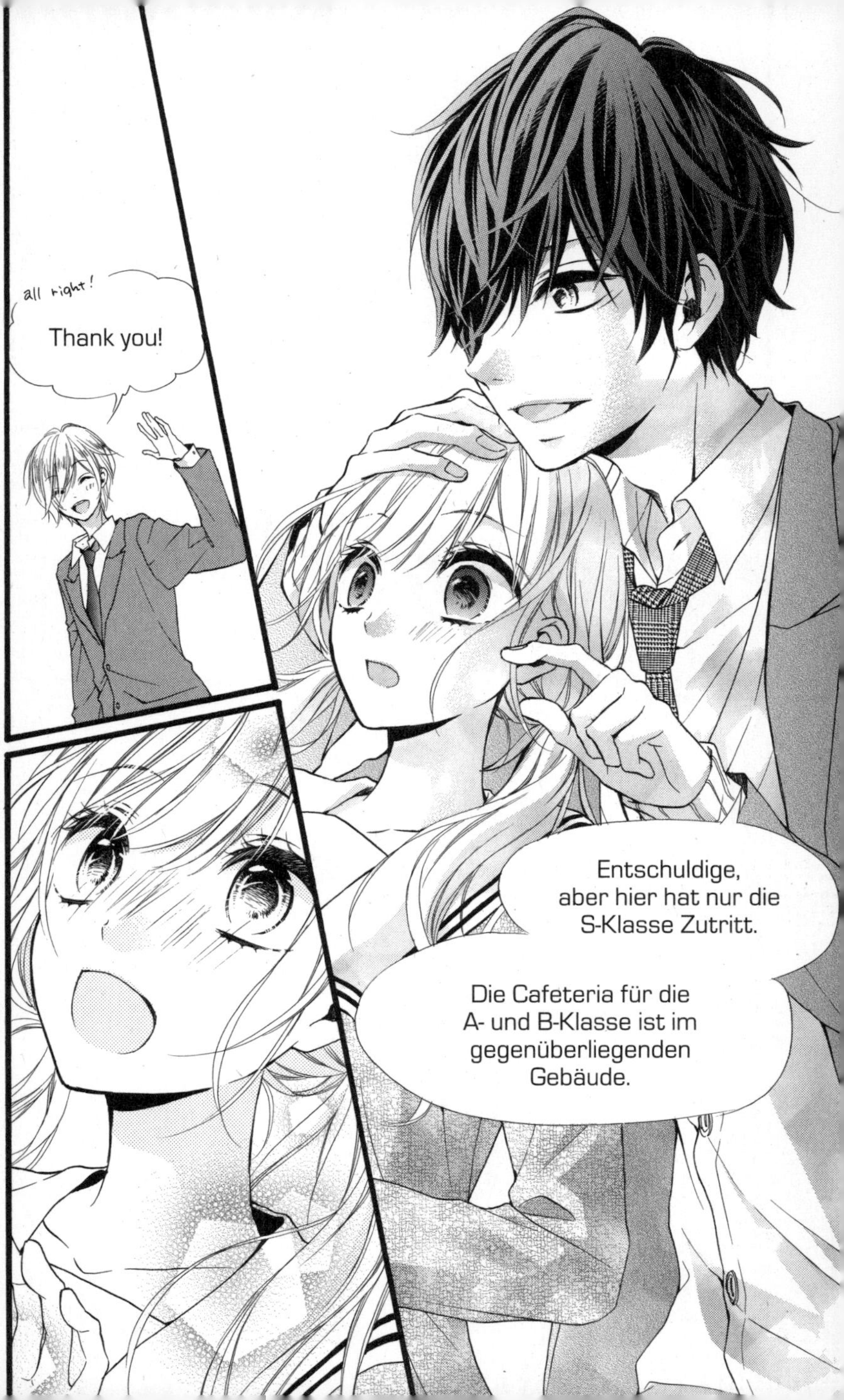
all right!
Thank you!
Entschuldige, aber hier hat nur die S-Klasse Zutritt.
Die Cafeteria für die A- und B-Klasse ist im gegenüberliegenden Gebäude.

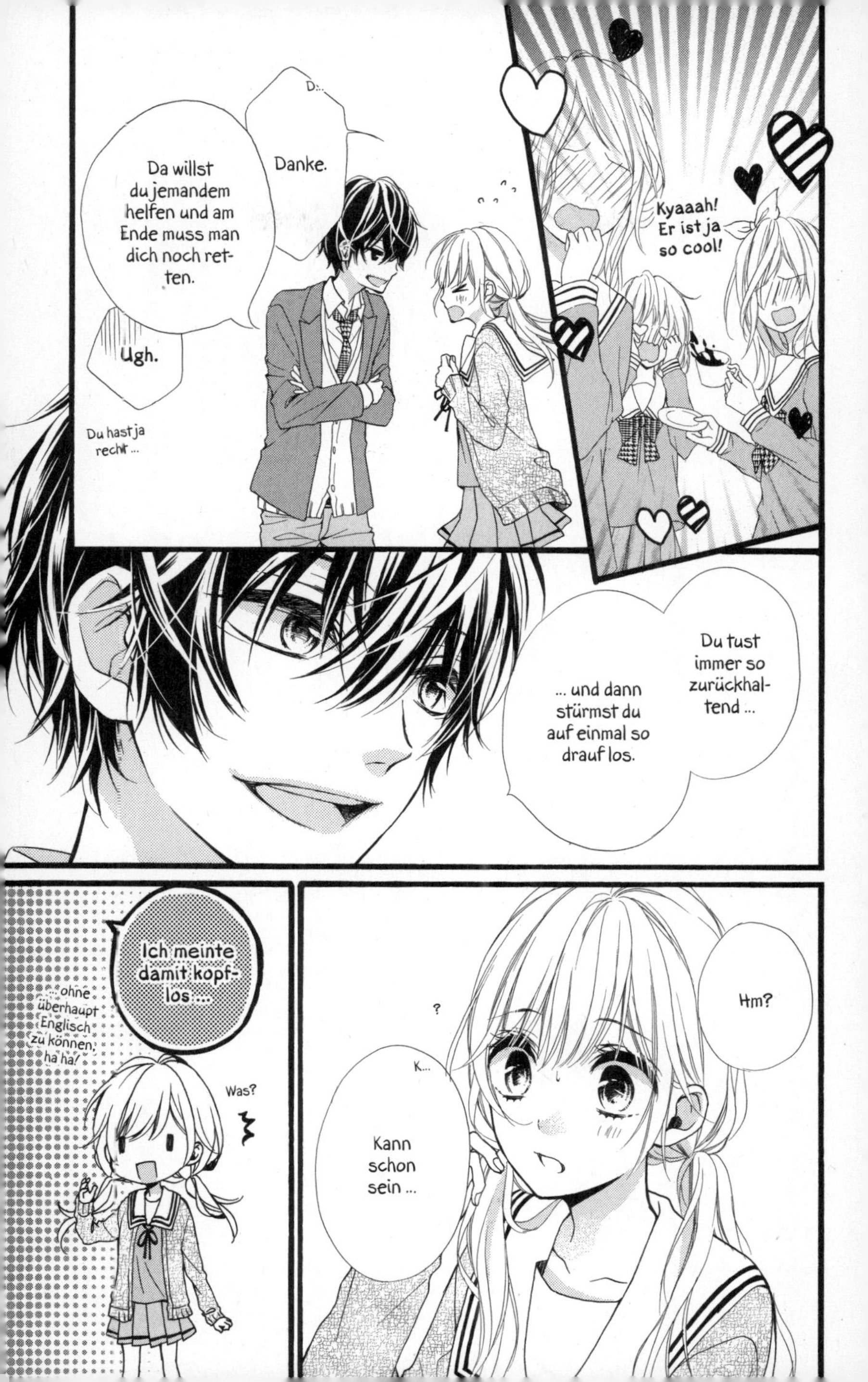
Kyaaah! Er ist ja so cool!
D...
Danke.
Da willst du jemandem helfen und am Ende muss man dich noch retten.
Ugh.
Du hast ja recht ...
Du tust immer so zurückhaltend ...
... und dann stürmst du auf einmal so drauf los.
Hm?
?
K...
Kann schon sein ...
Ich meinte damit kopflos ...
... ohne überhaupt Englisch zu können, ha ha!
Was?

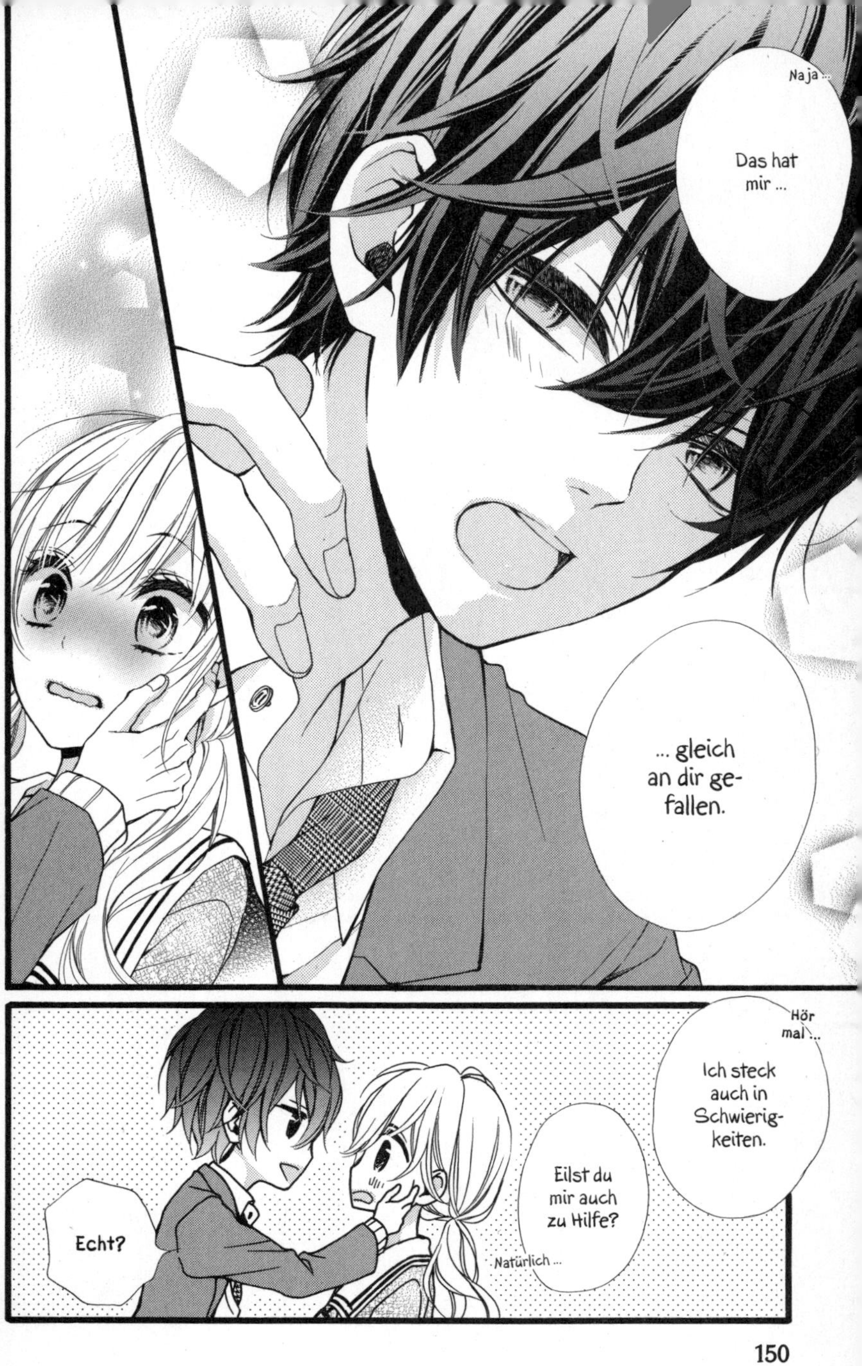
Naja ...
Das hat mir ...
... gleich an dir gefallen.
Hör mal ...
Ich steck auch in Schwierigkeiten.
Eilst du mir auch zu Hilfe?
Natürlich ...
Echt?

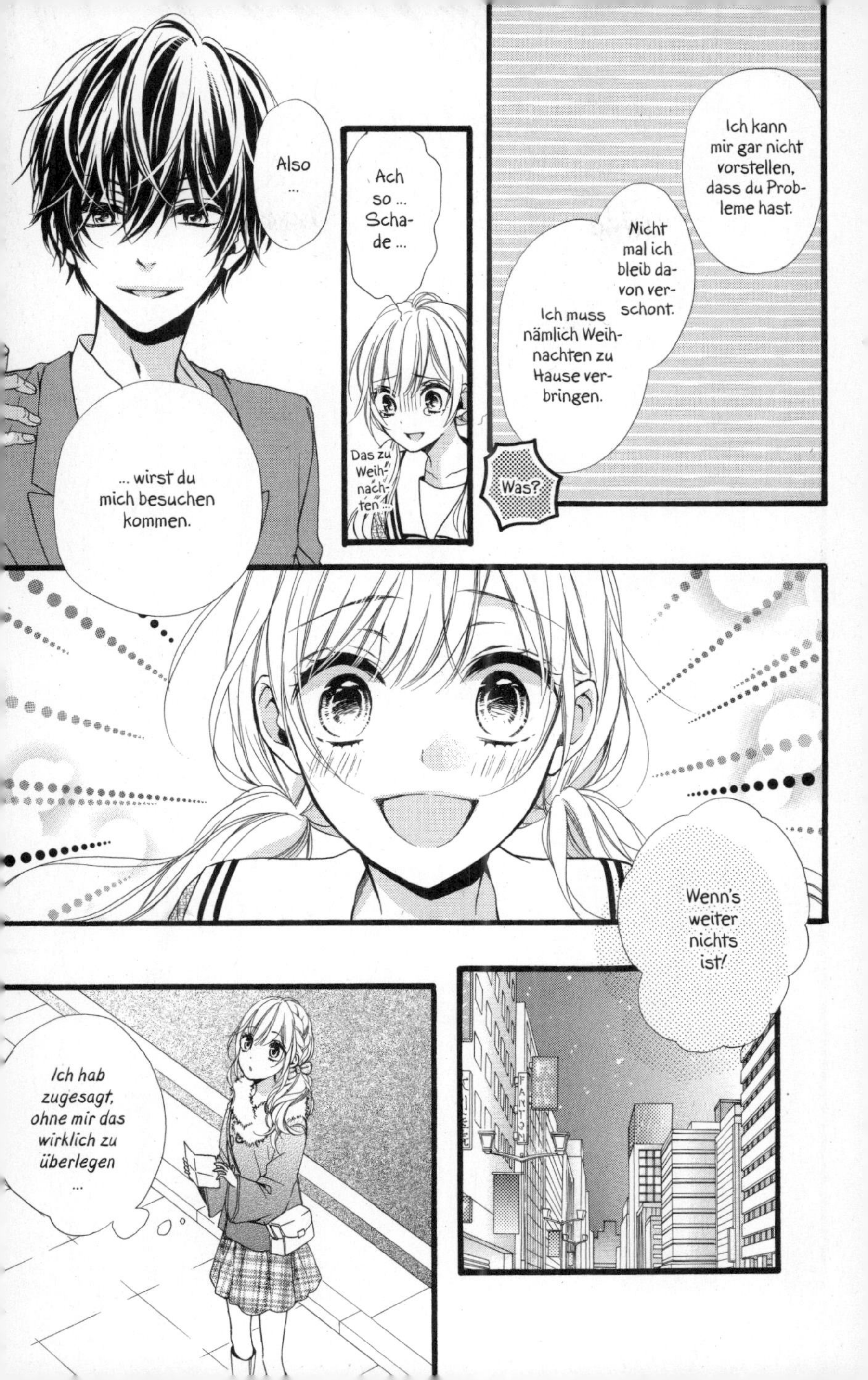

Ich kann mir gar nicht vorstellen, dass du Probleme hast.
Nicht mal ich bleib davon verschont.
Ich muss nämlich Weihnachten zu Hause verbringen.
Was?
Ach so ... Schade ...
Das zu Weihnachten ...
Also ...
... wirst du mich besuchen kommen.
Wenn's weiter nichts ist!
Ich hab zugesagt, ohne mir das wirklich zu überlegen ...

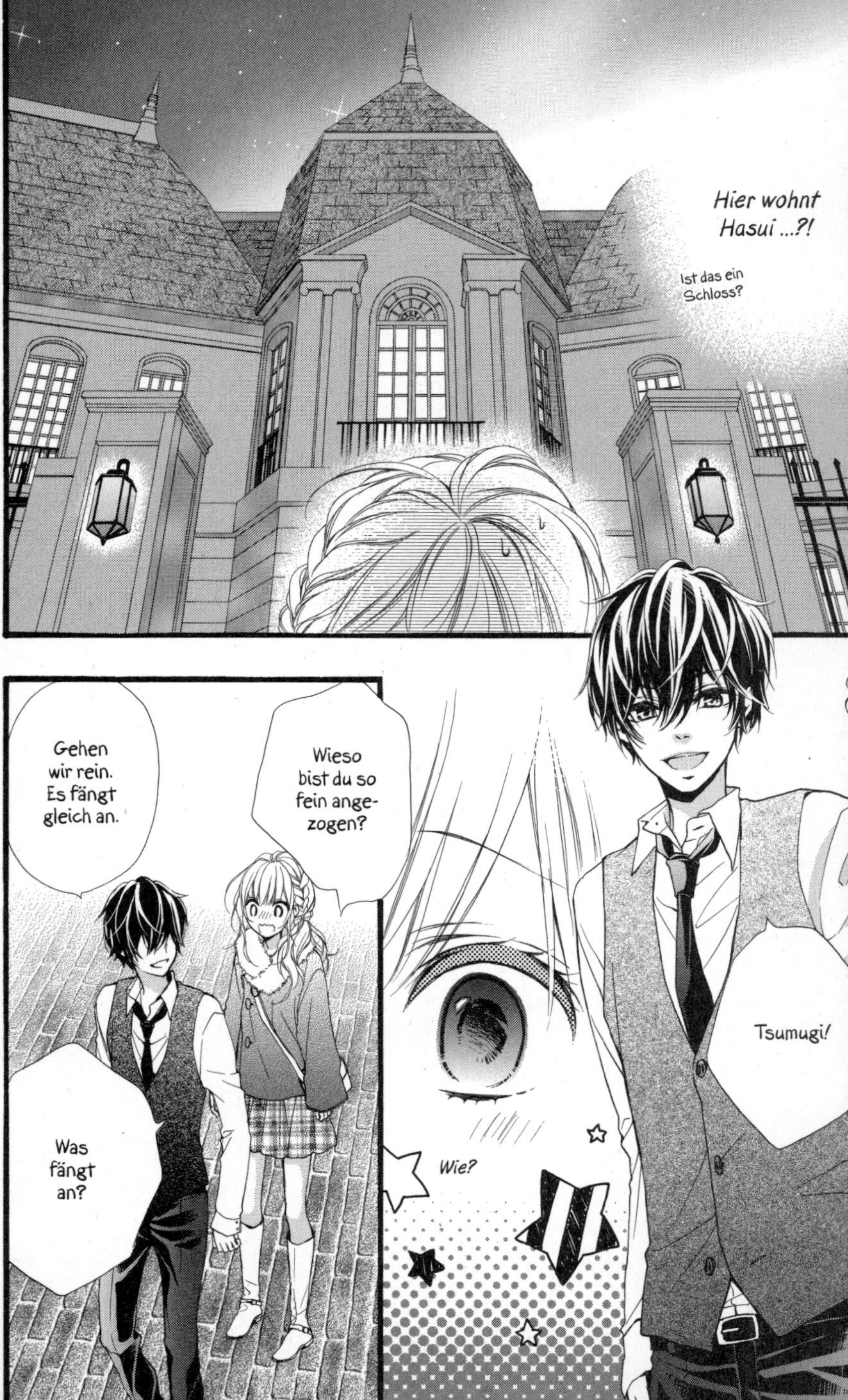
Hier wohnt Hasui ...?!
Ist das ein Schloss?
Tsumugi!
Wie?
Wieso bist du so fein ange-zogen?
Gehen wir rein. Es fängt gleich an.
Was fängt an?

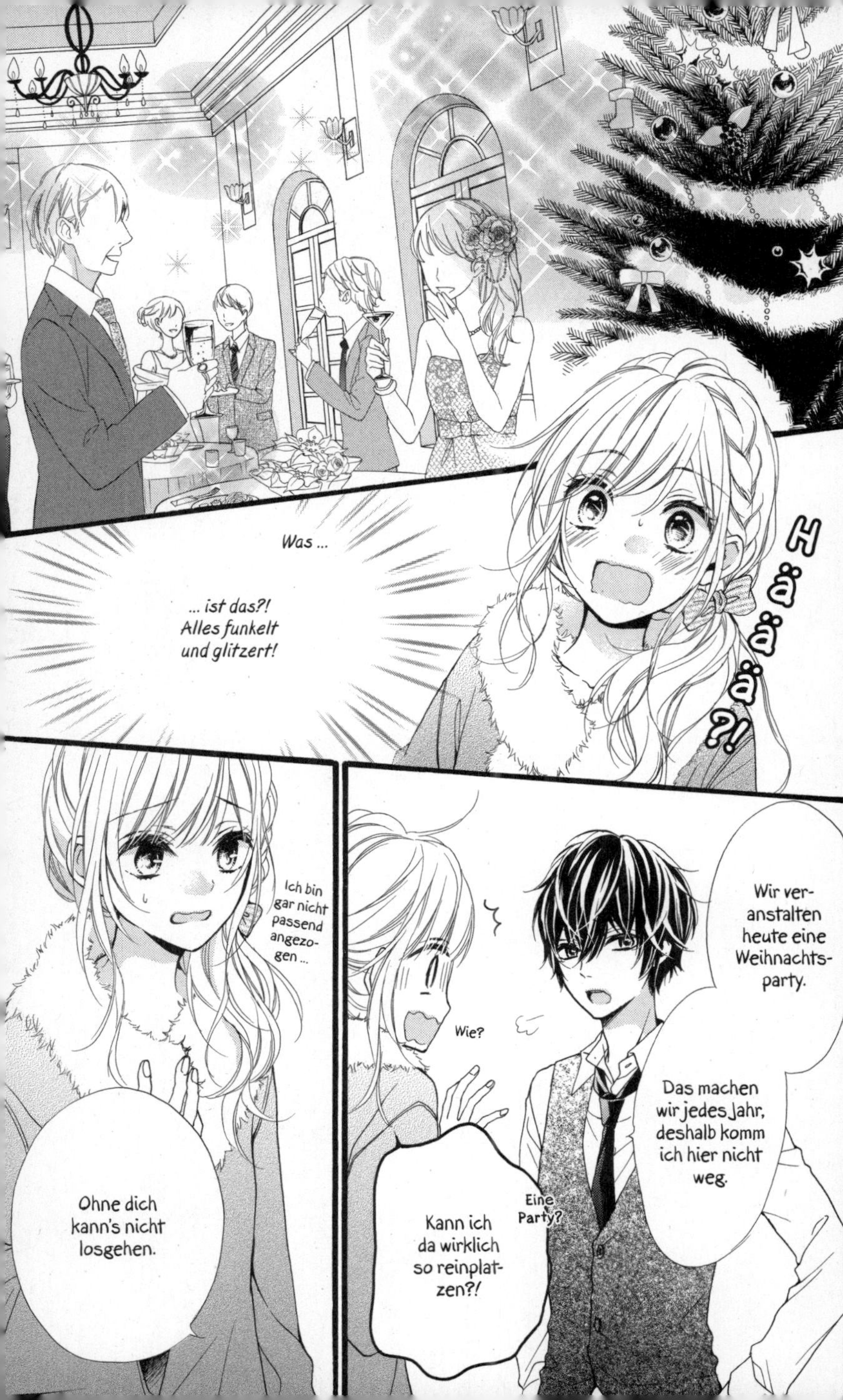
Häää?!
Was ...
... ist das?! Alles funkelt und glitzert!
Wir veranstalten heute eine Weihnachtsparty.
Das machen wir jedes Jahr, deshalb komm ich hier nicht weg.
Eine Party?
Wie?
Kann ich da wirklich so reinplatzen?!
Ich bin gar nicht passend angezogen ...
Ohne dich kann's nicht losgehen.

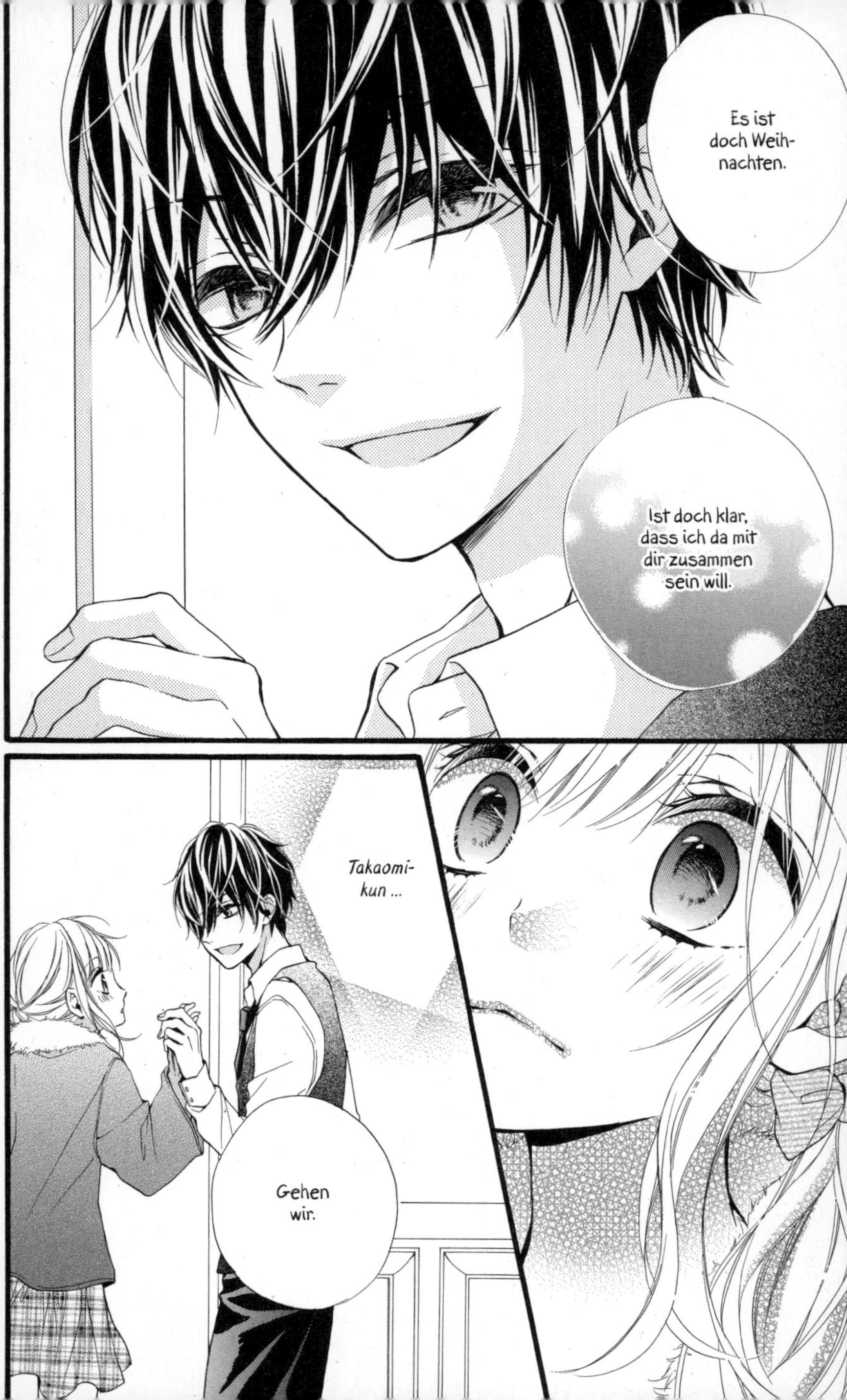
Es ist doch Weihnachten.
Ist doch klar, dass ich da mit dir zusammen sein will.
Takaomi-kun ...
Gehen wir.

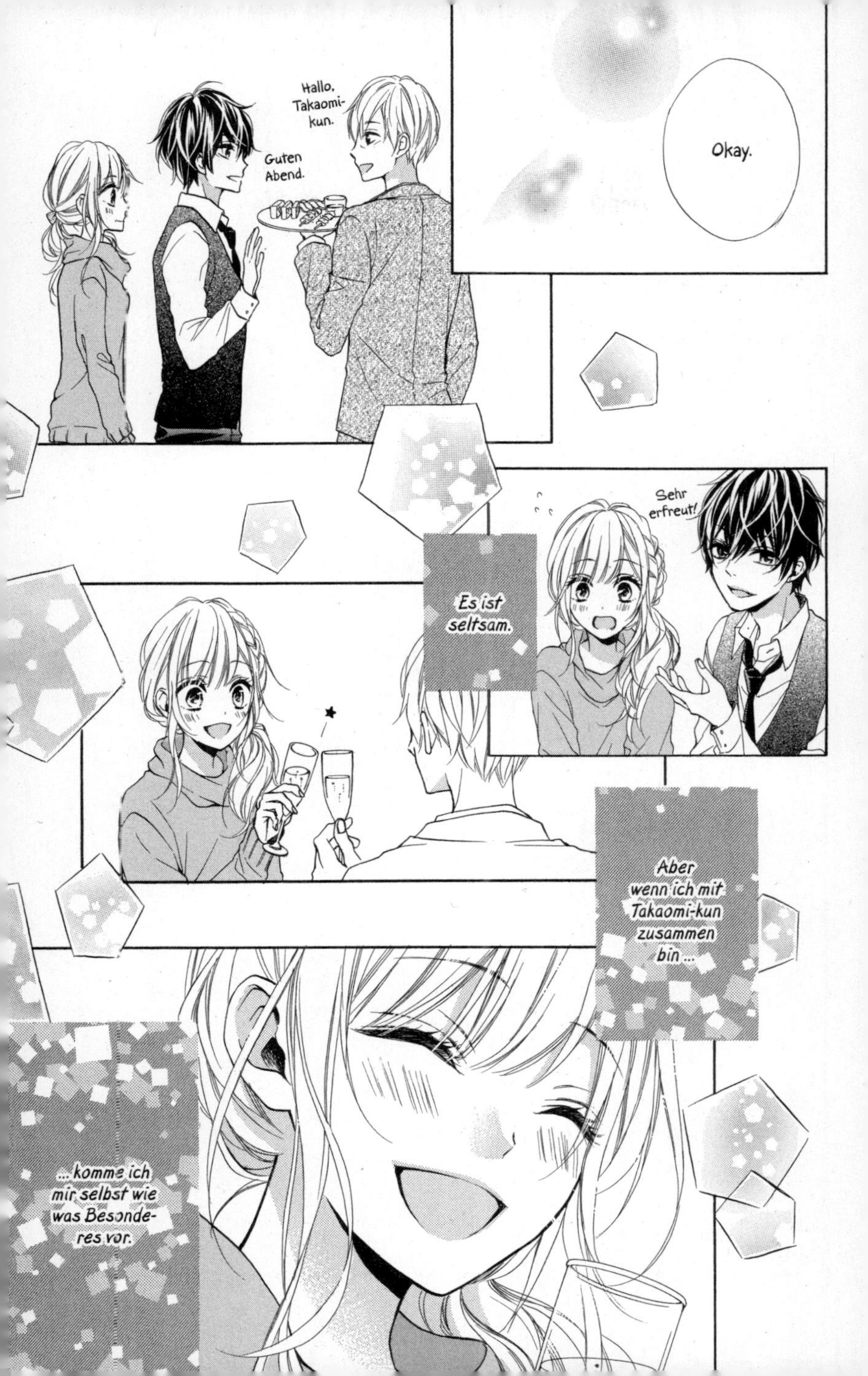
Okay.
Hallo, Takaomi-kun.
Guten Abend.
Sehr erfreut!
Es ist seltsam.
Aber wenn ich mit Takaomi-kun zusammen bin ...
... komme ich mir selbst wie was Besonderes vor.

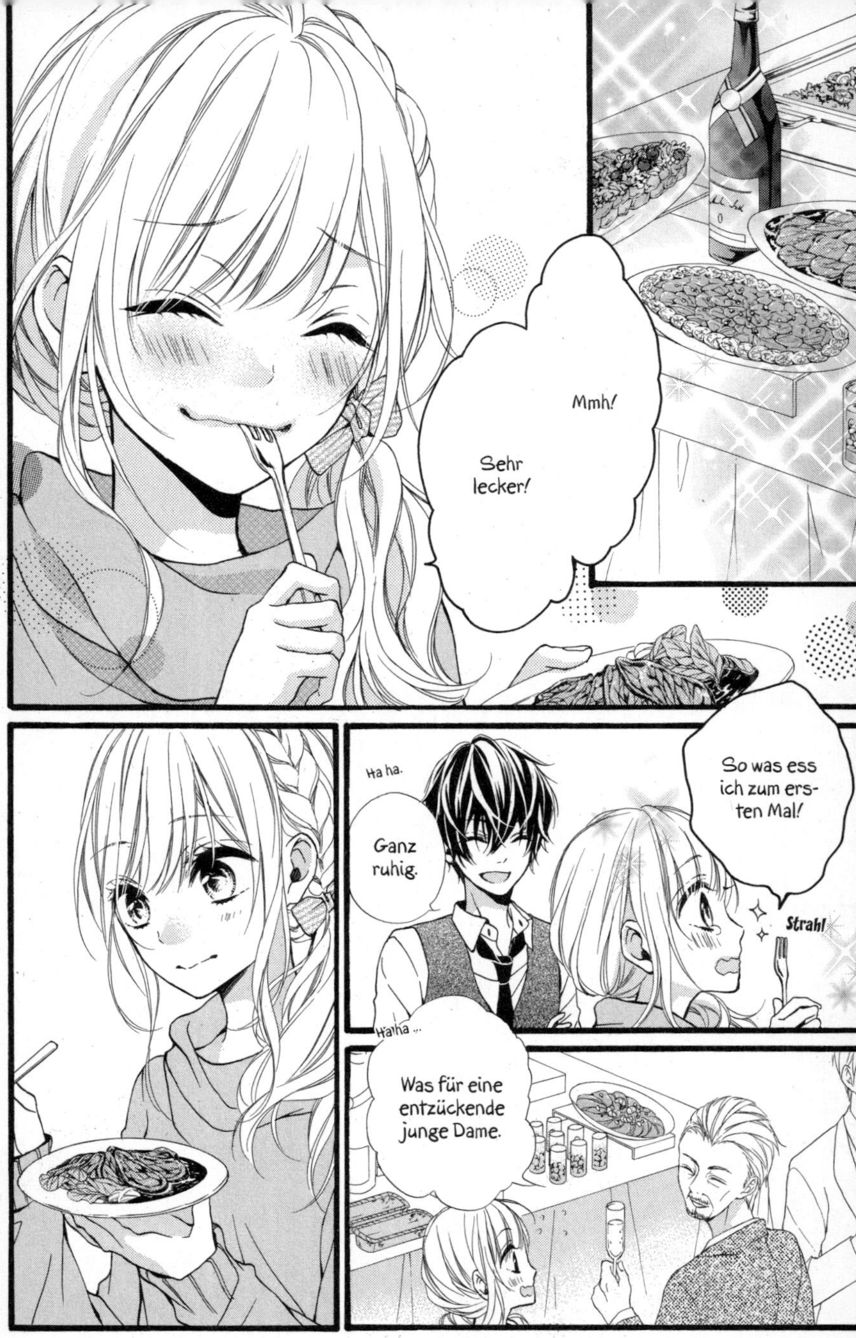
Mmh!
Sehr lecker!
So was ess ich zum ersten Mal!
Strahl
Ha ha.
Ganz ruhig.
Haha ...
Was für eine entzückende junge Dame.

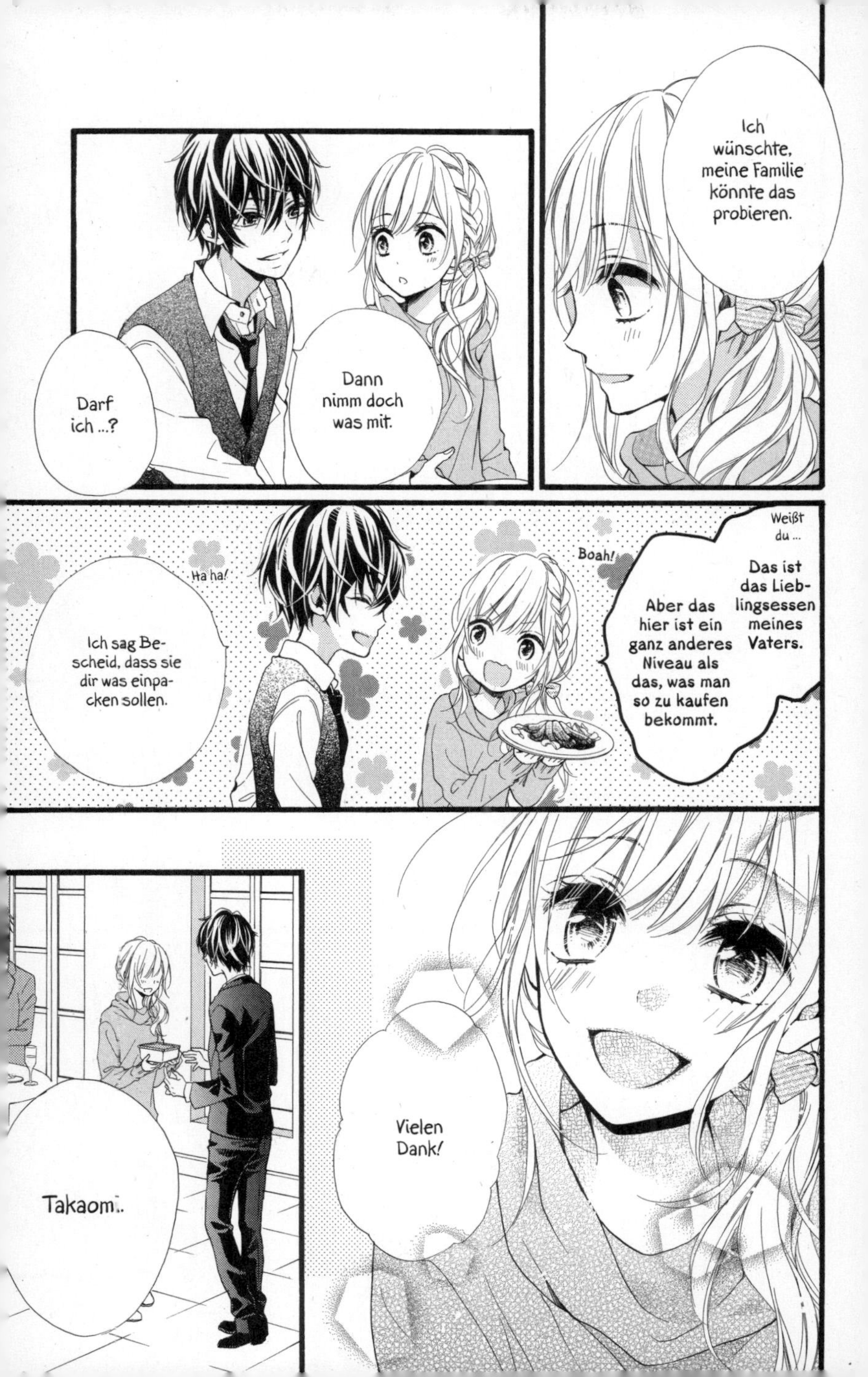
Ich wünschte, meine Familie könnte das probieren.
Dann nimm doch was mit.
Darf ich ...?
Weißt du ...
Das ist das Lieblingsessen meines Vaters.
Aber das hier ist ein ganz anderes Niveau als das, was man so zu kaufen bekommt.
Boah!
Ha ha!
Ich sag Bescheid, dass sie dir was einpacken sollen.
Vielen Dank!
Takaomi ...

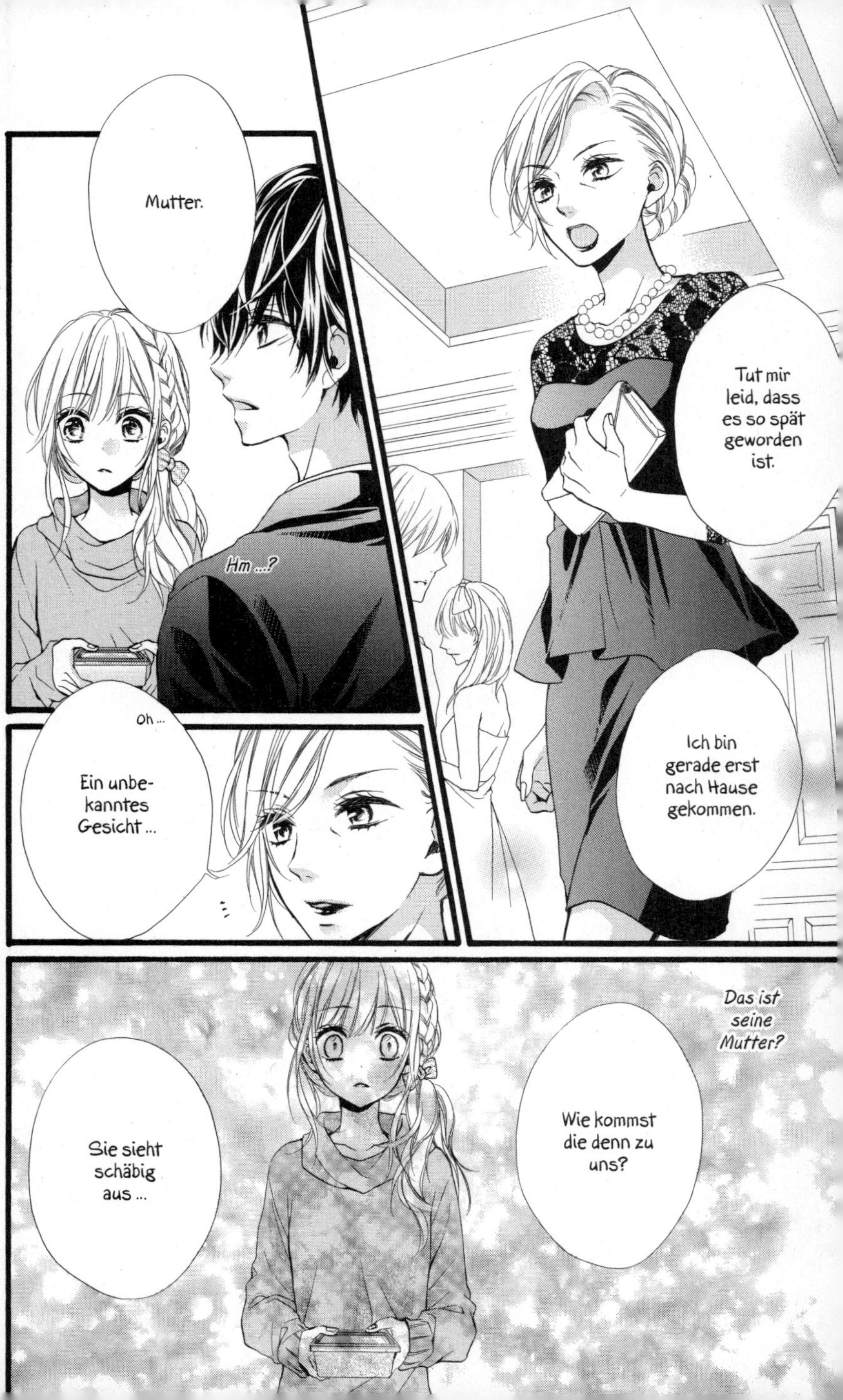
Tut mir leid, dass es so spät geworden ist.
Ich bin gerade erst nach Hause gekommen.
Mutter.
Hm ...?
Oh ...
Ein unbe-kanntes Gesicht ...
Das ist seine Mutter?
Wie kommst die denn zu uns?
Sie sieht schäbig aus ...

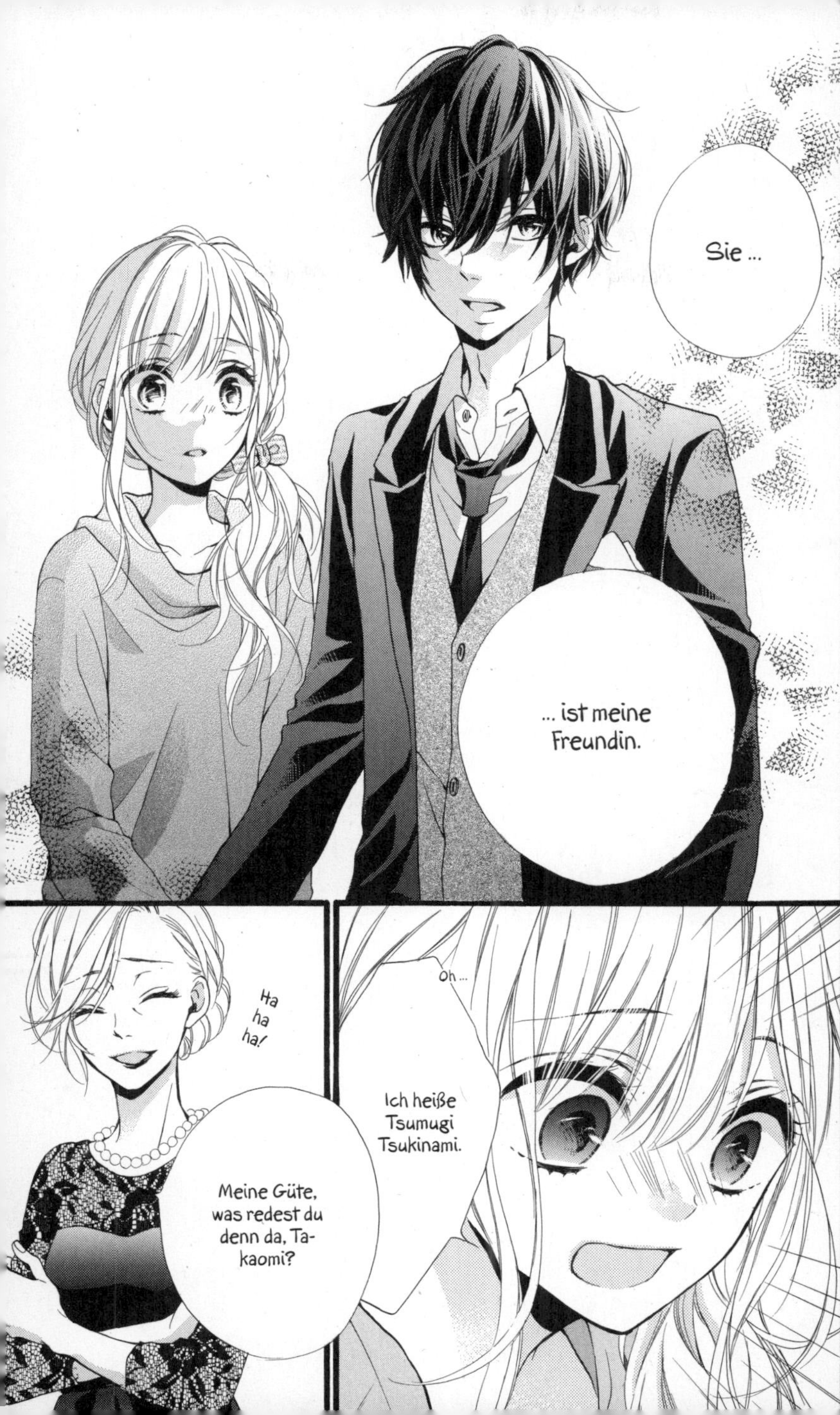
Sie ...
... ist meine Freundin.
Oh ...
Ich heiße Tsumugi Tsukinami.
Ha ha ha!
Meine Güte, was redest du denn da, Takaomi?

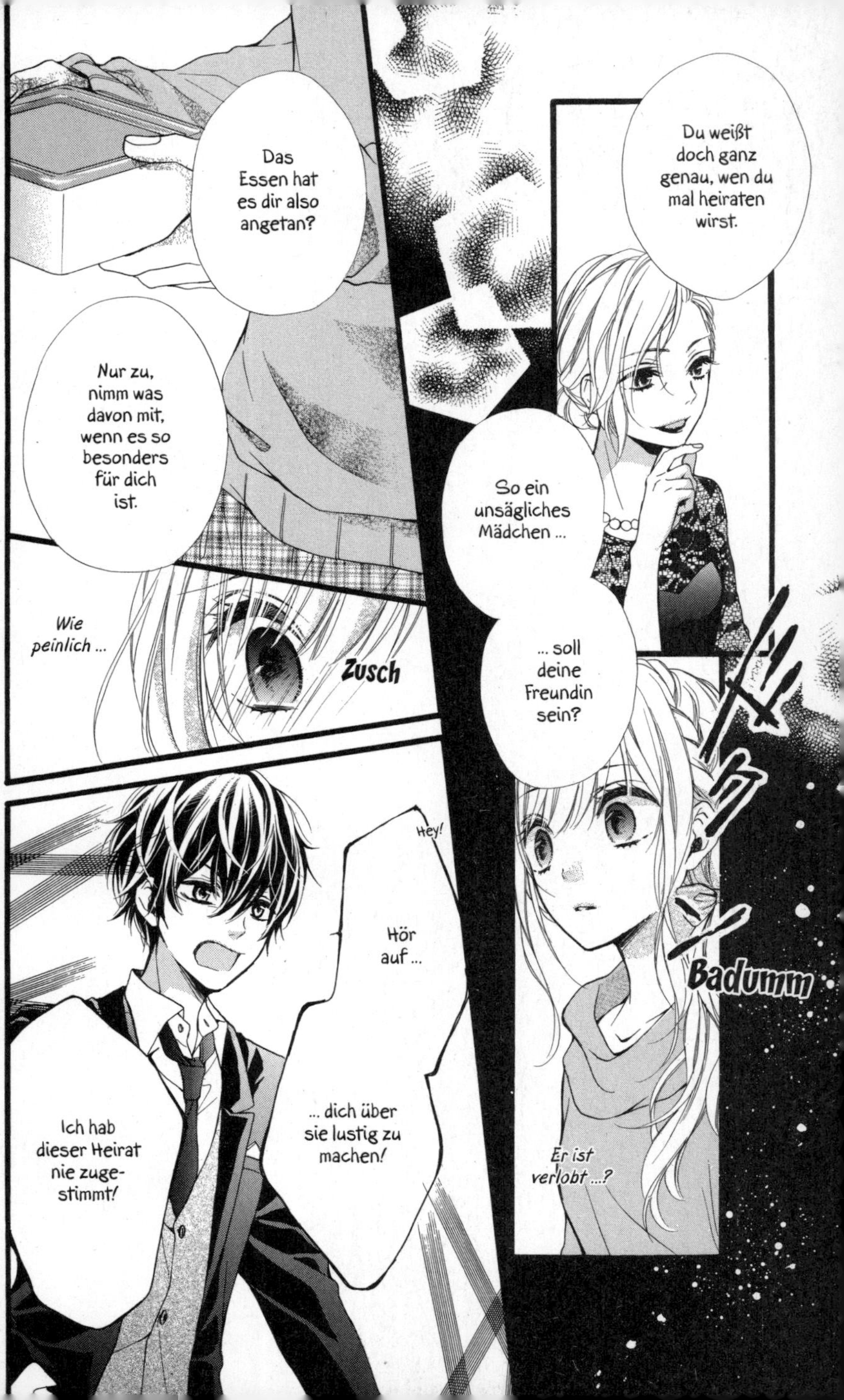

Das Essen hat es dir also angetan?
Nur zu, nimm was davon mit, wenn es so besonders für dich ist.
Wie peinlich ...
Zusch
Du weißt doch ganz genau, wen du mal heiraten wirst.
So ein unsägliches Mädchen ...
... soll deine Freundin sein?
Badumm
Hey!
Hör auf ...
... dich über sie lustig zu machen!
Ich hab dieser Heirat nie zugestimmt!
Er ist verlobt ...?

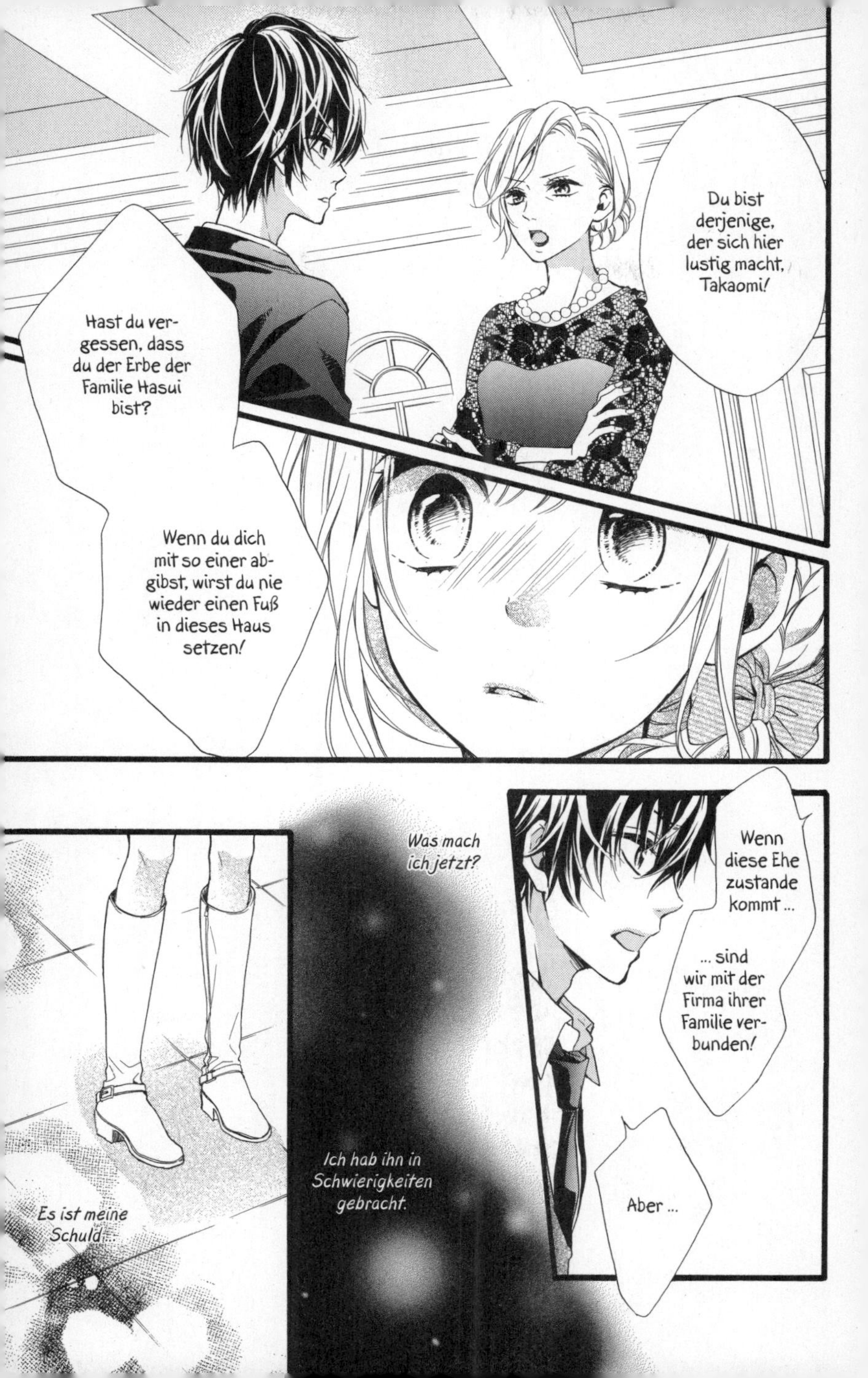
Du bist derjenige, der sich hier lustig macht, Takaomi!
Hast du vergessen, dass du der Erbe der Familie Hasui bist?
Wenn du dich mit so einer abgibst, wirst du nie wieder einen Fuß in dieses Haus setzen!
Wenn diese Ehe zustande kommt ...
... sind wir mit der Firma ihrer Familie verbunden!
Aber ...
Was mach ich jetzt?
Ich hab ihn in Schwierigkeiten gebracht.
Es ist meine Schuld ...

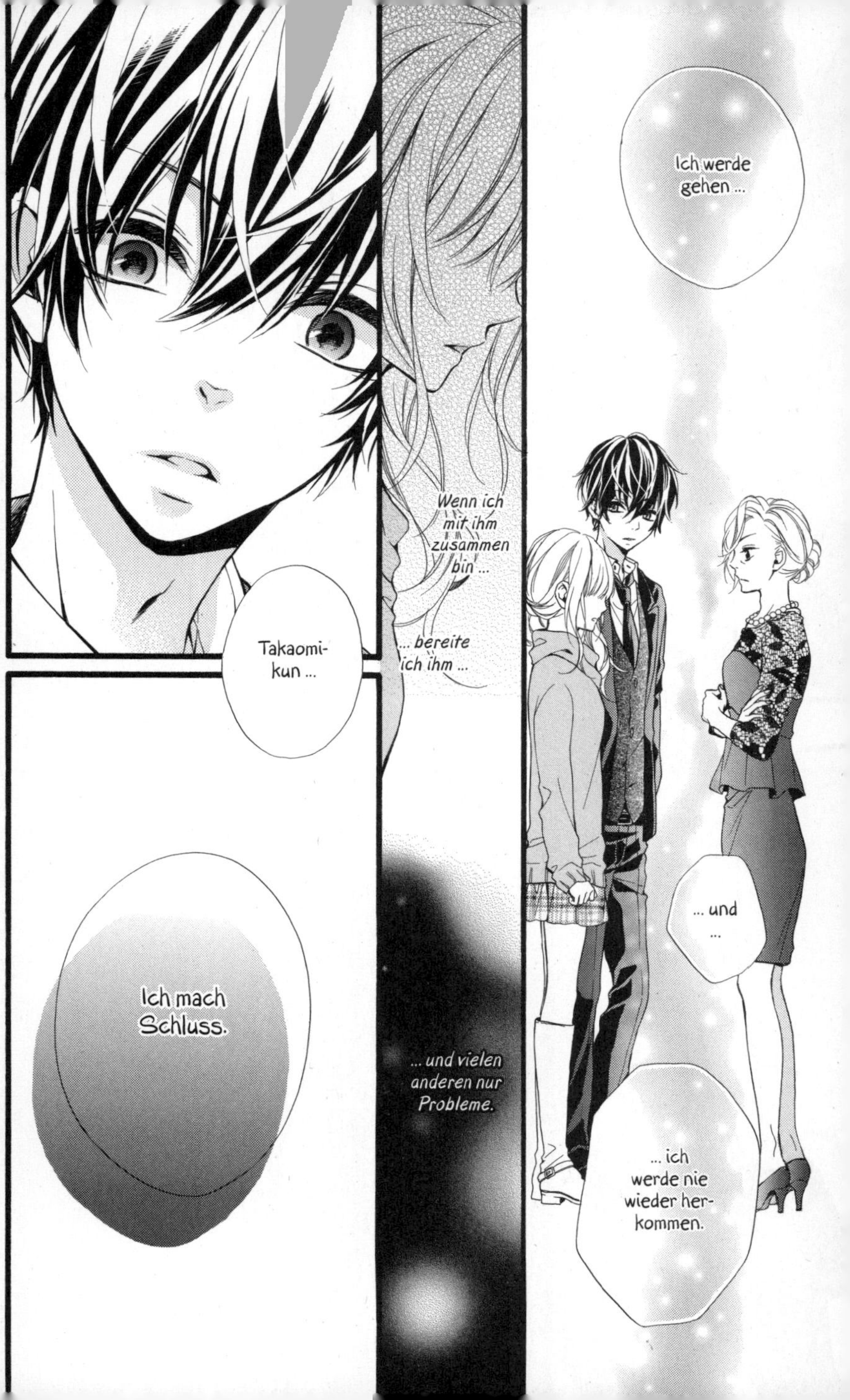
Ich werde gehen ...
... und ...
... ich werde nie wieder herkommen.
Wenn ich mit ihm zusammen bin ...
... bereite ich ihm ...
... und vielen anderen nur Probleme.
Takaomi-kun ...
Ich mach Schluss.

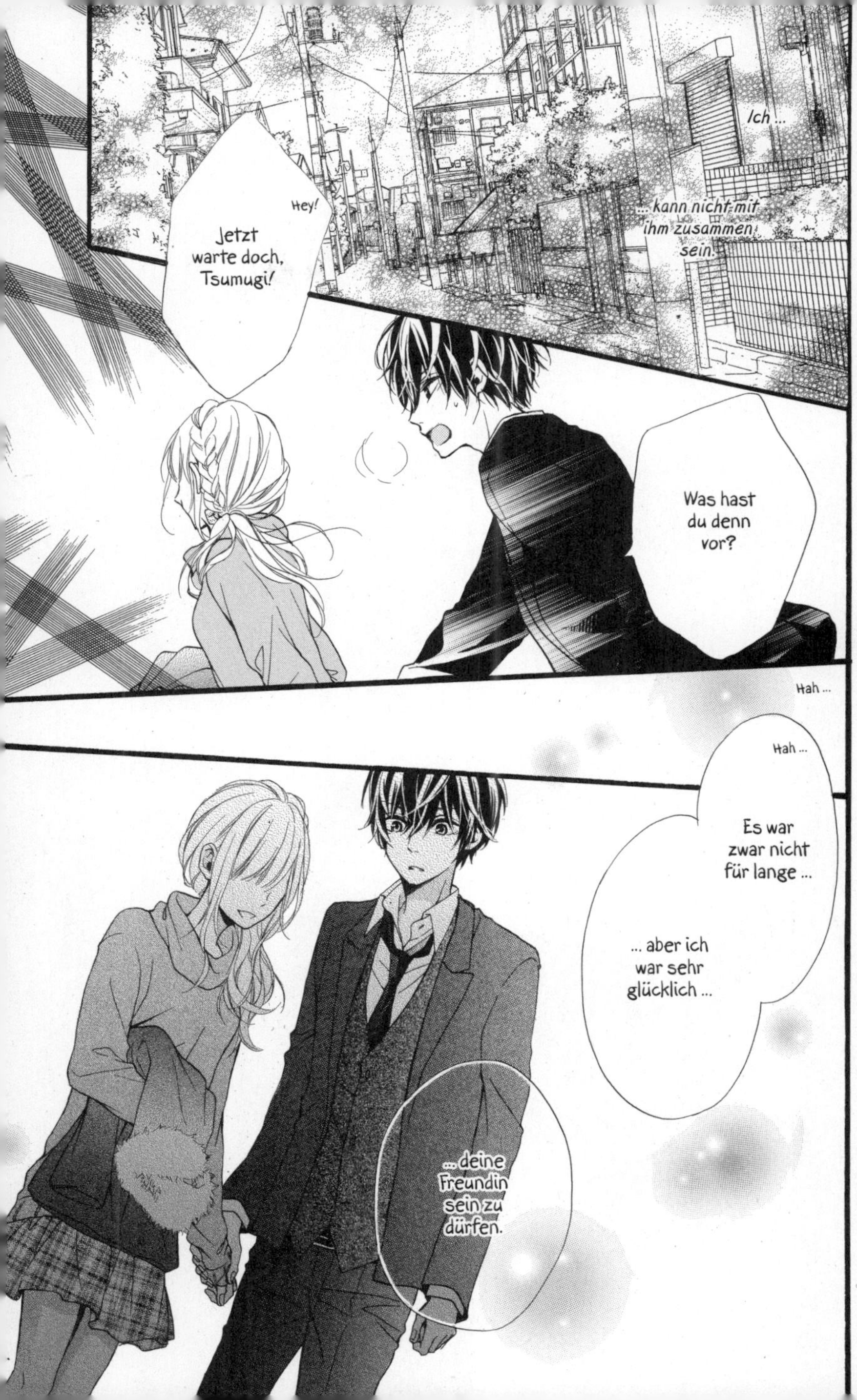
Ich ...
... kann nicht mit ihm zusammen sein.
Hey!
Jetzt warte doch, Tsumugi!
Was hast du denn vor?
Hah ...
Hah ...
Es war zwar nicht für lange ...
... aber ich war sehr glücklich ...
... deine Freundin sein zu dürfen.

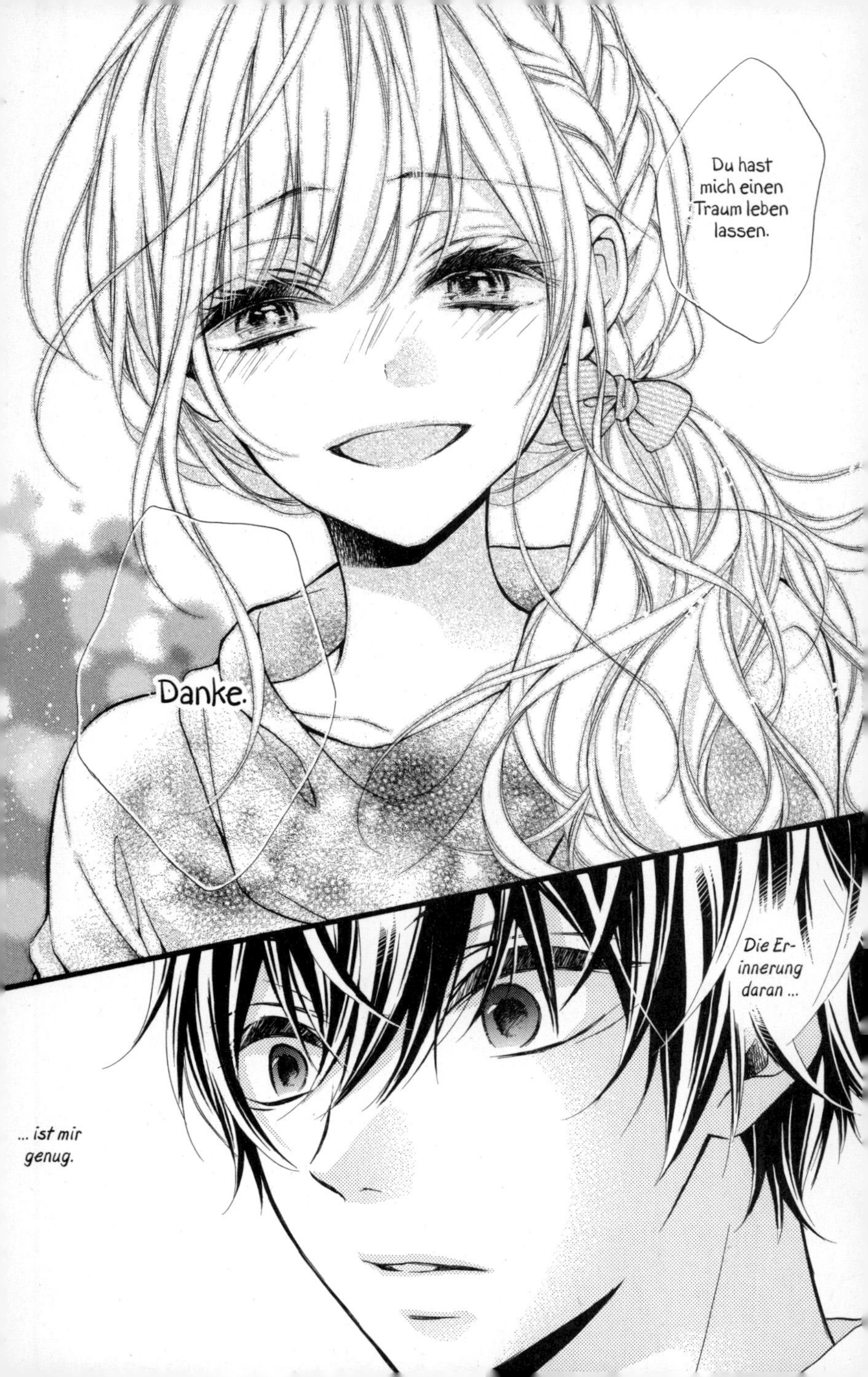
Du hast mich einen Traum leben lassen.
Danke.
Die Erinnerung daran ...
... ist mir genug.

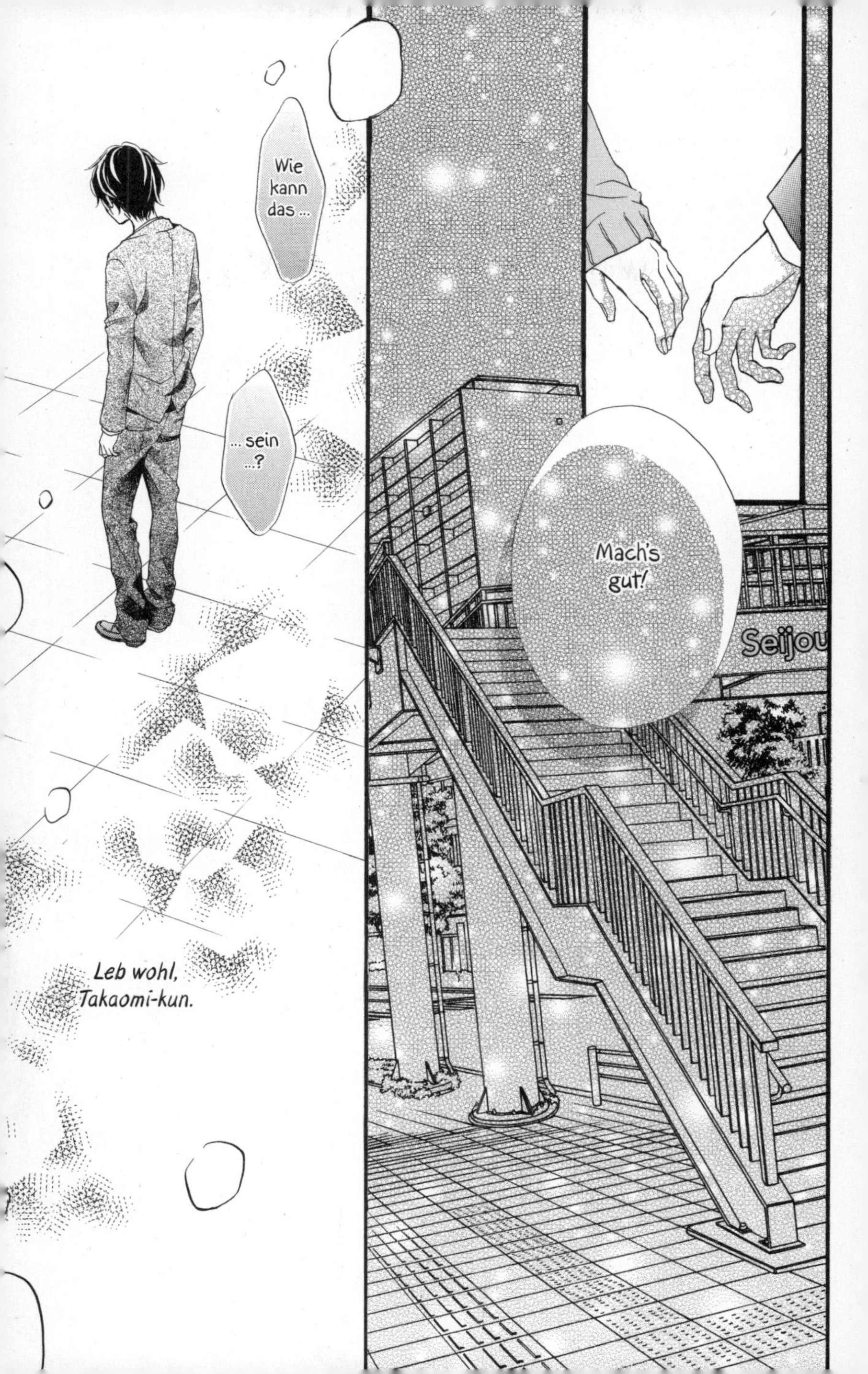

Mach's gut!
Seijou
Wie kann das ...
... sein ...?
Leb wohl, Takaomi-kun.

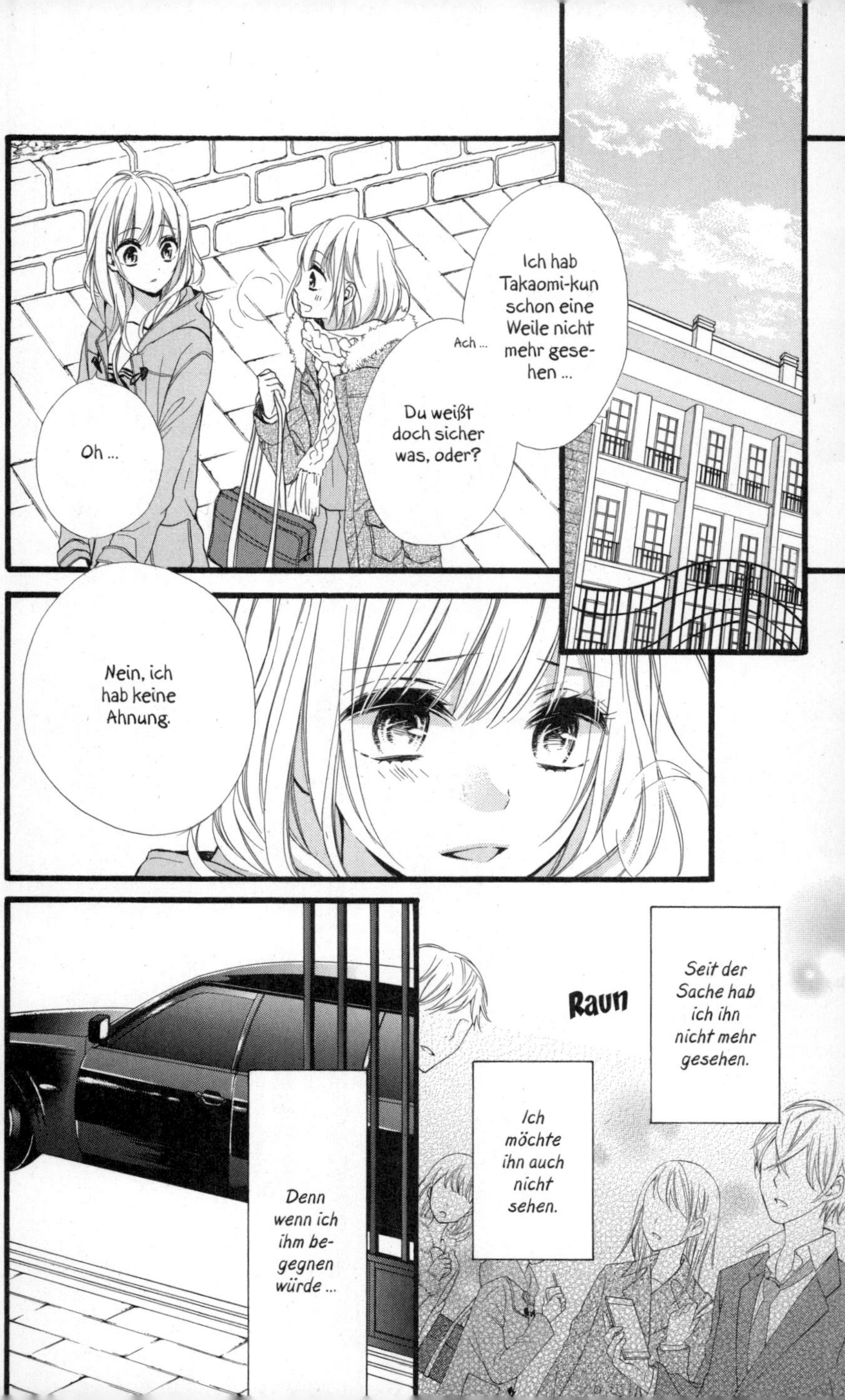

Ich hab Takaomi-kun schon eine Weile nicht mehr gese-hen ...
Ach ...
Du weißt doch sicher was, oder?
Oh ...
Nein, ich hab keine Ahnung.
Seit der Sache hab ich ihn nicht mehr gesehen.
Raun
Ich möchte ihn auch nicht sehen.
Denn wenn ich ihm be-gegnen würde ...

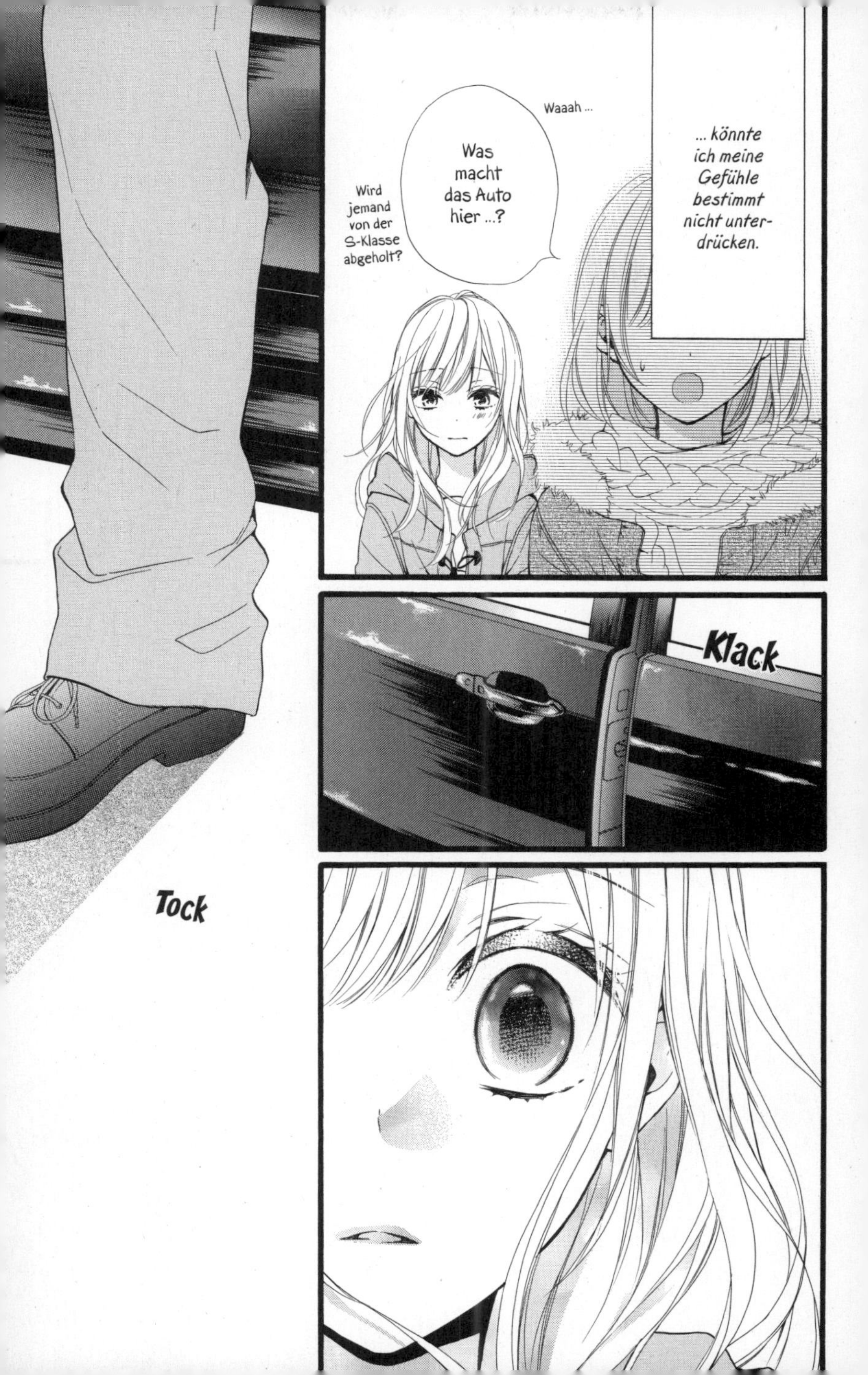
... könnte ich meine Gefühle bestimmt nicht unterdrücken.
Waaah ...
Was macht das Auto hier ...?
Wird jemand von der S-Klasse abgeholt?
Klack
Tock

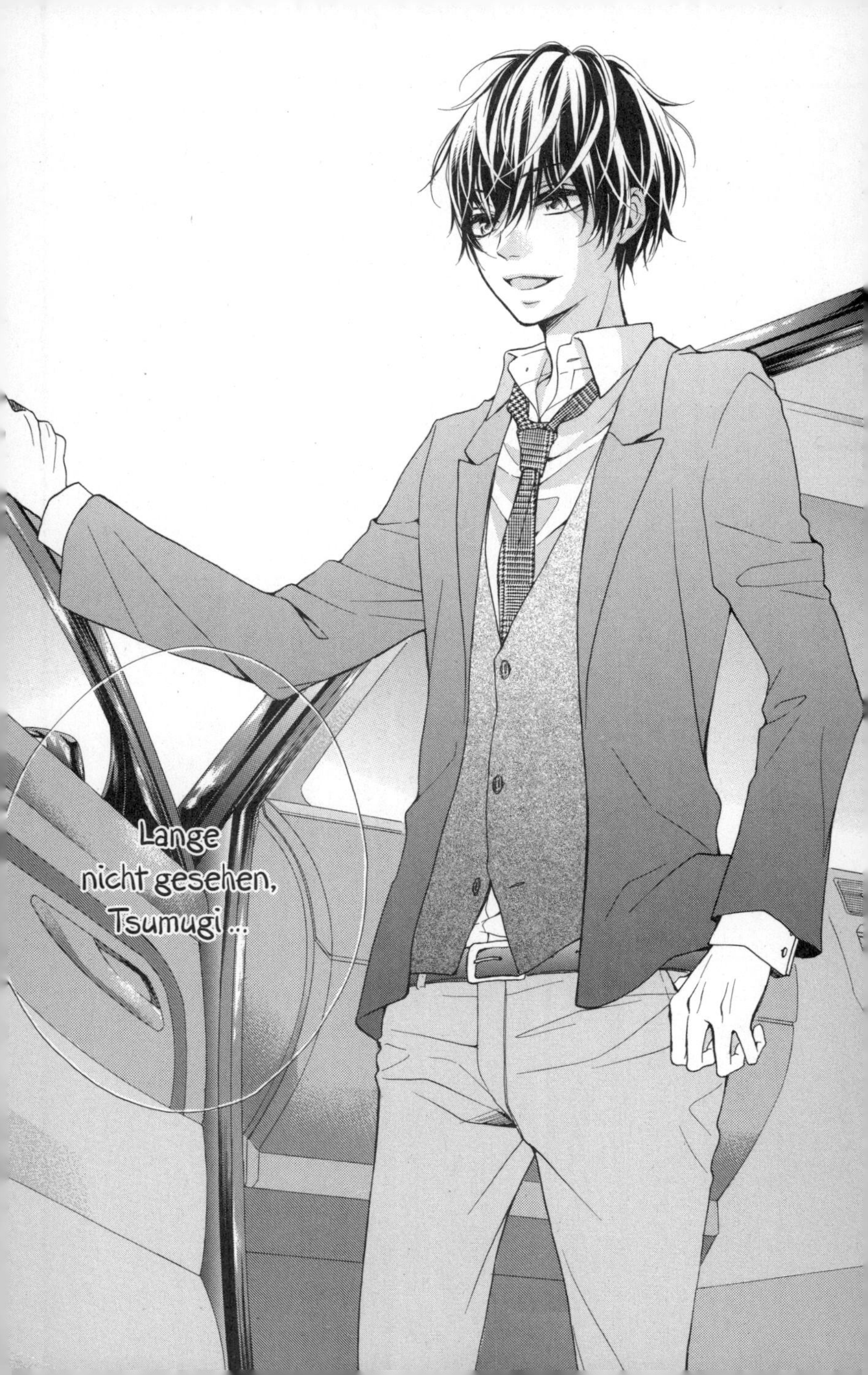
Lange nicht gesehen, Tsumugi ...

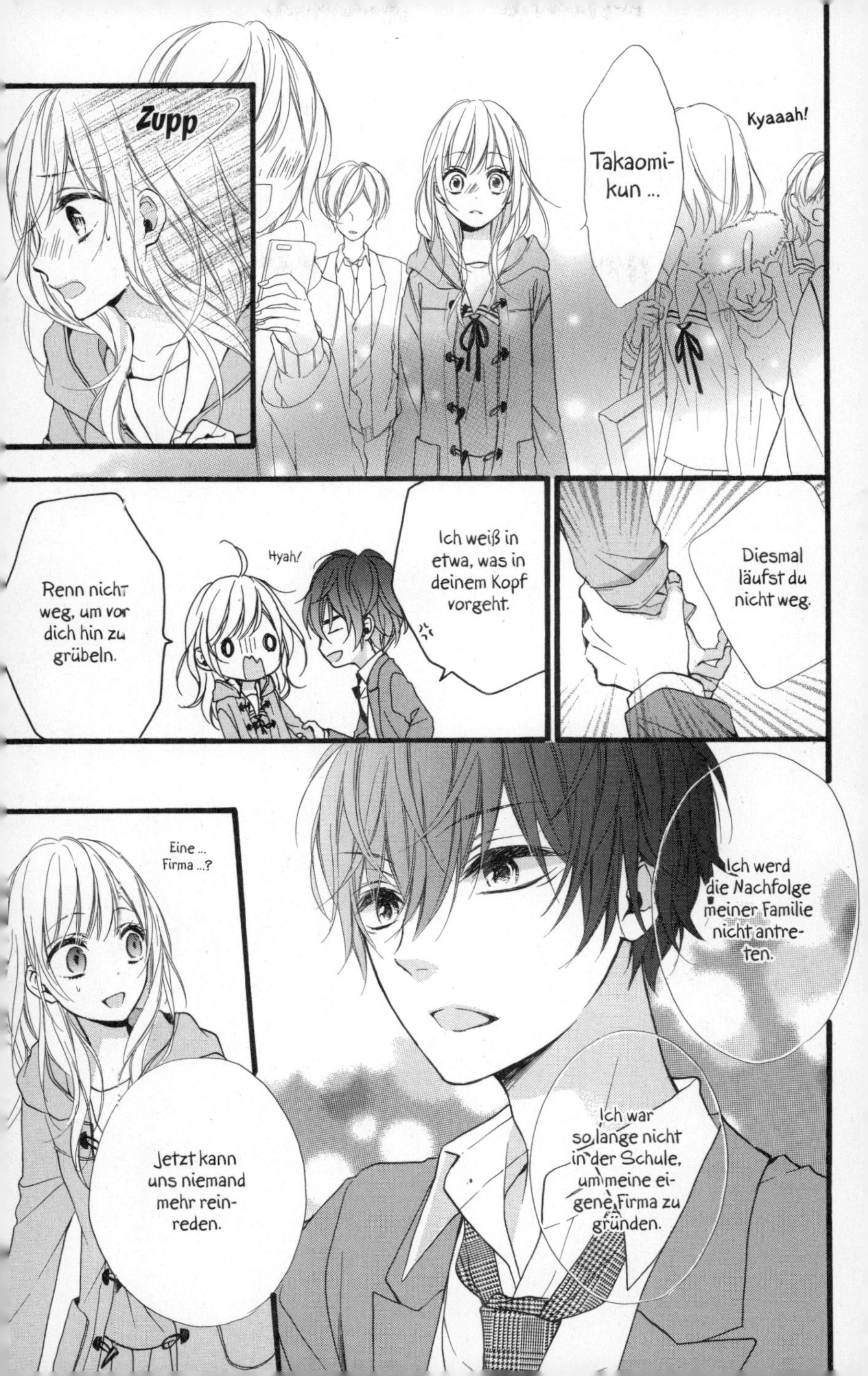
Kyaaah!
Takaomi-kun ...
Zupp
Diesmal läufst du nicht weg.
Ich weiß in etwa, was in deinem Kopf vorgeht.
Hyah!
Renn nicht weg, um vor dich hin zu grübeln.
Ich werd die Nachfolge meiner Familie nicht antreten.
Eine ... Firma ...?
Ich war so lange nicht in der Schule, um meine eigene Firma zu gründen.
Jetzt kann uns niemand mehr reinreden.

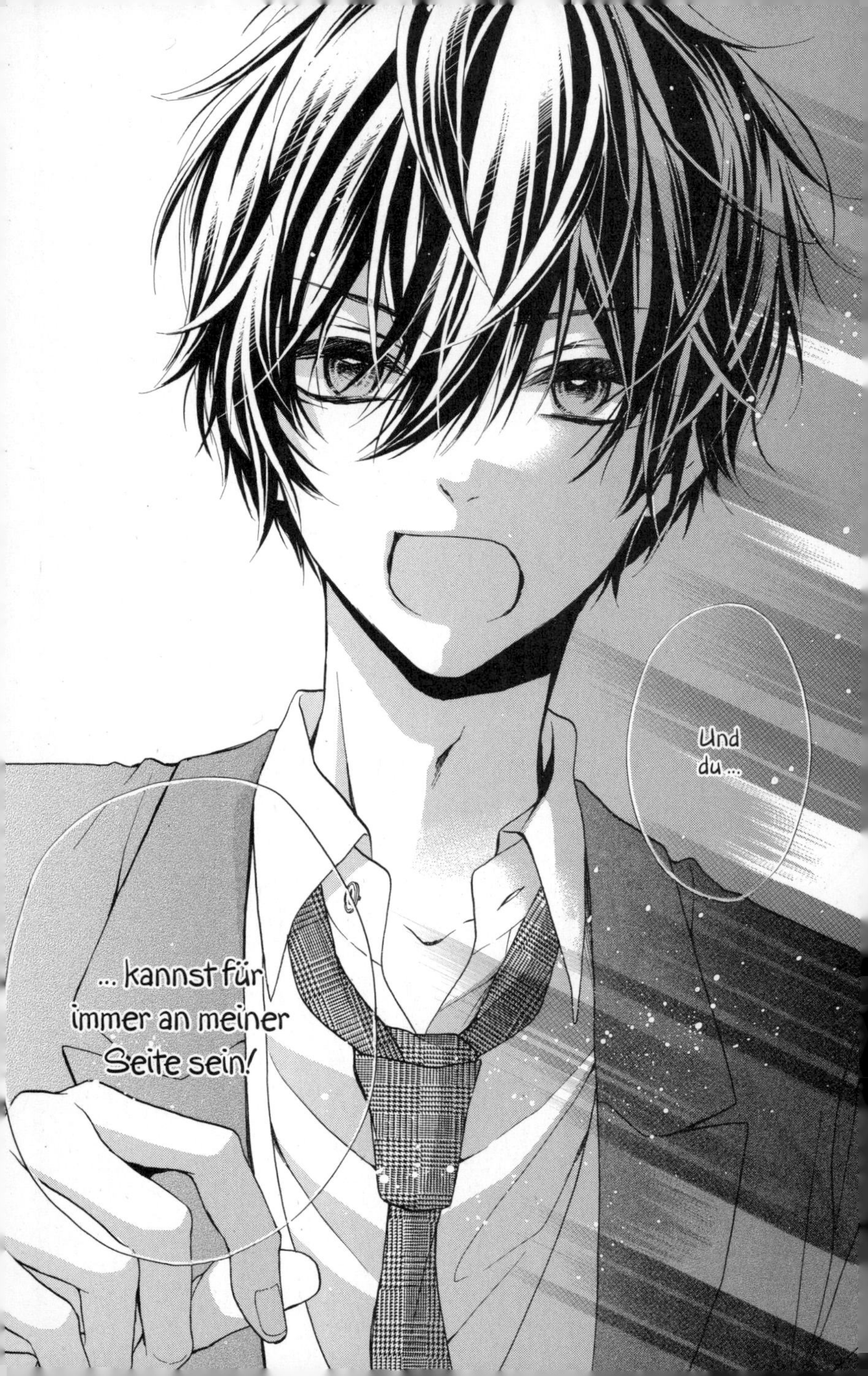
Und du ...
... kannst für immer an meiner Seite sein!

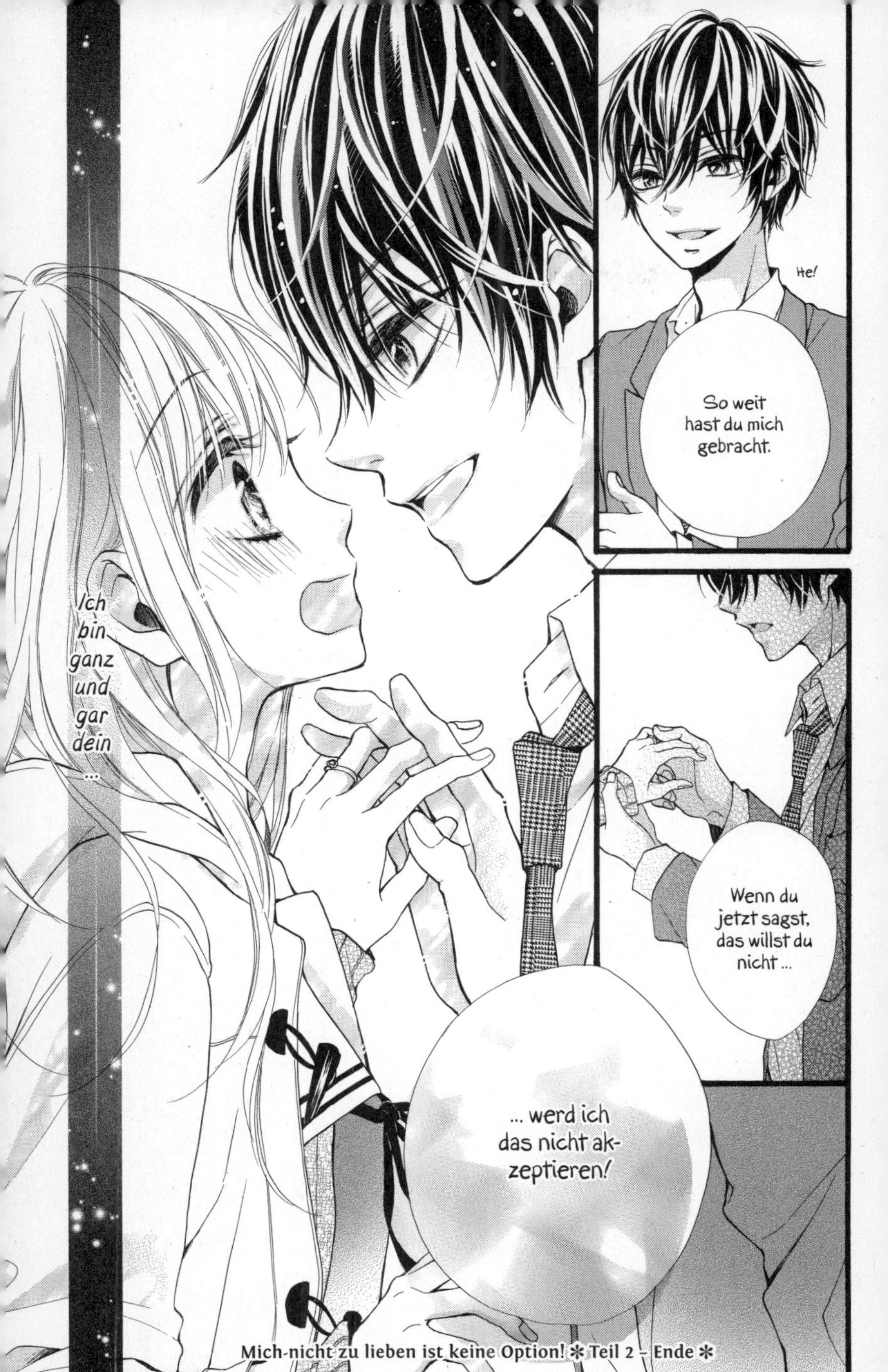


Mich nicht zu lieben ist keine Option! ✻ Teil 2 – Ende ✻

# Im Liebesfieber

Unsere Liebe im Klassenzimmer bei sternenklarer Nacht

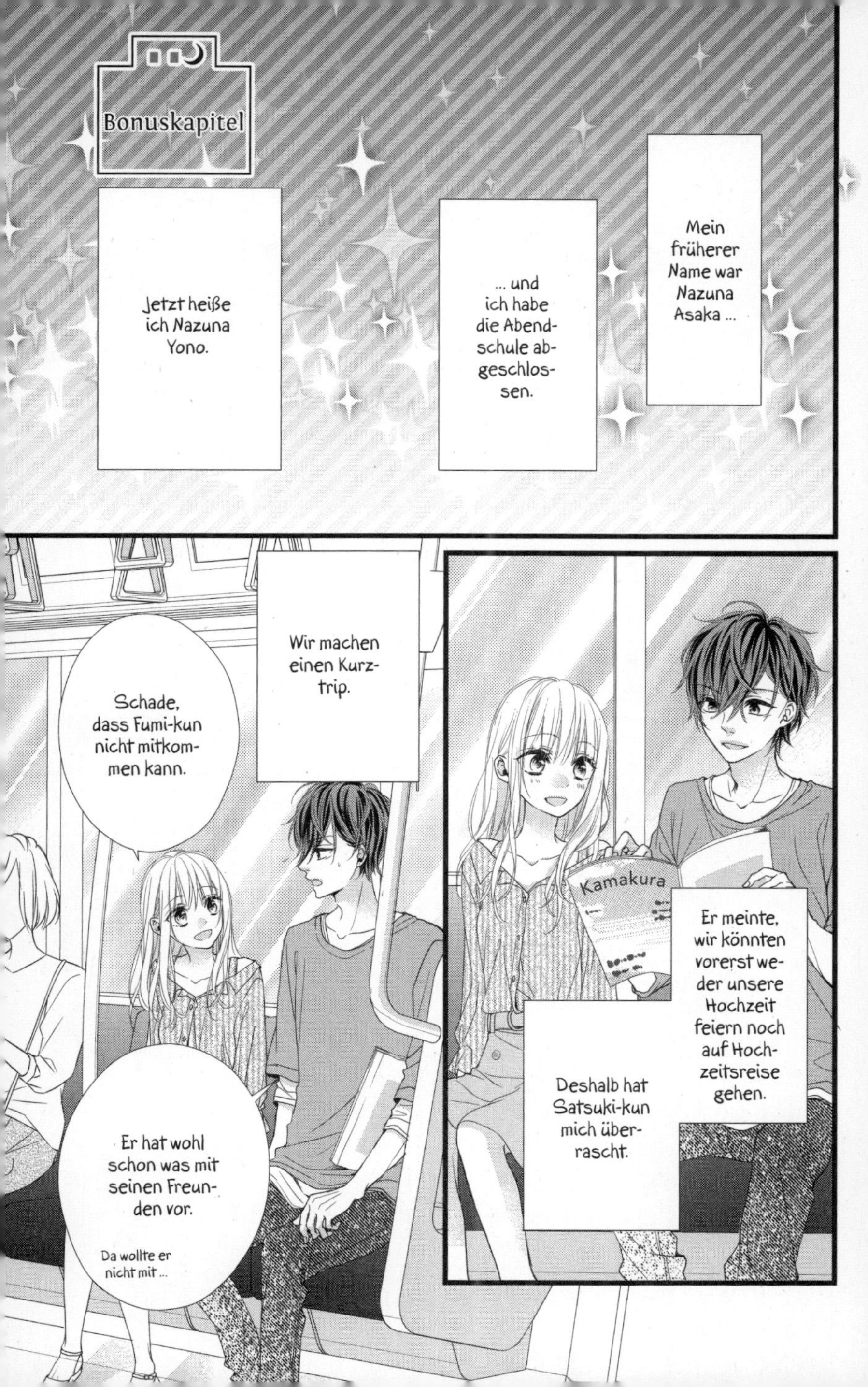
Bonuskapitel
Mein früherer Name war Nazuna Asaka …
… und ich habe die Abendschule abgeschlossen.
Jetzt heiße ich Nazuna Yono.
Kamakura
Er meinte, wir könnten vorerst weder unsere Hochzeit feiern noch auf Hochzeitsreise gehen.
Deshalb hat Satsuki-kun mich überrascht.
Wir machen einen Kurztrip.
Schade, dass Fumi-kun nicht mitkommen kann.
Er hat wohl schon was mit seinen Freunden vor.
Da wollte er nicht mit …

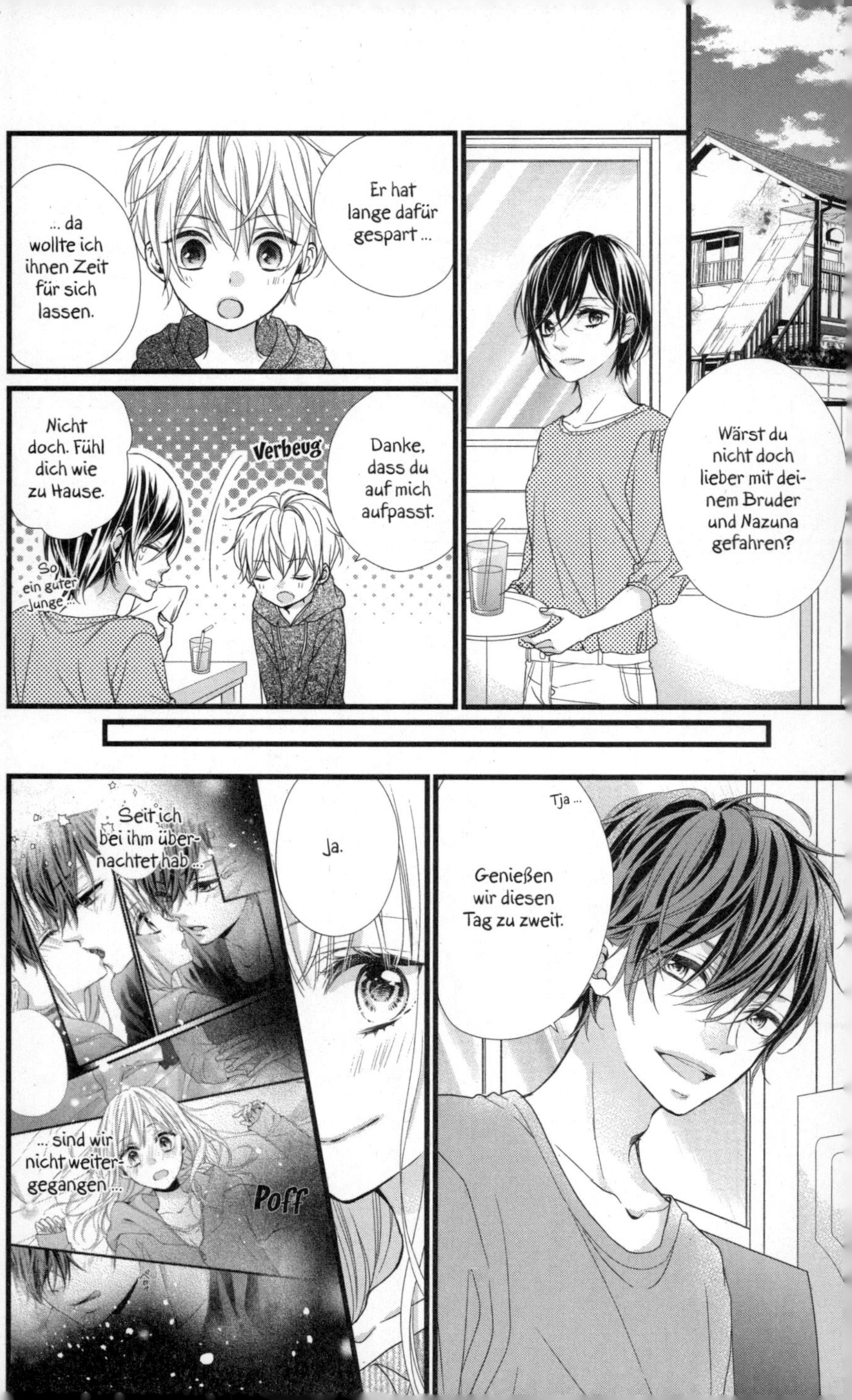
Wärst du nicht doch lieber mit deinem Bruder und Nazuna gefahren?
Er hat lange dafür gespart ...
... da wollte ich ihnen Zeit für sich lassen.
Danke, dass du auf mich aufpasst.
Verbeug
Nicht doch. Fühl dich wie zu Hause.
So ein guter Junge ...
Tja ...
Genießen wir diesen Tag zu zweit.
Ja.
Seit ich bei ihm übernachtet hab ...
... sind wir nicht weitergegangen ...
Poff

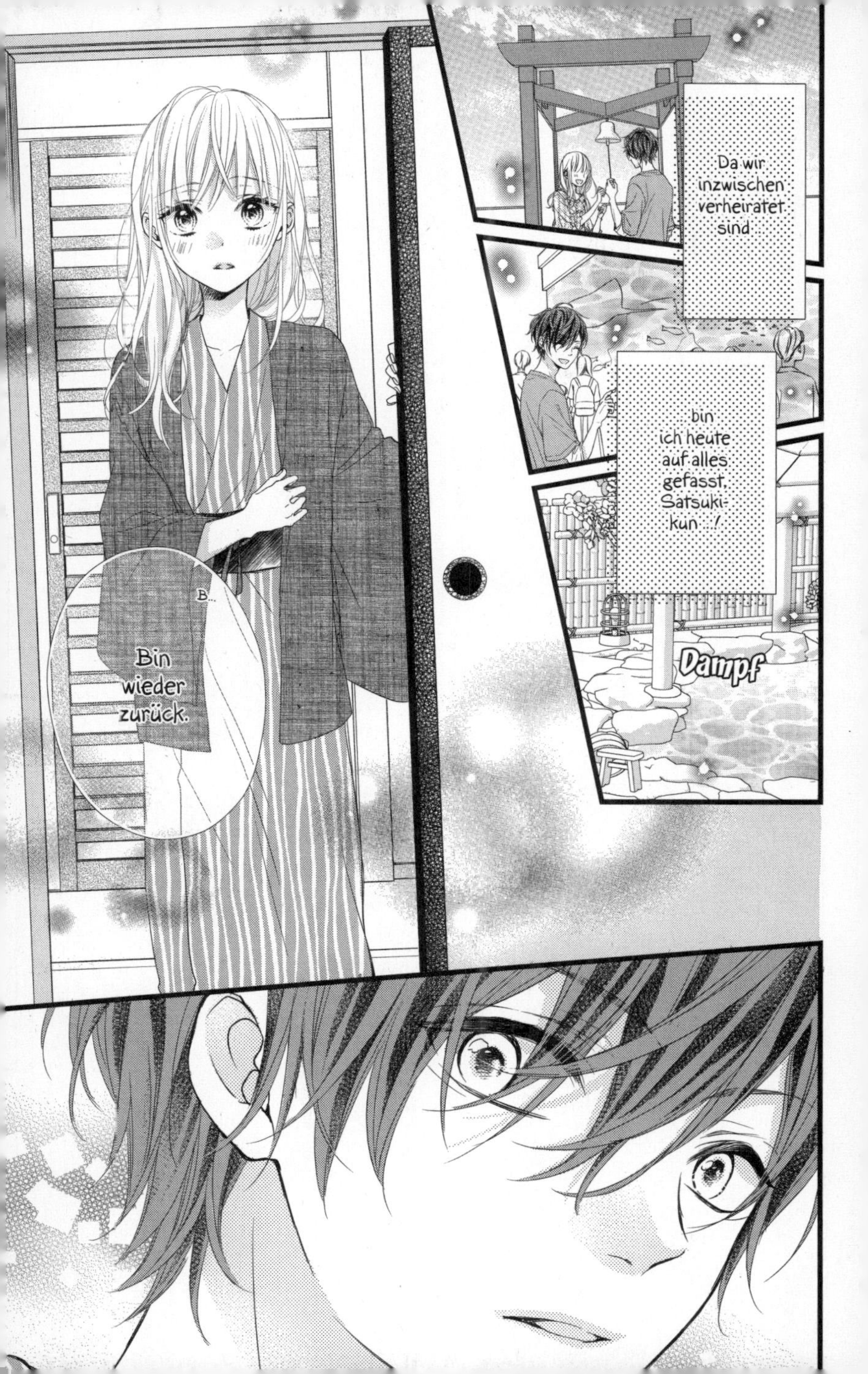

Da wir inzwischen verheiratet sind
bin ich heute auf alles gefasst, Satsuki-kun ...!
Dampf
B...
Bin wieder zurück.

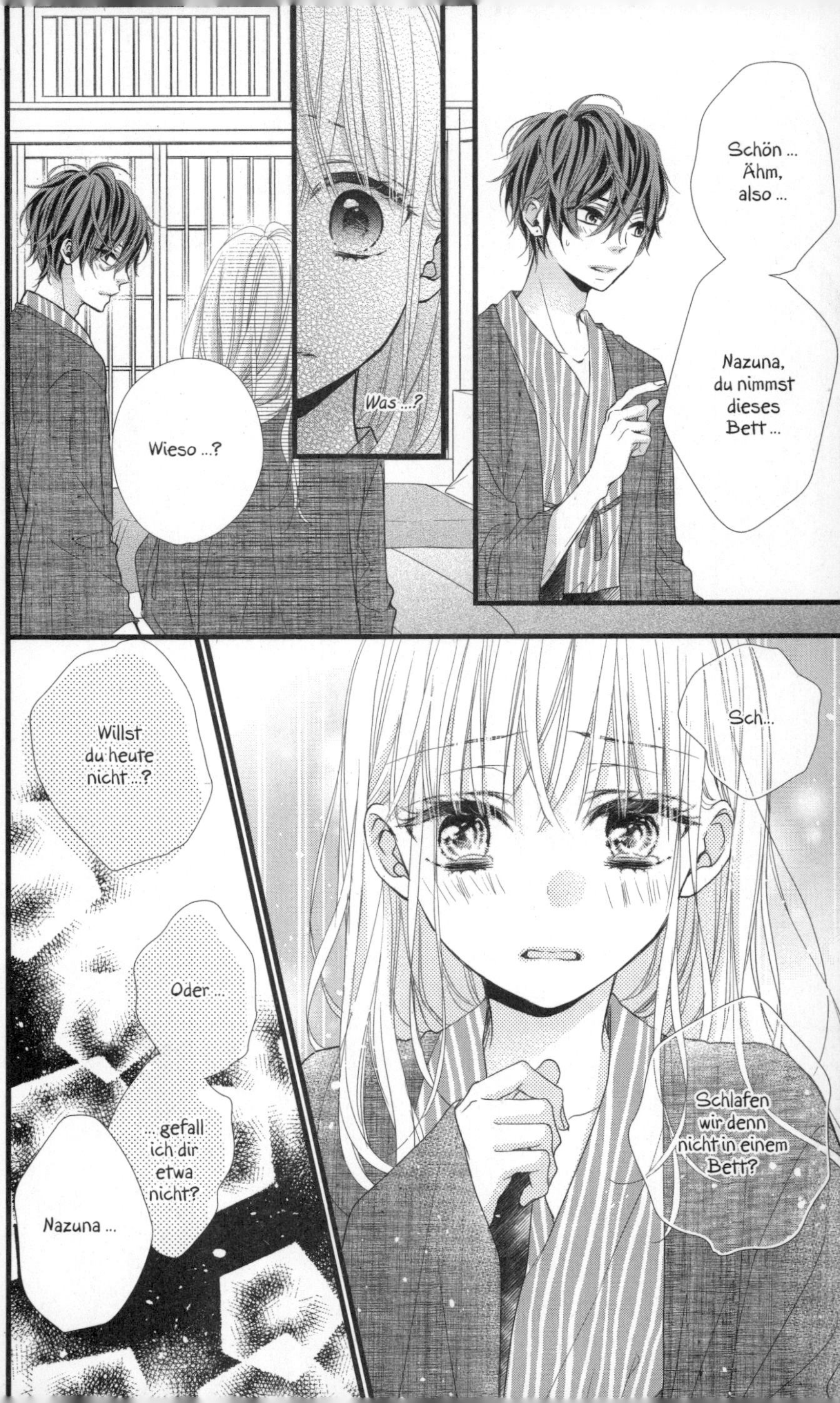
Schön ... Ähm, also ...
Nazuna, du nimmst dieses Bett ...
Was ...?
Wieso ...?
Sch...
Schlafen wir denn nicht in einem Bett?
Willst du heute nicht ...?
Oder ...
... gefall ich dir etwa nicht?
Nazuna ...

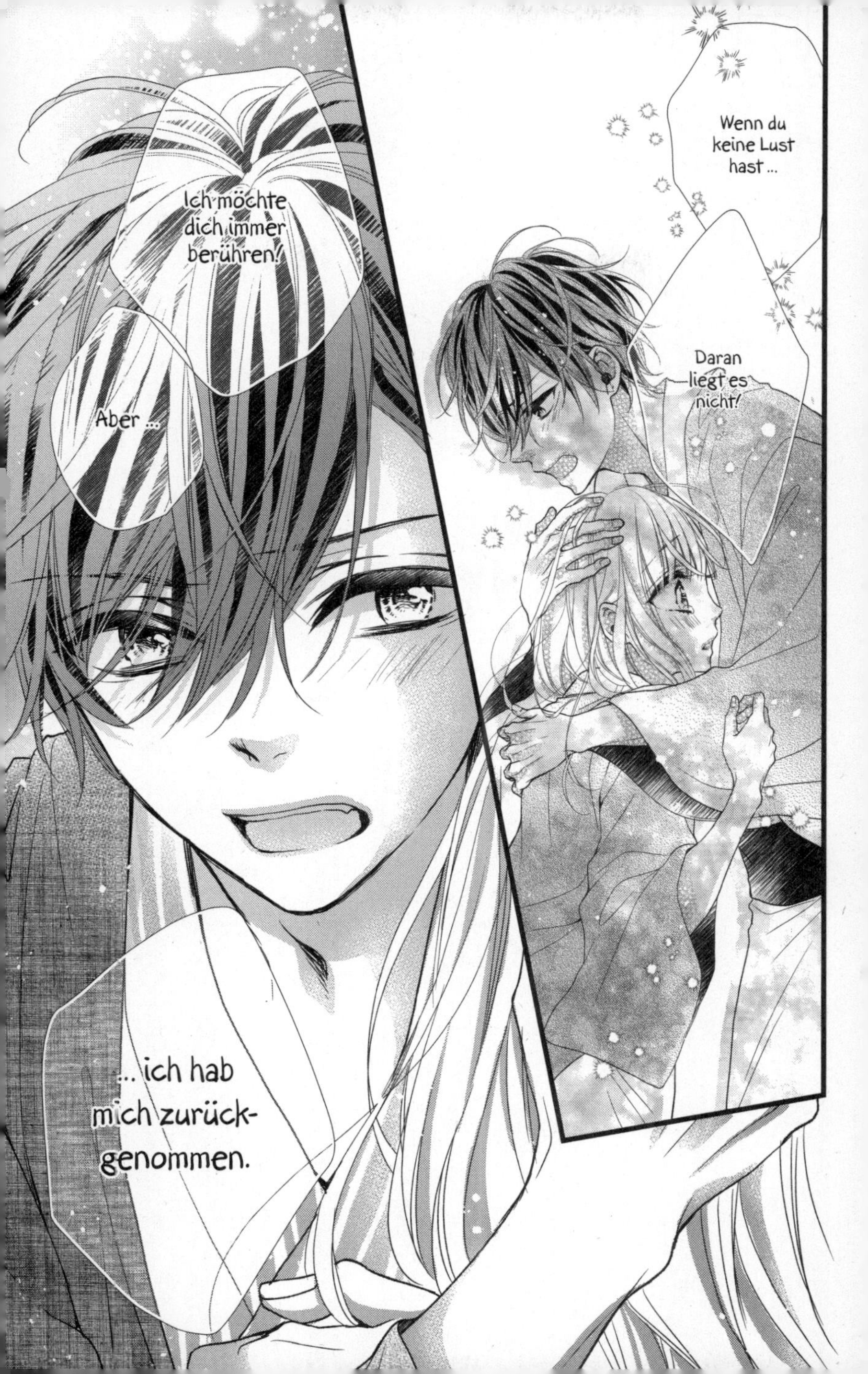
Wenn du keine Lust hast ...
Daran liegt es nicht!
Ich möchte dich immer berühren!
Aber ...
... ich hab mich zurückgenommen.

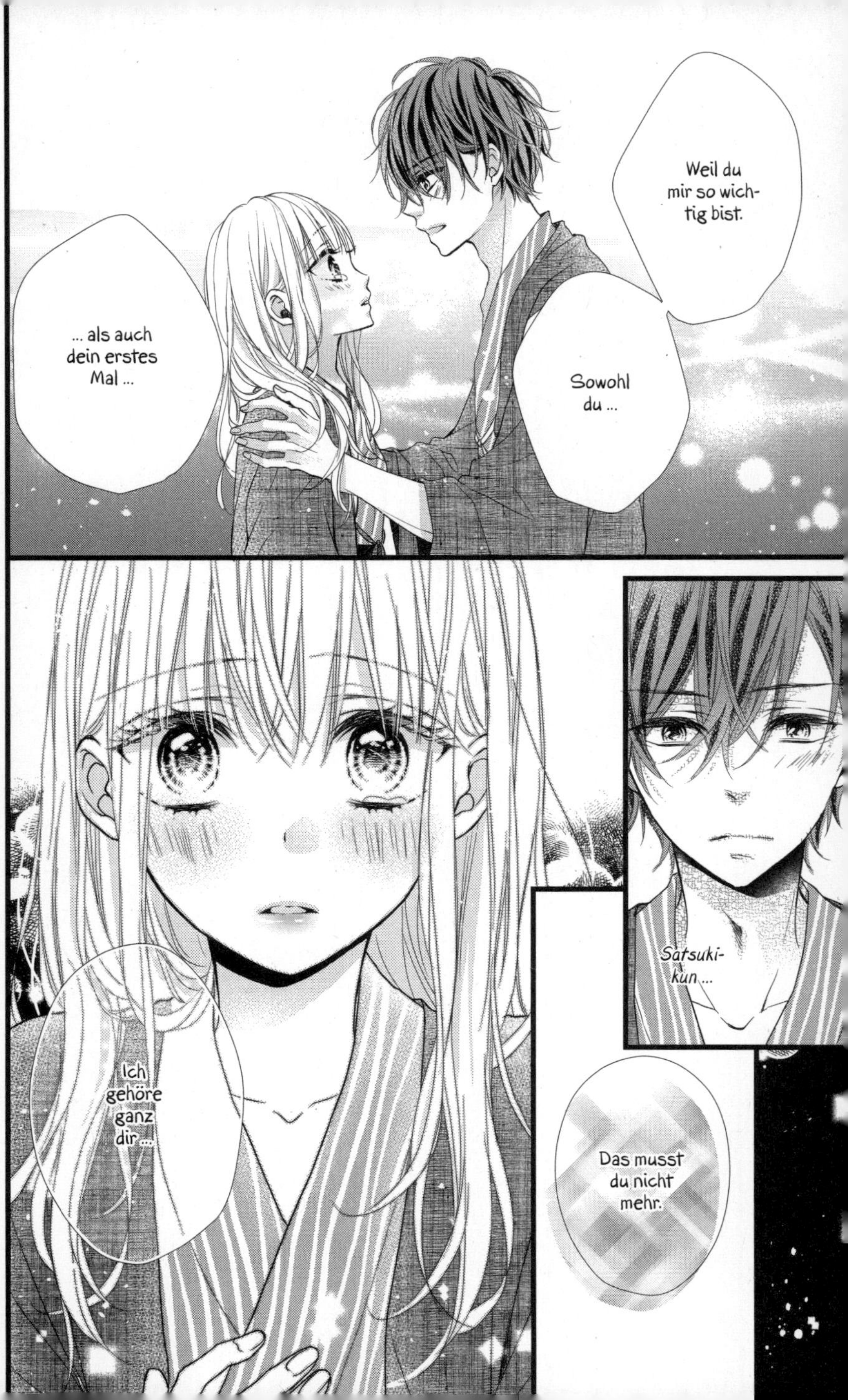
Weil du mir so wich-tig bist.
Sowohl du …
… als auch dein erstes Mal …
Ich gehöre ganz dir …
Satsuki-kun …
Das musst du nicht mehr.

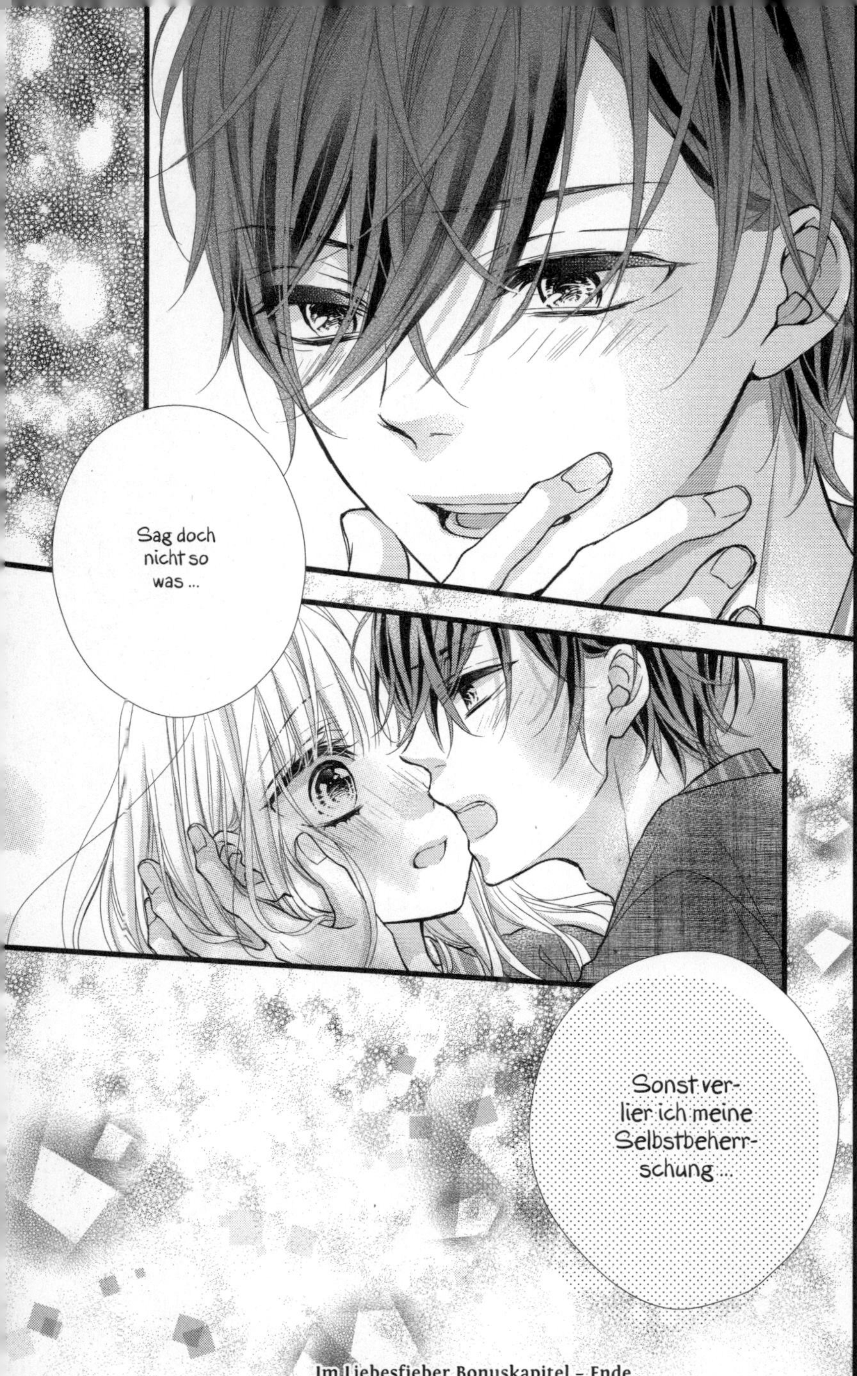


Im Liebesfieber Bonuskapitel – Ende

**⁎Assistentinnen**
Miki Watanabe
Mami Mitamura
Ayane Tagi
Emi Yoka
Nonko Kon
Aoi Kanbayashi

**⁎Redaktion**
Miki Sasaki
Keita Umehara

**⁎Designerinnen**
Saaya Nishino
Kaori Kuroki

Und euch!! ♡

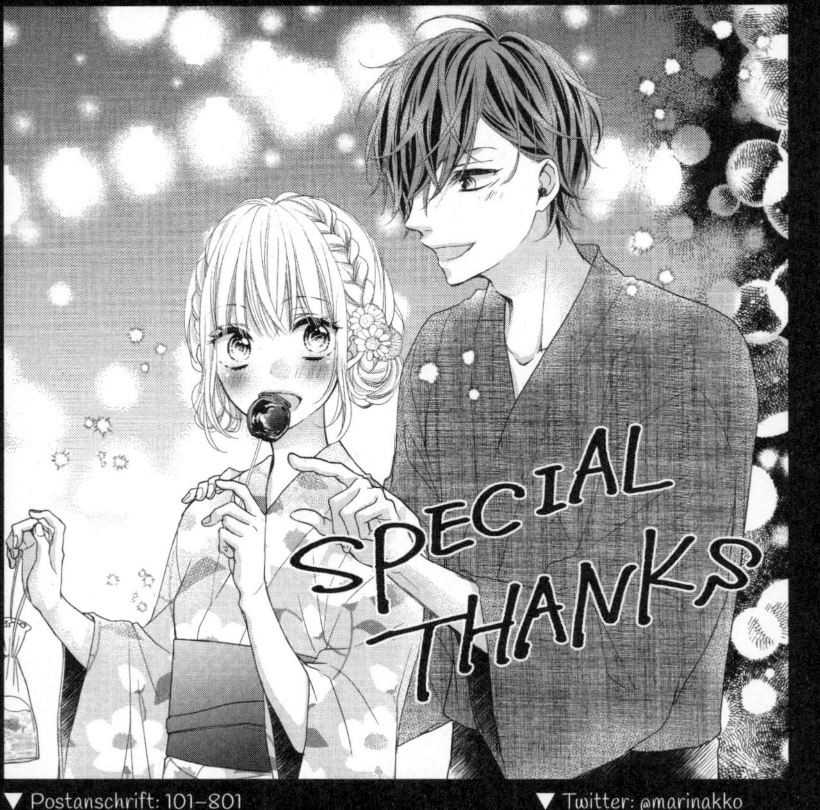


▼ Postanschrift: 101-801
2-3-1 Hitotsubashi, Chiyoda-ku, Tokyo
Shogakukan, Redaktion *Sho-Comi*,
Marina Umezawa

▼ Twitter: @marinakko
▼ Blog:
http://plumxmarina.jugem.jp/

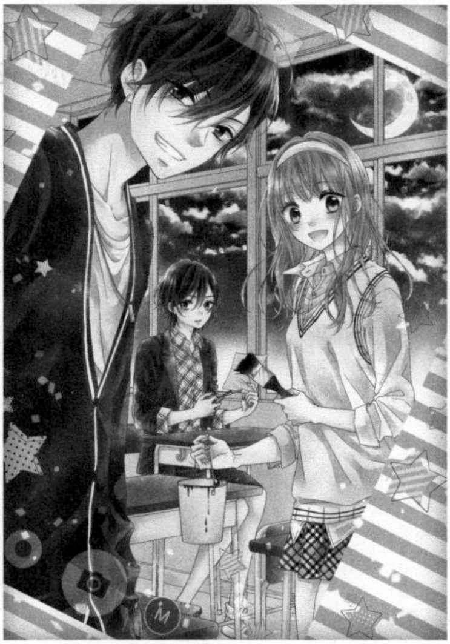

## Autorenprofil

Marina Umezawa wurde am 23. März im Sternzeichen Widder geboren. Sie stammt aus der Präfektur Niigata. Ihre Blutgruppe ist AB. Die Mangaka hatte ihr Debüt als Künstlerin mit der Geschichte »Der Weg der ersten Liebe« (*Koizome Road*) in der *Sho-Comi*-Ausgabe vom 15. Juni 2010. Auch heute noch ist sie sehr aktiv für *Sho-Comi!*

## Kommentar

Das ist der Abschlussband!

In diesem Band kommen einige Figuren vor, die nur am Rande auftauchen. Dennoch hat es viel Spaß gemacht, sie neben den Hauptfiguren zeichnen zu können. Vielen Dank für alles!

Marina Umezawa

TOKYOPOP GmbH
Hamburg

TOKYOPOP
1. Auflage, 2023
Deutsche Ausgabe/German Edition

Aus dem Japanischen von Mareen Sickel

HOKAGO NO BINETSU Vol. 3
by Marina UMEZAWA

Original Japanese edition published by SHOGAKUKAN.
German translation rights in Germany, Austria, Liechtenstein and German speaking area in the Switzerland, Belgium, Italy and Luxembourg arranged with SHOGAKUKAN through VME PLB SAS.
Original Cover Design: Kaoru KUROKI + Bay Bridge Studio

Redaktion: Katrin Aust
Lettering: Vibrant Publishing Studio
Herstellung: Mathias Neumeyer, Ute Kleim
Druck und buchbinderische Verarbeitung:
CPI – Clausen & Bosse GmbH, Leck
Printed in Germany

MIX Papier FSC® C083411

Wir achten auf die Umwelt.
Dieses Produkt besteht aus FSC®-zertifizierten und anderen kontrollierten Materialien.



ISBN 978-3-8420-8471-1

www.tokyopop.de

# Im Liebesfieber

Unsere Liebe im Klassenzimmer bei sternenklarer Nacht

# STOPP!

**Dies ist die letzte Seite des Buches!
Du willst dir doch nicht den Spaß verderben
und das Ende zuerst lesen, oder?**

Um die Geschichte unverfälscht und originalgetreu mitverfolgen zu können, musst du es wie die Japaner machen und von rechts nach links lesen. Deshalb schnell das Buch umdrehen und loslegen!

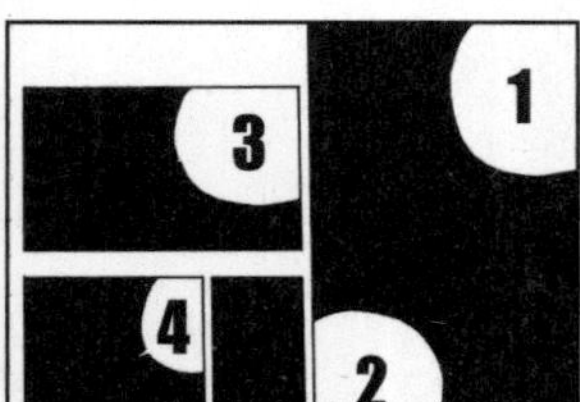


## So geht's:

Wenn dies das erste Mal sein sollte, dass du einen Manga in den Händen hältst, kann dir die Grafik helfen, dich zurechtzufinden: Fang einfach oben rechts an zu lesen und arbeite dich nach unten links vor. Viel Spaß dabei wünscht dir TOKYOPOP®!